모두를 위한
메타러닝

PyTorch를 활용한 Few-shot 학습 모델과
빠른 강화학습 에이전트 만들기

모두를 위한 메타러닝

PyTorch를 활용한 Few-shot 학습 모델과
빠른 강화학습 에이전트 만들기

지은이 정창훈, 이승현, 이동민, 장성은, 이승재, 윤승제   감수 최성준
펴낸이 박찬규   엮은이 최용   디자인 북누리   표지디자인 Arowa & Arowana

펴낸곳 위키북스   전화 031-955-3658, 3659   팩스 031-955-3660
주소 경기도 파주시 문발로 115, 311호(파주출판도시, 세종출판벤처타운)

가격 26,000   페이지 284   책규격 188 x 240mm

1쇄 발행 2022년 10월 25일
ISBN 979-11-5839-367-0 (93000)

등록번호 제406-2006-000036호   등록일자 2006년 05월 19일
홈페이지 wikibook.co.kr   전자우편 wikibook@wikibook.co.kr

모두를 위한
메타러닝

PyTorch를 활용한 Few-shot 학습 모델과
빠른 강화학습 에이전트 만들기

정창훈, 이승현, 이동민, 장성은, 이승재, 윤승제 지음
최성준 감수

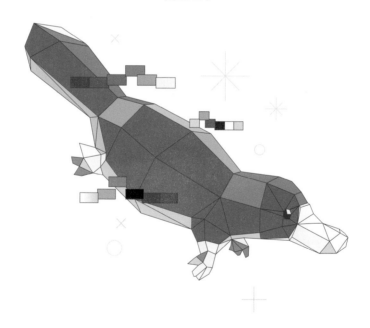

위키북스

최근 인공지능의 머신러닝 분야가 눈부시게 발전하고 있습니다. 이 책은 머신러닝의 유망한 분야 중 하나인 메타러닝에 대하여 다루고 있습니다. 메타러닝이 다루는 범위는 매우 광범위하지만 이 책에서 다루는 메타러닝은 쉽게 말해서 기계가 학습하는 프로세스를 학습하여 사람처럼 새로운 태스크, 데이터에 대해 몇 번의 시행착오만으로도 빠르게 학습할 수 있는 일련의 기술을 의미합니다.

저희가 이 책을 처음 쓰게 된 계기는 메타러닝 스터디 소모임으로부터 시작되었습니다. 감사하게도 메타러닝 분야의 세계적인 연구자이신 스탠퍼드 대학의 Chelsea Finn 교수님께서 'CS330: Deep Multi-Task and Meta Learning'이라는 대학원 강의를 무료로 배포해주셨고 저희는 이 강의를 통해 메타러닝을 배웠습니다.

머신러닝 분야의 메타러닝은 비교적 최신 기술이기 때문에 식견과 학문이 넓지 않던 저자들이 이를 이해하는 것은 매우 어려웠습니다. 하지만 매주 강의를 듣고 와서 치열하게 토론하고 모르는 것을 알아가며 조금이나마 메타러닝에 대한 이해의 폭을 넓힐 수 있었습니다.

저희는 어렵게 공부했던 이 멋진 메타러닝 기술을 보다 많은 사람들이 접하고 공부할 수 있었으면 좋겠다는 생각을 했습니다. 하지만 메타러닝 관련 자료는 대부분 영어로 작성되어 있었으며 잘 정리된 좋은 한국어 자료가 없었습니다. 저희는 열심히 스터디 모임을 했던 경험을 계기로 다같이 한국어 책을 써보기로 했고, 많은 시행착오 끝에 이렇게 모두를 위한 메타러닝 책을 출판할 수 있게 되었습니다.

이 책의 이름은 《모두를 위한 메타러닝》입니다. 다시 말해 이 책은 인공지능을 공부하는 모두를 위해 집필되었으며, 누구나 메타러닝을 한국어로 쉽게 공부할 수 있는 것을 목표로 하고 있습니다. 하지만 메타러닝이라는 주제가 최신 기술이며 그 자체로 난이도가 쉽지는 않습니다. 모두가 공부할 수 있는 것을 목표로 집필되었지만 선수 지식이 필요할 수 있습니다. 딥러닝, 신경망 등의 머신러닝 관련 선수 지식이 약간 필요하며, 파이썬, 특히 PyTorch, Torchmeta, NumPy 등의 라이브러리에 대한 약간의 경험이 필요합니다.

하지만 독자 여러분께서 이러한 선수 지식이 아직 없으시더라도 너무 걱정하지 마시길 바랍니다. 딥러닝, 파이썬 등과 관련된 자료는 웹에서 쉽게 좋은 자료를 구할 수 있으며, 필요한 경우 함께 병행하며 메타러닝을 공부할 수 있을 것입니다.

부디 보다 많은 독자분들께서 이 책을 통해 메타러닝이라는 훌륭한 머신러닝 기술을 알아가기를 바랍니다. 머신러닝 분야는 최신 기술이 워낙 빠르게 바뀌는 분야이므로 이 책에 더 많은 내용을 담기는 어려웠습니다. 하지만 메타러닝의 기본 원칙이 되는 개념들과 역사적으로 중요했던 논문들의 내용을 충실히 담으려고 노력했습니다. 이 책을 통해 독자 여러분들께서 책 내용뿐만 아니라 더 최신의 고급 메타러닝 알고리즘들을 공부하실 수 있는 힘이 생기시리라 믿어 의심치 않습니다.

부족한 저희가 책 집필을 시작할 수 있도록 용기를 주시고 오랜 시간 동안 적극적으로 도와주신 위키북스의 박찬규 대표님과 직원분들에게 감사드립니다. 또한 부족한 저희를 위해 흔쾌히 검수에 참여해주신 고려대학교 최성준 교수님께도 감사의 인사를 올립니다. 그리고 메타 강화학습 환경 구성을 위해 조언을 아끼지 않으신 스탠퍼드 대학 Chelsea Finn 교수님께도 감사의 인사를 올립니다. 훌륭한 추천사를 써주신 장병탁 교수님, 김준태 교수님, 하정우 소장님, 정지훈 교수님, 박진우님, 서상현님, 민규식님, 이도엽님께도 감사의 인사를 올립니다. 마지막으로, 이 책을 구매해주신 독자 여러분께 진심으로 감사하다는 말씀을 올립니다.

장병탁 _ 서울대학교 / 컴퓨터공학부 교수, AI연구원장

인공지능은 사람이 이미 아는 지식을 컴퓨터에 프로그래밍하는 '규칙기반 시스템' 방식의 고전 AI에서 탈피하여, 컴퓨터가 경험적 데이터로부터 스스로 지식을 발견하고 습득하는 '학습기반 시스템' 방식의 현대 AI로 전환함으로써 획기적으로 발전하였다. 특히 최근의 딥러닝 기술은 그동안 풀리지 않았던 많은 문제들과 새로운 문제들을 풀고 있다. 그러나 현재 딥러닝 기반의 인공지능 기술에는 여러 가지 한계도 존재하는데, 좁은 영역에서 잘 정의된 문제만을 해결할 수 있고 대규모의 잘 정제된 학습 데이터를 필요로 한다는 것이다. 메타러닝은 이러한 한계를 극복할 수 있는 범용의 기계학습 기술로서, 학습하는 방법 자체를 메타레벨에서 학습함으로써 보다 적은 데이터로 새로운 문제에 대해 사람처럼 빠르게 적응할 수 있다. 궁극적으로 인공지능이 인간수준의 지능 또는 AGI (인공일반지능)에 도달하기 위해서는 메타러닝과 메타인지 능력을 필요로 한다는 것에 많은 연구자들이 동의할 것이다. 이 점에서 메타러닝을 전문적으로 다룬 한국어 책이 출간되었다는 것은 매우 의미 깊고 축하할 일이다. 《모두를 위한 메타러닝》 책은 최근 딥러닝 기반 메타러닝의 주요 개념과 알고리즘들을 체계적으로 잘 기술하고 있으며, 다양한 응용에 대한 코드 실습을 통해 실제로 인공지능 학습의 과정을 잘 이해할 수 있고 활용할 수 있도록 돕고 있다. 많은 독자들이 이 책을 통해 메타러닝을 이해하고 더 나아가 최신 인공지능 기술을 이해하고 응용할 수 있는 초석이 되기를 바란다.

김준태 _ 동국대학교 / 컴퓨터공학부 교수

최근 기계학습을 중심으로 인공지능 기술이 빠르게 발전하고 있으며, 딥러닝은 다양한 분야에 성공적으로 적용되어 왔습니다. 그러나 기존의 딥러닝 방법은 새로운 문제에 대한 학습을 위해 매번 대량의 데이터를 필요로 한다는 점에서 인간의 학습과는 차이가 있습니다. 메타러닝은 학습하는 방법을 학습하는 인공지능 기술로서, 이전의 학습 경험이 축적되며 새로운 학습을 빠르고 효율적으로 수행하는 방법들을 제시함으로써 많은 연구자들에게 관심의 대상이 되고 있습니다. 이 책은 이러한 메타러닝의 개념과 이론을 지도학습 및 강화학습과 관련하여 상세히 기술하고 있으며, 일부 알고리즘들에 대한 코드까지 제시하고 있습니다. 메타러닝 이론에 대해 살펴보고자 하는 학생 및 연구자부터 메타러닝 기술을 다양한 응용 분야에 적용하고자 하는 개발자까지 폭넓은 독자들에게 유용한 참고 서적이 될 것으로 생각합니다.

하정우 _ NAVER AI Lab / 연구소장

인류가 다른 동물에 비해서 가장 뛰어난 점은 바로 변화하는 환경에 대하여 빠르게 학습하고 적응하는 능력이겠습니다. 최근 초대규모 AI가 지금껏 상상하기 어려웠던 강력한 능력을 보여주고 있는 반면 데이터, 자원, 에너지 관점에서 효율적인 방법은 아닙니다. 그런 관점에서 학습하는 방법을 배우는 메타러닝은 현존하는 초거대 중심의 딥러닝이 갖는 한계를 보완할 수 있는 중요한 개념이며, 조금 더 인간의 적응 능력과 유사하다는 측면에서 인공지능, 특히 딥러닝에 관심있는 연구자나 엔지니어들이 이해할 필요가 있는 분야라고 볼 수 있습니다. 이 책은 메타러닝의 기본 개념부터 메타강화학습까지 다양한 사례와 설명 그리고 실습코드와 함께 핸즈온으로 구성되어 있어서 메타러닝에 관심을 갖고 입문하시기를 원하는 분들에게 유용한 책이라 추천드립니다.

정지훈 _ K2G 테크펀드 제너럴파트너 / 모두의연구소 최고비전책임자

바야흐로 AI의 시대가 열리면서 우리 주변에서 수많은 AI 기술들을 볼 수 있는 기회가 열렸다. 그럼에도, AI 연구분야에서 아직도 많은 성취가 필요하고, 발전이 필요한 분야가 있는데 그것이 바로 일반인공지능, 또는 범용인공지능과 관련한 연구다. 단순히 주어진 일을 수행하기 위해 많은 양의 데이터로 학습해서 처리하는 것을 넘어서서, 적은 양의 데이터를 가지고, 보다 많은 일을 수행할 수 있도록 하는 AI 기술을 원하기 시작한 것이다. 이런 첨단 AI 연구를 가능하게 하는 것 중 하나가 바로 메타러닝이다. 그만큼 중요하고, 미래지향적인 부분이라고 할 수 있는데, 관심을 가지는 사람들은 많아도 제대로 공부할 수 있는 책은 거의 없었는데 마침내 너무나 좋은 책이 나왔다. 단순히 기술을 소개하는 수준을 넘어서서, 최근 가장 유명했던 여러 연구들을 총망라하고, 실제로 구현해볼 수 있도록 친절하게 설명했기 때문에, 미래의 AI와 관련한 연구를 하는 많은 연구자들에게 너무나 좋은 선물이 될 듯하다.

박진우 _ 어노테이션에이아이 / 머신러닝팀 팀장

머신러닝, 특히 딥러닝 분야가 이렇게 짧은 시간 동안 빠르게 발전할 수 있었던 까닭은 그 근간에 커뮤니티 기반의 공개 문화가 있었기 때문입니다. 딥러닝 프레임워크 하면 대표적으로 떠오르는 텐서플로, 파이토치 등을 포함한 수많은 도구들이 오픈소스로 공개되어 있으며, 최신 논문들 또한 학회에 발표되기 이전부터 아카이브를 통해 모든 사람들에게 공개되고 있습니다. 그러나 세상의 발전이 가속화될수록 커뮤니티의 근간이 되는 언어적, 문화적 장벽으로 인해 사람들 사이에서의 지식 격차 또한 가속화되고 있습니다.

이런 상황 속에 《모두를 위한 메타러닝》은 메타러닝이라는 최신 기술을 습득하는 과정에서 사람들이 필히 마주할만한 장벽을 낮추고자 하는 저자분들의 의지가 고스란히 담겨있습니다. 특히 정창훈, 이승현, 이동민, 장성은, 이승재, 윤승제 여섯 분이 함께 공부하며 논의하고 깨우친 과정이 저술과정에서 생생하게 녹아들었기 때문에, 이 책은 메타러닝을 습득하기 위한 자료로써뿐만 아니라 배움의 과정에 있는 분들께 메타 레벨의 좋은 길라잡이가 되어주리라 생각합니다.

《모두를 위한 메타러닝》이 전하고자 하는 선한 영향력을 바탕으로 아는 것을 공개하고 열린 장소에서 토의하며 배움의 열망을 가지신 분들이 더 이상 좌절하지 않고 더욱더 높은 곳으로 나아가실 수 있길 희망합니다.

귀한 시간을 할애하여 국내 커뮤니티의 발전에 이바지하고 계신 저자분들께 감사의 말씀을 드립니다.

서상현 _ LG AI Research / Data Scientist

산업 전반에서 인공지능 기술의 수요가 늘어나고 있으나 실 데이터 확보가 어려운 현업에서는 효과적으로 학습 모델을 구축하는 데 어려움이 있습니다. 메타러닝은 학습하는 방법을 학습하여 새로운 문제에 대해 상대적으로 적은 데이터만으로도 효과적으로 학습할 수 있는 일련의 방법론으로서 최근까지 지속적으로 다양한 메타러닝 알고리즘이 제시되고 있습니다. 이 책은 메타 지도학습에서 메타 강화학습에 이르기까지 메타러닝의 주요한 접근방식을 망라하고 있습니다. 특히, 각 주제마다 명확하게 설명된 이론적 내용과 통일성 있게 정리된 실습자료는 독자들이 어려운 개념을 일목요연하게 이해할 수 있도록 도와줍니다. 이 책은 추상적인 설명과 어려운 수식에 막혀 메타러닝에 쉽게 접근하지 못했던 독자들이 메타러닝의 실체에 손쉽게 다가갈 수 있도록 하는 훌륭한 가이드가 될 것입니다. 한국어로 된 최초의 메타러닝 저서로서 집필을 위해 새로운 도전을 한 저자들에게 감사드리며, 메타러닝에 대한 관심으로 이 책을 구매하시고 학습하시는 분들에게 응원의 박수를 드립니다.

민규식 _ 카카오 / AI 엔지니어

약 2010년 초부터 딥러닝을 기반으로 하는 인공지능 기술들이 각광받기 시작하면서 딥러닝 기반 인공지능 기술은 다양한 분야에서 발전해왔습니다. 그리고 저의 개인적인 의견으로, 해당 분야들 중 메타러닝은 딥러닝의 실제 적용을 위해서 필수적인 기술이라고 생각해왔습니다. 이에 따라 몇 년 전에 개인적으로 메타러닝 공부를 해보려고 노력했지만 메타러닝과 관련된 공개된 자료와 코드가 매우 적어서 많은 고생을 하다가 결국 메타러닝 공부를 포기했던 경험이 있습니다.

그러던 중 저자분들의 메타러닝 책 집필 소식을 들었고 그 이후로 항상 이 책의 출간을 기다려왔습니다. 게다가 이렇게 기다려왔던 책의 추천사 작성을 부탁받아 개인적으로는 정말 영광이라고 생각하고 있습니다. 추천사 작성을 위해 전체적인 책의 내용을 살펴보았고 책의 제목인 《모두를 위한 메타러닝》에 참 걸맞은 책이라고 생각했습니다. 혼자 공부할 때는 정말 어렵고 막막했던 메타러닝 관련 용어와 개념들을 최대한 쉬운 내용부터 예시들을 들어가며 잘 이해되도록 설명하는 책이라는 생각이 들었습니다. 그리고 대표적인 메타러닝 알고리즘들에 대한 이론 설명 뿐 아니라 코드까지 제공된다는 점, 지도학습뿐만 아니라 강화학습을 위한 메타러닝 기법들까지 다룬다는 점에서 단 한권의 책으로 메타러닝을 위한 많은 내용들을 알차게 담아냈다고 생각합니다.

메타러닝을 공부하고 싶어 하는 연구자와 학생들에게 단비가 되어줄 책을 집필해주신 저자분들께 감사하다는 말씀을 드리며 저도 《모두를 위한 메타러닝》과 함께 몇 년 전에 포기했던 메타러닝 공부를 다시 시작해볼까 합니다.

이도엽 _ 카카오브레인 (Kakao Brain) / AI Researcher

인간은 새로운 환경에 빠르게 적응하고, 기존의 경험을 바탕으로 새로운 일을 빠르게 배울 수 있습니다. 이러한 인간 수준의 인공지능을 만드는 것은 수많은 인공지능 연구자들의 꿈이지만, 아직 도달하지 못한 영역입니다. 메타러닝은 이를 실현하기 위해 연구되고 있는 분야로 수년 전부터 빠르게 발전해왔습니다. 하지만 국내에서는 이를 쉽고 빠르게 배울 수 있도록 정리된 자료가 없어 정말 아쉬웠습니다. 이 책은 막연히 어렵게만 느껴지는 메타러닝의 이론에 대해 한글로 쉽고 자세히 설명하며, 이론을 체화하기 위한 친절한 실습 코드를 제공해줍니다. 한국어로 집필된 메타러닝 입문서의 출간을 진심으로 축하드리며, 이 책은 국내 인공지능 연구자들이 메타러닝을 한글로 이해하며 빠르게 지식을 습득하는 데 큰 도움이 될 것이라 믿습니다. 더 나아가, 이 책은 국내의 많은 연구자, 개발자들이 인간 수준의 인공지능에 대한 이해를 높이고, 그 실체에 한 걸음 다가가기 위한 시작점이 될 것이라고 생각하며 이 책을 추천드립니다.

03
강화학습 개요

05

오픈 챌린지와
메타러닝 애플리케이션

01장

메타러닝 개요

1장에서는 머신러닝(machine learning)과 딥러닝(deep learning)이 무엇인지 간단히 알아보고, 우리가 목표하는 메타러닝의 전반적인 개요에 대해 알아봅니다. 또한 여러 메타러닝 알고리즘을 학습하기 위한 환경도 설치하겠습니다.

1.1 머신러닝과 딥러닝

최근 수년간 인공지능 기술은 빠르게 발전하며 다양한 산업 분야 전반에서 놀라운 성과를 보여주고 있습니다. 또한 많은 국내외 연구소, 기업들이 앞다투어 인공지능 기술을 활용한 서비스를 만들어 제공하면서, 매일 들고 다니는 스마트폰부터 집 안의 각종 전자기기(스피커, TV, 냉장고 등)에서도 인공지능 기술을 쉽게 찾아볼 수 있습니다.

많은 연구자들이 다양한 인공지능 기술들을 연구하고 있지만 최근 가장 활발하게 연구되고 있는 분야는 머신러닝입니다. 머신러닝은 기계가 사람이 직접 만든 알고리즘이 아닌, 주어진 데이터를 통해 스스로 학습을 함으로써 어떤 알고리즘의 기능을 수행하는 방법입니다. 머신러닝에서 컴퓨터 프로그램은 어떤 경험(experience)을 통해 특정한 태스크(task)에서의 성능(performance)을 향상시킵니다 (Mitchell et al., 1997).

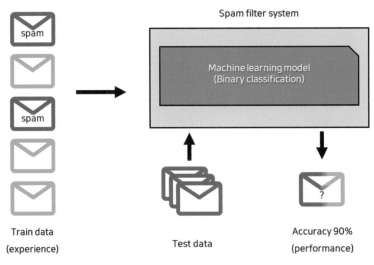

그림 1-1 머신러닝 학습 모델 예시: 스팸 필터 시스템

그림 1-1의 스팸 메일 필터 프로그램이 대표적인 머신러닝 사례를 보여줍니다. 이 예시에서 머신러닝 모델이 이메일 데이터와 정답이 되는 라벨(스팸 메일, 스팸이 아닌 메일)이라는 경험을 통해 학습하고, 이를 통해 새로운 입력 데이터에 대해 스팸 메일인지 아닌지를 구분하며, 태스크의 정확도를 높여 성능을 향상시킵니다. 일반적으로 머신러닝은 학습에 사용되는 데이터와 모델의 학습 목표에

따라 크게 표 1-1과 같이 지도학습(supervised learning), 비지도학습(unsupervised learning), 강화학습(reinforcement learning)으로 나눌 수 있습니다.

지도학습에서 학습 모델은 새로운 데이터에 대한 올바른 라벨을 예측하는 일을 수행하며, 데이터와 해당 데이터에 대한 정답이 되는 라벨을 통해 학습합니다. 반면, 비지도학습에서는 학습 모델에 데이터만 주어질 뿐, 라벨은 주어지지 않습니다. 비지도학습 모델은 주어진 데이터만을 통해 숨은 구조를 파악하거나 중요한 특성을 뽑아내어 차원을 축소, 새로운 데이터를 생성하는 등의 학습을 수행합니다. 마지막으로 강화학습은 앞선 두 가지 방법과 달리 사전에 데이터가 주어지지 않습니다. 그 대신 학습 모델인 에이전트(agent)와 외부 환경(environment)이 주어집니다. 에이전트는 환경과 상호작용(interaction)하며 데이터를 생성하고 이 데이터 내에 존재하는 보상(reward)을 통해 더 좋은 행동을 하는 정책(policy)을 학습하게 됩니다.

표 1-1 머신러닝 카테고리

구분	지도학습	비지도학습	강화학습
데이터	데이터, 라벨	데이터	상태, 행동, 보상
학습 목표	새로운 데이터 라벨 예측	데이터의 숨은 구조 등을 파악	최적의 정책 학습
적용 분야	분류, 회귀 등	군집화, 차원 축소, 생성 모델 등	순차적 의사 결정 문제

하지만 전통적인 방식의 머신러닝은 우리가 꿈꾸는 '스스로 생각하고 행동하는 기계'와는 다소 거리가 있습니다. 대부분의 기존 머신러닝 알고리즘들은 가공되지 않은 형태의 고차원의 이미지, 오디오와 같은 비정형 데이터(unstructured data)를 처리하기 어렵기 때문입니다.

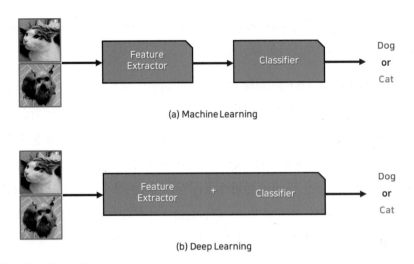

그림 1-2 머신러닝과 딥러닝의 차이

비정형 데이터를 전통적 방식의 머신러닝으로 다루기 위해서는 먼저 그림 1-2의 (a)와 같이 사람이 직접 데이터의 특징과 패턴을 추출하는 특징 추출기(feature extractor)를 설계해야 합니다. 이렇게 사람이 직접 디자인하고 추출한 데이터 특징은 단순한 형태의 저차원 데이터를 다루는 간단한 문제에는 적합할 수 있습니다. 그러나 이미지, 텍스트, 영상 등의 크고 복잡한 고차원 비정형 데이터에는 이러한 기존의 방법을 적용하기 매우 어렵습니다. 학습에 유용한 데이터 특징 추출기를 잘 설계하려면 해당 도메인 전문가의 전문 지식까지 필요하기 때문입니다. 이로 인해 전통적인 머신러닝 방법론을 실제 세계의 데이터에 적용하기 위해서는 많은 양의 인적 및 시간적 비용을 필요로 합니다.

위와 같은 전통적인 머신러닝 방법의 단점을 잘 극복한 방법이 딥러닝(deep learning)입니다. 딥러닝은 표상학습(representation learning)의 한 갈래로서, 그림 1-2의 (b)와 같이 데이터로부터의 특징 추출을 인공 신경망(artificial neural network)을 통해 자동화하여 앞선 문제점을 해결하는 방법입니다. 구체적으로 딥러닝은 인공신경망 내부에 여러 층을 쌓아 많은 수의 학습 파라미터를 포함하는 높은 복잡도를 가지는 모델의 학습을 의미합니다. 그림 1-3에서 볼 수 있듯이, 층층이 쌓인 비선형 모델은 복잡한 형태의 함수를 표현할 수 있으며 여기에 입력된 데이터는 모델의 여러 층을 통과하며 보다 추상적이고 높은 수준의 형태의 표상(representation)으로 변환됩니다. 이러한 변환을 통해 딥러닝은 사람의 수작업 없이 고차원 데이터의 구조를 분석하는 강력한 특징 자동 추출기가 됩니다 (LeCun, Yann et al., 2015).

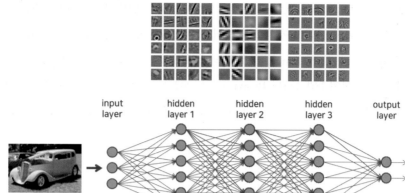

그림 1-3 딥러닝을 이용한 이미지 데이터의 특징 추출

딥러닝 기술은 이미지 분류(image classification), 객체 검출(object detection) 등의 컴퓨터 비전, 기계 번역(machine translation), 문장 분류(sentence classification) 등의 자연어 처리, 그리고 고차원의 복잡한 게임 등의 순차적 의사 결정 문제를 다루는 강화학습 등, 다양한 분야에서 기존에 해결하지 못했던 수많은 문제들을 풀어냈습니다. 2012년 ILSVRC(ImageNet Large Scale Visual Recognition Challenge) 대회에서 ImageNet 데이터셋에 대해 딥러닝 기술인 알렉스넷(Alexnet)이 우승했고, 2016년에는 우리가 잘 아는 구글 딥마인드(Google DeepMind)의 알파고(AlphaGo)가 이세돌 9단에게 승리했습니다. 최근 2019년 11월에는 많은 사람들의 예상을 뒤엎고 스타크래프트 게임 에이전트인 알파스타(AlphaStar)가 프로게이머를 상대로 승리하기도 했습니다. 여기에 전 세계적으로 발생한 폭발적인 데이터 증가 및 컴퓨팅 리소스 향상은 많은 양의 학습 데이터와 연산량을 필요로 하는 딥러닝 모델의 특성과 맞물려 기존에는 상상하지 못한 놀라운 성과를 거두고 있습니다.

그림 1-4 OpenAI의 GPT-3 모델을 통한 대화 생성의 예

2020년 등장한 그림 1-4의 OpenAI GPT-3는 기존의 언어 모델들에 비해 10배 많은 1750억 개의 학습 파라미터로 이루어진 거대한 자기회귀 언어 모델(autoregressive language model)로서, 기계 번역, 질의응답(question-answering), 클로즈 테스트(cloze test)를 포함한 다양한 자연어처리 문제에서 뛰어난 성능을 보여주었습니다(Brown et al. 2020). 그림의 대화 애플리케이션 예시를 보면 GPT-3는 실제 사람인지 아닌지 구분 못 할 정도로 매우 자연스러운 대화가 가능한 것을 확인할 수 있습니다.

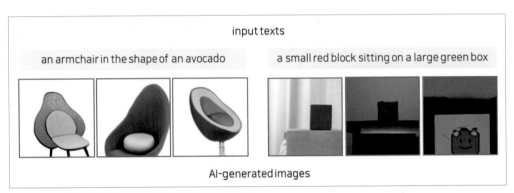

그림 1-5 DALL E 모델을 활용한 텍스트로부터의 이미지 생성 예시

이러한 GPT-3는 자연어처리 분야에서 도메인을 확장하여 이미지를 함께 활용하는 분야에도 적용되었습니다. 120억 개의 학습 파라미터를 사용하는 DALL·E는 그림 1-5와 같이 텍스트-이미지 쌍으로 구성된 수많은 데이터를 통해 입력된 텍스트에 부합하는 학습과정에서 보지 못했던 새로운 이미지를 생성할 수 있음을 보여주었습니다(Ramesh et al. 2021). 예를 들어 그림의 예시처럼 "an armchair in the shape of an avocado(아보카도 모양의 안락의자)"라는 텍스트 입력을 넣었을 때 DALL·E는 실제 학습 데이터에 없고 이 세상에 존재하지 않았던 고화질의 아보카도 모양의 안락의자 이미지를 생성하는 놀라운 결과를 보여줍니다.

딥러닝이 이러한 성공을 거둘 수 있었던 것은 많은 연구자들이 좋은 알고리즘과 기술을 연구하여 지속적으로 공유한 덕분이지만, 그 이면에는 더 중요한 계기가 있습니다. 딥러닝이 기존에 풀지 못한 어려운 문제들을 풀 수 있었던 근본적인 이유 중 하나는 크고 다양한 데이터셋과 좋은 하드웨어가 뒷받침되었기 때문입니다.

그렇다면 이렇게 우수한 딥러닝의 단점은 없을까요? 딥러닝 또한 많은 단점이 있습니다. 대표적인 단점 중 하나는 앞서 언급한 대로 크고 다양한 데이터셋이 준비되어야 하고, 값비싼 좋은 하드웨어, 수많은 컴퓨터 자원이 확보되어야 한다는 것입니다. 조금 다른 관점에서 해석하면 딥러닝의 핵심인 인공신경망은 사람의 뇌와 달리, 적은 데이터로 빠르게 학습하기가 어렵습니다.

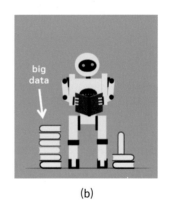

(a)   (b)

그림 1-6 기계와 사람의 학습 차이

그림 1-6은 사람과 기계의 학습을 상징적으로 보여줍니다. (a)와 같이 사람은 새로운 데이터를 몇 번만 보고도 어떤 개념을 상대적으로 빠르게 학습을 할 수 있습니다. 반면에 (b)와 같이 딥러닝 기반 기계는 수많은 빅데이터와 학습 시행착오를 겪어야 비로소 어떤 개념을 학습할 수 있습니다. 딥러닝 기반 기계도 사람처럼 '적은 데이터'만으로도 '빠르게' 학습할 수 있는 방법은 없을까요?

최근 인공지능 분야에서 이러한 문제를 잘 해결하고자 하는 분야가 이 책에서 소개하고자 하는 메타러닝(meta-learning)입니다. 메타러닝이라는 용어는 컴퓨터 공학, 인공지능 분야뿐만 아니라 심리학, 행동 경제학 등 다양한 분야에서 쓰입니다. 인공지능 분야에서의 메타러닝은 새로운 개념 또는 태스크를 빠르게 학습하기 위해 '학습을 학습(learning to learn)'하는 방법으로서, 여러 논문에서 해당 개념을 제안했습니다(Naik and Mammone 1992, Schmidhuber 1987, Thrun 1998). 즉, 새로운 태스크를 더 빨리 학습하기 위해 이전의 학습 경험을 적극적으로 활용하는 방법이라 생각할 수 있습니다.

메타러닝의 핵심 아이디어는 학습 에이전트가 단순히 해당 데이터를 학습하는 것뿐만 아니라 자신의 학습 능력을 스스로 향상시킨다는 것입니다. 그래서 메타러닝은 '배우는 방법을 배우는 것'이라고 표현할 수 있으며, 'learning (how) to learn'이란 키워드로 설명할 수 있습니다. 특히, 머신러닝, 딥러닝 분야에서 메타러닝은 어떤 좋은 학습 방법을 학습하거나, 하이퍼파라미터 최적화(hyperparameter optimization), 자동 머신러닝(AutoML: Automatic Machine Learning) 등을 포함하는 용어로 사용되기도 합니다. 다만 이 책에서는 언급한 모든 범주들을 다루지 않으며, 메타러닝의 하위 집합이라고도 볼 수 있는 좋은 학습 방법을 학습하는 메타러닝 방법들에 대해서 소개할 것입니다. 여기서 말하는 학습 방법은 일종의 inductive bias라고 볼 수도 있습니다. 이 책에서는 앞으로 학습 모델에 가정하는 좋은 학습 방법을 학습하는 다양한 메타러닝 방법들을 소개할 것입니다.

📖 용어정리

머신러닝 분야에서 inductive bias란 학습 시 보지 못했던 주어진 입력에 대해 모델이 출력을 예측할 때 사용하는 일련의 가정을 의미합니다(Mitchell, 1980).

메타러닝에서 목표하는 학습 방법을 학습한다는 것은 무슨 의미일까요? 위에서 잠깐 언급은 했지만 조금 더 쉽게 이해하기 위해 우리가 신경망 모델을 학습할 때의 파라미터 초기화(parameter initialization)를 예로 들어보겠습니다. 보통은 딥러닝 모델 학습을 시작할 때, 학습하는 방법 중 하나는 무작위로 파라미터를 초기화하여 학습을 하는 것입니다. 하지만 초기화된 파라미터는 많은 데이터와 수많은 학습 프로세스를 거쳐야 하며, 이는 새로운 데이터셋이 주어질 때 좋은 학습 방법이라고 할 수 없습니다. 하지만 딥러닝 모델에 주어질 새로운 태스크를 빠르게 학습할 수 있는 '좋은 초기화'를 학습할 수도 있지 않을까요? 예를 들어 2장과 4장에서 소개할 MAML(Model-Agnostic Meta-Learning) 알고리즘은 좋은 초기화라는 학습 방법을 학습하여 새로운 태스크에 대한 빠른 학습을 가능하게 합니다. 다시 말해, MAML로 학습한 메타러닝 모델은 새로운 태스크가 주어졌을 때, 이를 빠르게 학습할 수 있는 '좋은 초기화'에서 시작하여 소량의 데이터와 적은 경사하강법(gradient descent)만으로도 빠른 학습을 가능하게 합니다.

지금 당장 이것이 무슨 말인지 몰라도 괜찮습니다. 앞으로 나올 내용들을 잘 읽고 숙지하면, 이 책에서 다루는 메타러닝 개념을 조금 더 쉽게 이해할 수 있을 것입니다.

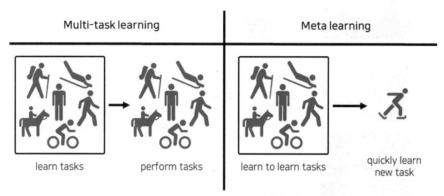

그림 1-7 멀티 태스크 러닝과 메타러닝의 차이점 (출처: https://meta-world.github.io/ 변형)

메타러닝과 자주 언급되는 개념으로 멀티 태스크 러닝(multi-task learning)이 있습니다. 그림 1-7은 직관적으로 멀티 태스크 러닝과 메타러닝의 차이점을 아주 잘 보여줍니다. 왼쪽 그림인 멀티 태스크 러닝은 하나의 모델이 다양한 여러 태스크를 잘 학습하고 테스트 시 학습한 태스크들과 같은 여러 태스크를 잘 수행하는 것을 목표로 합니다.

반면, 오른쪽 그림인 메타러닝은 학습 시 멀티 태스크 러닝과 같이 다양한 여러 태스크를 학습하긴 하지만, 학습 시 그 태스크를 외우기만 하는 것이 아니라 학습하는 방법을 학습하여, 테스트 시 학습 때 보지 못했던 새로운 태스크가 주어졌을 때 이를 빠르게 학습하는 것을 목표로 합니다. 즉, 그림 1-7 오른쪽의 예시에서는 메타러닝은 학습 시 여러 태스크들을 통해 학습하는 방법을 학습하고, 이를 통해 학습된 좋은 학습 방법을 통해 새로운 태스크인 스케이팅을 빠르게 학습하는 것을 목표로 합니다.

좋은 학습 방법을 학습하는 메타러닝과 밀접한 관련이 있는 개념으로 퓨샷 학습(few-shot learning)이 있습니다. 조금 더 구체적으로 메타러닝과 퓨샷 학습을 이해하기 위해서 구체적인 태스크 중 하나인 이미지 분류 문제를 살펴보겠습니다.

Vincent van Gogh　　　Claude Monet

그림 1-8 퓨샷 학습 예시 (출처: ICML 2019 Meta-learning Tutorial 변형)

그림 1-8을 보면 왼쪽에는 훈련 데이터(Train set)들이 주어져 있고, 오른쪽에는 테스트 데이터 (Test set)가 주어져 있습니다. 훈련 데이터는 빈센트 반 고흐(Van Gogh)의 그림 3장과 클로드 모네 (Claude Monet)의 3장만 주어져 있습니다. 여기서 문제는 각 화가가 그린 훈련 데이터 3장씩 총 6장 을 본 뒤, 테스트 데이터가 누가 그린 그림인지 맞히는 것입니다. 정답은 무엇일까요?

정답은 모네입니다. 책을 읽고 계신 독자 여러분들은 이 문제를 비교적 쉽게 맞히셨을 것입니다. 사 람은 각 클래스별 이미지 데이터를 3장씩만 보여주었는데도 새로운 데이터의 클래스를 잘 분류할 수 있었습니다. 그 이유가 무엇일까요?

우리는 실제 세상을 살아오면서 수많은 시각적 학습을 통해 지식을 축적합니다. 즉, 사람은 이미 많 은 시각적 학습을 했고, 이를 통한 사전 지식이 충분히 구축되어 있는 상태입니다. 따라서 우리는 그 림 1-8 문제에서 각 클래스별 이미지 데이터가 3장밖에 주어지지 않더라도 축적된 사전 지식을 활용 하여 빠르게 각 화가의 그림의 형태, 특성 등을 파악하여 새로운 이미지를 분류할 수 있었던 것입니 다. 몇 개의 훈련 데이터만 보여주는 위와 같은 학습 문제를 퓨샷 학습이라고 부르며, 한 장씩 보여주 는 것을 원샷 학습(one-shot learning)이라고 부릅니다. 위와 같은 문제를 조금 구체적으로 정의하 면 N-way K-shot 문제라고 부릅니다. 여기서 N은 클래스의 개수를 의미하며, K는 각 클래스별 데 이터 개수를 의미합니다. 즉, 위 예시에서는 클래스가 2개이고, 각 클래스별로 3개의 데이터를 보여주었기 때문에 2-way 3-shot 문제라고 할 수 있습니다. 학술 논문에서는 5-way 1-shot, 20-way 5-shot 등이 성능 평가 방법으로 많이 사용되곤 합니다.

그렇다면 인공지능이 퓨샷 학습 문제를 풀 수 있을까요? 사람이 퓨샷 학습 문제를 쉽게 풀 수 있었던 반면, 인공지능 입장에서는 이 문제가 대단히 어려운 문제입니다. 고차원 픽셀로 구성되어 있는 이미지 데이터를 일반화하여 잘 분류할 수 있으려면 인공지능에 충분히 많은 양의 데이터를 보여주어야 하고, 이를 오랜 시간 학습해야 합니다. 즉, 인공지능에 각 클래스별 3장씩만 주어진다면 그 이미지를 외울 수는 있겠지만, 새로운 테스트 데이터를 잘 분류하는 것은 매우 어려운 문제입니다.

위와 같은 퓨샷 학습 문제를 잘 풀기 위한 방법 중 하나가 바로 이 책에서 소개할 메타러닝입니다. '학습하는 방법을 학습'함으로써 충분한 학습 방법을 축적하여, 새로운 태스크, 즉 위와 같은 새로운 적은 데이터가 주어졌을 때 이를 빠르게 학습할 수 있는 여러 메타러닝 방법들을 이 책에서 소개하고 코드도 살펴볼 것입니다. 추후 2장에서는 구체적으로 메타러닝을 머신러닝 관점에서 여러 개념 및 용어를 정의하고, 메타러닝을 수행하기 위한 메타 데이터셋을 소개하겠습니다.

1.3 메타러닝 학습 환경 구축

2장으로 넘어가기 전에 추후 등장할 코드 실습을 대비한 메타러닝 개발 환경을 구축해보겠습니다. 여기서의 설명은 여러분이 GPU가 장착된 윈도우 혹은 리눅스 기반의 로컬 데스크톱을 사용하고 있음을 가정합니다. 설명은 기본적으로 윈도우 기반으로 설명합니다. 각 장에서 사용되는 개발 환경에 약간씩의 차이가 있기는 하지만, 일단 지금은 공통적으로 사용되는 요소들을 준비하겠습니다.

1.3.1 아나콘다 설치와 사용

환경 구축을 위한 첫번째 단계로 아나콘다(Anaconda)의 설치와 간단한 사용 방법을 살펴보겠습니다. 아나콘다는 데이터 과학과 머신러닝을 위한 파이썬 배포판으로, 수백 개의 파이썬 라이브러리를 포함함과 동시에 파이썬 개발을 위한 가상 환경을 제공합니다. 몇몇 라이브러리는 따로 설치할 필요가 있지만, 이 책의 실습에서 사용되는 파이썬 3.8.8 버전과 대부분의 라이브러리는 아나콘다를 통해 한 번에 준비할 수 있습니다.

1.3.2 아나콘다 설치

아나콘다의 설치 방법은 인터넷에서 쉽게 찾아볼 수 있으므로 여기서는 간단하게 설명하겠습니다. 다음 주소의 아나콘다 홈페이지에 방문하면 그림 1-9와 같이 사용하는 운영체제에 적합한 설치 파일을 다운로드할 수 있습니다.

- https://www.anaconda.com/

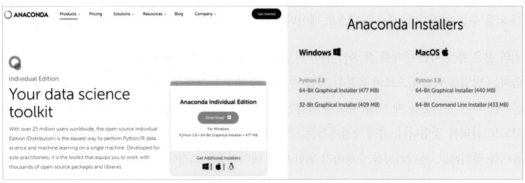

그림 1-9 아나콘다 설치 파일 다운로드 페이지(https://www.anaconda.com/products/distribution#Downloads)

설치 파일을 실행해 아나콘다를 설치합니다. 이때 아나콘다 프롬프트(anaconda prompt) 이외의 cmd 창이나 powershell을 사용할 때에도 아나콘다 파이썬을 사용하고 싶다면, 그림 1-10의 단계에서 'Add Anaconda3 to my PATH environment variable' 옵션을 선택합니다. 다만, 이미 파이썬 인터프리터가 환경변수에 등록되어 있을 때 이 옵션을 선택하면 환경변수 간의 충돌이 날 수 있으니 주의하시기 바랍니다.

설치가 완료되면, 아나콘다 내비게이터(Anaconda Navigator)와 아나콘다 프롬프트(Anaconda Prompt)를 비롯한 프로그램들이 설치된 것을 확인할 수 있습니다.

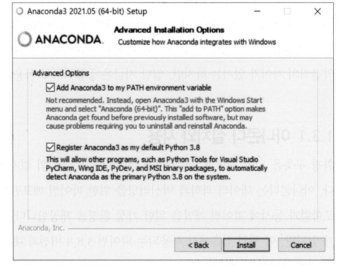

그림 1-10 아나콘다 설치 단계

1.3.3 깃허브 저장소 클론 및 환경 구축

이 책의 예제를 로컬 컴퓨터로 복제하겠습니다. 실습에 사용되는 모든 코드는 파이썬 스크립트(.py)
와 파이썬 노트북 파일(.ipynb) 형태로 올라가 있습니다. 깃(git)을 설치 후 아나콘다 프롬프트에서
아래의 명령어로 저장소를 클론해주시기 바랍니다.

```
$ git clone https://github.com/dongminlee94/meta-learning-for-everyone.git
```

그림 1-11 Github 저장소

클론한 이 책의 예제 코드는 모두 깃허브 저장소에서 확인할 수 있습니다. 이제 이 링크로 들어가 저
장소 메인에 있는 방법대로 아나콘다 가상 환경을 만든 다음, 본인의 운영체제에 맞게 패키지 설치
명령어를 입력하면 예제 실행에 필요한 환경 구축이 완료됩니다.

02장

메타 지도학습

본격적으로 2장에서는 메타러닝 개념을 이해하기 위해 수식과 함께 구체적인 주요 개념들을 소개하고 문제 정의를 합니다. 이번 장의 내용이 다소 어려울 수 있지만, 잘 소화하게 되면 이후 구체적인 알고리즘들을 다룰 때 편하게 공부할 수 있고, 잘 이해할 수 있을 것입니다.

메타러닝 문제를 이해하려면 먼저 다양한 개념을 정의해야 합니다. 태스크, 메타 데이터셋, 메타러닝의 개념을 알아보겠습니다.

2.1.1 태스크 정의

메타러닝 문제를 이해하기 위해선 태스크(task)라는 개념을 정의해야 합니다. 메타러닝에서 말하는 태스크가 무엇일까요? 태스크를 정의하는 방법은 다양하지만, 지도학습에 대한 태스크를 다음 식 2.1과 같이 간단히 정의할 수 있습니다.

$$T = \{p(x),\ p(y|x),\ \mathcal{L}\} \tag{2.1}$$

여기서 $p(x)$는 데이터 x에 대한 확률분포이고 $p(y|x)$는 해당 데이터에 대한 정답이 되는 라벨 y의 확률 분포를 의미하며 $\mathcal{L}$은 손실 함수(loss function)를 의미합니다. 즉, 지도학습의 경우 각각 하나의 $p(x)$, $p(y|x)$, $\mathcal{L}$가 정의되었을 때 우리는 이것을 태스크라고 부릅니다. 보통의 지도학습 문제라면 하나의 태스크가 정의되면 이를 학습하는 문제를 의미하지만, 멀티 태스크 러닝, 메타러닝에서는 여러 태스크에 대한 문제를 잘 풀고자 하기 때문에, 우리는 여러 태스크를 샘플링할 수 있는 태스크 분포 $p(T)$를 정의할 수 있습니다.

$$T_1,\ T_2,\ \cdots,\ T_n \sim p(T) \tag{2.2}$$

그렇다면 우리는 식 2.2와 같이 태스크 분포 $p(T)$로부터 태스크 T_1, T_2, $\cdots$, T_n를 샘플링할 수 있습니다. 이렇게 샘플링된 태스크로 메타러닝을 할 수 있습니다. 다음 장에서는 구체적으로 태스크 분포를 이해하기 위해 메타러닝 데이터셋을 살펴보겠습니다.

2.1.2 메타러닝 데이터셋

그림 2-1은 메타러닝 분야에서 자주 사용되는 mini-ImageNet 데이터셋 예시입니다. 이 그림 예시를 통해 구체적으로 세부 개념들을 알아보겠습니다. 이 부분이 조금 헷갈릴 수 있는 여지가 많지만, 자세히 읽어보고 따라오시면 쉽게 이해하실 수 있을 것입니다.

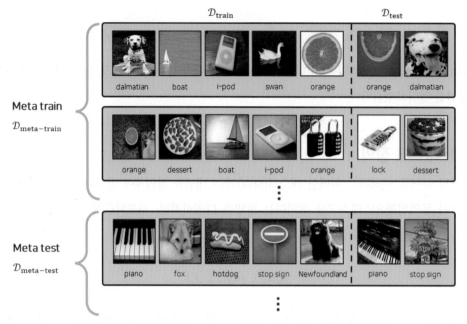

그림 2-1 mini-ImageNet 메타 데이터셋 예시 (출처: Optimization as a model for few-shot learning, Ravi et al., ICLR 2017 변형)

우선 그림 2-1의 mini-ImageNet 데이터셋은 크게 메타 트레인 $D_{meta-train}$와 메타 테스트 $D_{meta-test}$로 나뉘어 있습니다. 여기서 첫 번째 중요한 점은 메타 트레인 $D_{meta-train}$와 메타 테스트 $D_{meta-test}$는 서로 겹치는 라벨이 존재하지 않습니다. 예를 들어 메타 트레인 $D_{meta-train}$에 '오렌지(orange)'라는 라벨과 그에 대한 데이터가 있으면 메타 테스트 $D_{meta-test}$에는 '오렌지'에 대한 데이터는 존재하지 않습니다. 이렇게 데이터셋을 설정하는 이유는 우리는 메타 트레인 $D_{meta-train}$을 통해 메타러닝을 진행하고, 메타 테스트 $D_{meta-test}$에서 한 번도 보지 못했던 전혀 다른 새로운 라벨만 존재하는 태스크를 빠르게 학습하기 위함입니다.

조금 더 자세히 들어가보겠습니다. 그림 2-1의 메타 트레인 $D_{meta-test}$에는 여러 녹색 박스 데이터가 들어가 있습니다. 이 녹색 박스 하나가 하나의 태스크라고 할 수 있습니다. 물론 앞서 우리가 정의한 태스크의 정의 $T=\{p(x),\ p(y|x),\ \mathcal{L}\}$에 따르면, 그림에서는 손실함수 $\mathcal{L}$이 생략되어 있으나, 지금 우리는 이미지 분류를 풀고 있으니 교차 엔트로피(cross entropy) 손실함수를 쓴다고 가정합시다. 이러한 태스크로 정의되는 데이터(녹색 박스 하나)가 여러 개 모여 있는 것을 메타 트레인 $D_{meta-train}$ 데이터셋이라고 합니다.

머신러닝에서 교차 엔트로피 손실함수는 이미지 분류 문제에 많이 사용되는 손실함수 중 하나입니다. 교차 엔트로피 손실함수 $\mathcal{L}_{\text{CE}}$는 아래와 같이 정의됩니다.

$$\mathcal{L}_{\text{CE}} = -\sum_{i=1}^{n} t_i \log p_i$$

여기서 t_i는 원핫 인코딩인 데이터 라벨을 의미하며 p_i는 네트워크에서 출력한 i번째 클래스에 대한 소프트맥스(softmax) 확률을 의미합니다. 소프트맥스 함수에 입력되기 전의 벡터를 z라고 했을 때 소프트맥스 함수는 아래와 같이 정의됩니다.

$$p_i = \text{soft} \max \left(z \right)_i = \frac{e^{z_i}}{\sum_{j=1} e^{z_j}}$$

그런데 이것이 왜 '메타' 데이터셋일까요? 그림 2-1을 보면 이 녹색 박스 태스크 안에는 또 다른 이미지 데이터들이 있습니다. 예를 들어 첫번째 녹색 박스 태스크를 보면 D_{train}에 달마시안, 보트, MP3, 백조, 오렌지 이미지가 한 장씩 있고, D_{test}에는 오렌지, 달마시안 사진이 있으며, 이를 몇 번 클래스인지 맞히는 문제임을 알 수 있습니다. 즉, 태스크가 하나의 데이터이지만 이 태스크 안에는 또 다른 이미지 데이터셋이 존재하는 것입니다. 그래서 우리는 mini-ImageNet와 같은 데이터셋을 '데이터셋의 데이터셋(dataset of datasets)' 또는 메타 데이터셋(meta-dataset)이라고 부릅니다. 여기서는 D_{train}을 보면 총 5개의 클래스가 있고, 각각 1장씩 샘플링되었기 때문에 이 문제는 5-way 1-shot 문제입니다.

처음 이 개념을 접했을 때, 메타 트레인, 메타 테스트라는 개념도 있고 각각 그 안에 또 D_{train}, D_{test}가 있으니 이해하기 어려울 수 있습니다. 그래서 여러 학술 논문에서는 메타 트레인, 메타 테스트 각각에서, D_{train}은 Support set, D_{test}는 Query set이라고 부르기도 합니다. 추후 이 책에서도 몇몇 메타 지도학습 알고리즘에서 특정 개념을 설명할 때 Support set, Query set으로 표기를 하기도 하므로, 이를 잘 기억해두시기 바랍니다.

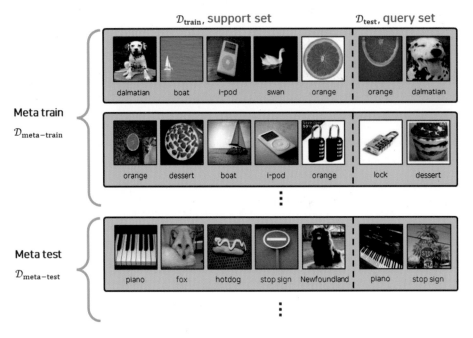

그림 2-2 메타 데이터셋 요약 그림(출처: Stanford CS330 변형)

즉, 설명한 내용은 그림 2-2와 같이 표현할 수 있으며, 다시 정리하면 메타 트레인 $D_{\text{meta-train}}$를 구성하기 위해 우리는 태스크 분포 $p(T)$에서 태스크를 샘플링 $T_i \sim p(T)$하여 데이터셋을 구성할 수 있고, 각각 태스크는 D_{train}(Support set)와 D_{test}(Query set)으로 구성됩니다.

메타러닝을 위한 벤치마크 데이터셋

이 파트에서는 메타러닝에서 사용할 수 있는 벤치마크 데이터셋들을 소개합니다. 앞으로 우리가 직접 메타러닝 알고리즘을 구현할 때 사용할 데이터셋에 대해 간단하게 살펴보겠습니다.

그림 2-3 Omniglot 데이터셋(왼쪽)과 mini-ImageNet 데이터셋(오른쪽)

그림 2-3의 Omniglot 데이터셋과 mini-ImageNet 데이터셋은 메타 지도학습에서 이미지 분류를 위해 자주 사용되는 데이터셋입니다. 그림 2-3의 왼쪽 Omniglot은 전 세계에서 사용되고 있는 50개의 알파벳(한글, 로마자, 히브리어 등)으로부터 가져온 1623개의 문자에 대해 20명의 사람이 직접 손으로 쓴 문자 이미지 데이터셋입니다. 하나의 문자(클래스)마다 20개 105 x 105 크기의 흑백 이미지로 구성되며, 30개 알파벳의 메타 트레인(meta-train), 20개 알파벳의 메타 테스트(meta-test)로 구성되어 있습니다. 그림 2-3의 오른쪽 mini-ImageNet은 이름에서 유추할 수 있듯이, ImageNet이라는 큰 이미지 데이터셋에서 100개의 클래스와 클래스별 600개의 이미지를 무작위로 추출하여 재구성한 컬러 이미지 데이터셋입니다. 각 이미지의 크기는 84×84 픽셀이며, 일반적으로 80개의 클래스를 메타 트레인, 20개의 클래스를 메타 테스트에 사용합니다. 표 2-1을 보면 Omniglot 데이터셋과 mini-ImageNet 데이터셋 각각의 정보를 한눈에 파악할 수 있습니다.

표 2-1 Omniglot 데이터셋(왼쪽)과 mini-ImageNet 데이터셋(오른쪽)

데이터셋	전체 데이터 수	클래스 수	클래스별 데이터 수	이미지 크기(픽셀)
Omniglot	38,260개	1623개	20개	105 x 105
miniImageNet	60,000개	100개	600개	84 x 84

이 책에서 실제 코드를 구현할 때는 Omniglot 데이터셋만을 사용할 예정입니다. 하지만 독자분들께서 이 책을 통해서 메타러닝을 공부하신 뒤, mini-ImageNet으로도 메타러닝 모델을 학습해 보고

성능을 측정하여 원 논문과 비교해보시며 추가로 공부해보시길 권유드립니다. 이 외에도 다양한 새 (bird) 이미지로 구성된 Caltech-UCSD Birds(CUB) 데이터셋, 0부터 9까지의 숫자 이미지로 구성된 MNIST 데이터셋, 각각 10개와 100개의 클래스로 구성된 CIFAR-10과 CIFAR-100 등 다양한 데이터 셋이 메타러닝 학습 알고리즘 연구를 위한 데이터셋으로 사용되고 있으니 관심 있는 독자분들께서는 꼭 한 번 찾아보고 적용해 보시기 바랍니다. 이 외에도 메타러닝을 위한 태스크 분포를 잘 이해하셨다면, 가지고 있는 우리만의 데이터셋으로도 얼마든지 메타러닝을 할 수 있는 데이터셋을 구축할 수 있습니다.

위에서 메타 데이터셋의 개념 및 실제 벤치마크 데이터셋도 알아봤습니다. 이제 우리는 이 메타 데이터셋을 통해서 메타러닝이 풀고자 하는 문제를 정의하고, 어떻게 학습을 하는지 개요를 알아보겠습니다.

2.1.3 메타러닝

1.2절에서 언급한 대로, 이 책에서는 좋은 학습 방법을 학습하는 메타러닝을 소개합니다. 추후 소개해드릴 각 메타러닝 알고리즘마다 어떤 학습 방법을 학습하는지는 각각 목표하는 목적마다 다를 수 있습니다. 예를 들어 학습 방법은 좋은 초기화(initialization)가 될 수도 있고, 어떤 최적화 프로세스 (optimization process)일 수도 있으며, 좋은 임베딩 공간(embedding space)을 찾는 학습일 수도 있습니다. 여기서 메타러닝 문제를 정의하기 위해 우리가 학습하고자 하는 학습 방법을 메타 파라미터 θ로 표현하고, 각 i번째 태스크를 학습한 파라미터를 ϕ_i로 표현하겠습니다. 그림 2-4와 같이 메타러닝은 크게 내부 단계(inner-level)와 외부 단계(outer-level)가 반복되며 학습이 수행됩니다.

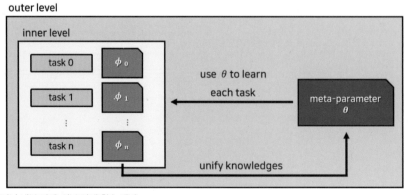

그림 2-4 메타러닝 내부 단계, 외부 단계 학습 개념

내부 단계에서는 새로운 태스크들이 제시됩니다. 학습 모델은 이 새로운 태스크들과 관련된 개념을 빠르게 학습합니다. 내부 단계에서 빠르게 학습한 각 태스크별 파라미터는 ϕ_i로 표현했으며, 이를 학습할 때는 외부 단계에서 기존에 통합된 사전지식인 메타 파라미터 θ을 활용합니다.

외부 단계에서는 내부 단계에서 학습한 개별 태스크들에 대한 지식을 통합합니다. 각각의 태스크에 대한 학습 정보 ϕ_i를 외부 단계에서 통합하여 이를 메타지식 θ에 반영합니다.

즉, 다시 말하면 학습 모델은 내부 단계에서 새로운 태스크들을 빠르게 학습한 지식들을 외부 단계에서 통합하고, 이 통합된 지식을 활용하여 다시 내부 단계에서 빠르게 학습하려고 합니다. 이렇게 계속 내부 단계와 외부 단계의 반복적인 이중 최적화(bi-level optimization) 프로세스를 통해 학습하는 것이 메타러닝의 주요 학습 아이디어라 할 수 있습니다.

메타러닝 학습 프로세스

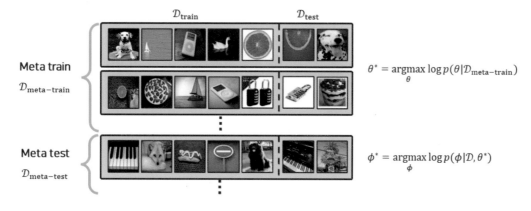

그림 2-5 메타러닝과 Few-shot 학습 (출처: Optimization as a model for few-shot learning, Ravi et al., ICLR 2017 변형)

그럼 이제 구체적인 메타러닝 프로세스를 살펴봅시다. 이 파트는 다소 복잡할 수 있습니다. 하지만 독자 여러분께서 끈기 있게 이 파트를 잘 소화하신다면 추후 구체적인 메타러닝 알고리즘들을 이해하는 데에 큰 무리가 없을 것입니다.

$$\mathcal{D}_{\text{meta-train}} = \{(\mathcal{D}_1^{\text{train}}, \mathcal{D}_1^{\text{test}}), (\mathcal{D}_2^{\text{train}}, \mathcal{D}_2^{\text{test}}), \cdots (\mathcal{D}_n^{\text{train}}, \mathcal{D}_n^{\text{test}})\} \qquad (2.3)$$

$$\mathcal{D}_i^{\text{train}} = \{(x_1^i,\ y_1^i),\ (x_2^i,\ y_2^i),\ \cdots,\ (x_k^i,\ y_k^i)\} \tag{2.4}$$

$$\mathcal{D}_i^{\text{test}} = \{(x_1^i,\ y_1^i),\ (x_2^i,\ y_2^i),\ \cdots,\ (x_l^i,\ y_l^i)\} \tag{2.5}$$

식 2.3은 앞서 봤던 메타 트레인 $D_{\text{meta-train}}$을 간략히 수식으로 보여줍니다. $D_{\text{meta-train}}$은 여러 개의 태스크 $(\mathcal{D}_1^{\text{train}},\ \mathcal{D}_1^{\text{test}}),\ (\mathcal{D}_2^{\text{train}},\ \mathcal{D}_2^{\text{test}}),\ \cdots (\mathcal{D}_n^{\text{train}},\ \mathcal{D}_n^{\text{test}})$로 구성되어 있습니다. 각각의 태스크 $(\mathcal{D}_i^{\text{train}},\ \mathcal{D}_i^{\text{test}})$는 i번째 태스크이며, 그림 2-5의 녹색 박스 하나라고 생각할 수 있습니다.

그림 2-5는 앞서 소개해드린 메타 데이터셋을 활용하여 구체적으로 메타러닝을 수행하는 개념을 보여줍니다. 메타 트레인 $D_{\text{meta-train}}$의 하나의 태스크 T_i는 $(\mathcal{D}_i^{\text{train}},\ \mathcal{D}_i^{\text{test}})$으로 구성됩니다. 이 데이터 셋들을 통해 메타러닝에서 우리가 찾고자 하는 좋은 학습 방법인 최적의 θ^*를 학습하고자 합니다. 이를 학습하는 원리는 다음 식 2.6과 같이 표현할 수 있습니다.

$$\theta^* = \text{argmax}_\theta \log p(\theta|\mathcal{D}_{\text{meta-train}}) \tag{2.6}$$

즉, 메타러닝은 메타 트레인 $D_{\text{meta-train}}$를 사용하여 최적의 학습 방법인 θ^*를 찾아내는 문제라고 정의할 수 있습니다. 이는 학습하는 방법을 학습했다고 이해할 수 있습니다. 아직까지 우리가 어떻게 학습하는지는 알아보지 않았기 때문에 자세하게 이해되지 않더라도 괜찮습니다. 뒤에서 구체적으로 메타러닝 알고리즘들을 살펴볼 것입니다.

메타러닝이 완료된 후에 모델은 새로운 태스크 집합이라 할 수 있는 메타 테스트 $D_{\text{meta-test}}$에서 적은 데이터만으로도 빠르게 학습할 수 있는지 테스트를 진행하게 됩니다. 즉, 메타 테스트에서 새로운 특정 i번째 태스크를 D라고 간단히 표현한다면, 이에 대하여 식 2.7과 같이 메타러닝을 통해 찾은 최적의 메타 파라미터 θ^*와 함께 빠르게 이 태스크를 학습하여 해당 태스크의 최적의 파라미터 ϕ^*를 찾을 수 있습니다.

$$\phi^* = \text{argmax}_\phi \log p(\phi|\mathcal{D},\ \theta^*) \tag{2.7}$$

여기까지 이해하셨다면 여러분은 최근 연구되고 있는 지도학습에서의 메타러닝 문제 정의를 대부분 이해하신 것입니다. 1.1절에서 소개해드린 대로 일반적인 머신러닝은 지도학습, 비지도학습, 강화학습으로 분류됩니다. 그렇다면 메타러닝은 어떨까요? 메타러닝 역시 메타 지도학습, 메타 비지도학습, 메타 강화학습으로 나뉠 수 있습니다. 여기서 메타 비지도학습은 이 책에서 자세히 다루지 않으며 마지막 5장에서 잠깐 이 분야에서 대해서 간단히 소개를 할 것입니다. 앞으로 나올 2장과 4장에서는 각각 메타 지도학습과 메타 강화학습에 대한 알고리즘들을 구체적으로 소개해드릴 것이며, 코드로 구현도 해보겠습니다.

2.1.4 실습: Torchmeta 라이브러리 소개

앞서 설명한 것과 같이 메타러닝에서는 기존 머신러닝과 달리 태스크 분포를 모델링한 메타 데이터셋을 구축해야 합니다. 그러면 이러한 메타 데이터셋을 어떻게 구현하여 모델에 제공할까요? 이 절에서는 모델에 태스크 배치(task batch)를 제공할 메타 데이터 로더(meta data loader)의 개념에 대해 알아보겠습니다. 메타 데이터 로더는 기존 데이터셋으로부터 데이터를 샘플링하고 여러 태스크를 구성하여 메타 데이터셋을 구축합니다. 그리고 이 중 몇 개의 태스크를 하나의 배치(batch)로 묶어 학습 모델에 입력으로 전달합니다.

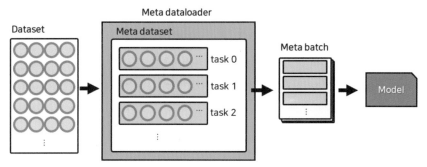

그림 2-6 Torchmeta의 메타 데이터 로더 아키텍처

그림 2-6은 메타 데이터 로더의 구성을 보여줍니다. 직관적으로, 메타 데이터 로더는 태스크를 샘플링하여, 메타 배치를 만들어 모델에 전달하는 방식을 취하고 있습니다. 메타 데이터 로더를 직접 구현할 수도 있지만, 이 책에서는 독자 여러분께서 쉽게 따라하고 이해하실 수 있도록 Torchmeta(Deleu et al., 2019) 패키지를 사용하겠습니다. 파이토치(PyTorch)를 기반으로 만들어진 Torchmeta에서는 이러한 메타 데이터셋을 구축 및 사용할 수 있는 편리하고 다양한 기능들을 제공합니다.

Torchmeta에는 메타 지도학습 모델의 성능 확인에서 많이 사용되는 벤치마크 데이터셋(Omniglot, mini-ImageNet, CUB 등)이 구축되어 있을 뿐만 아니라 퓨샷 회귀(few-shot regression) 문제에서 자주 사용되는 sine waves와 sinusoid에 대한 메타 데이터 로더가 구현되어 있습니다. 이번 절에서는 이 책에서 다루게 될 Omniglot을 이용한 분류 문제와 sinusoid를 이용한 회귀 문제에 대한 메타 데이터 로더만 구현해보겠습니다.

메타 지도 학습 분류 문제를 위한 Omniglot 메타 데이터 로더 구현

그럼 먼저 메타 분류 문제를 위한 Omniglot의 메타 데이터 로더를 구현해 보겠습니다. 그림 2-7의 Omniglot은 전 세계에서 사용되고 있는 50개의 알파벳(한글, 로마자, 히브리어 등)으로부터 가져온 1623개의 문자를 20명의 사람이 직접 손으로 쓴 문자 이미지 데이터셋입니다. 하나의 문자마다 20개 105 x 105 크기의 흑백 이미지로 구성되며, 30개 알파벳의 메타 트레인(meta-train), 20개 알파벳의 메타 테스트(meta-test) 세팅으로 구성되어 있습니다.

그림 2-7 Omniglot 데이터셋

Torchmeta는 이러한 Omniglot 데이터셋에 대한 메타 데이터 로더를 제공합니다. 이 과정은 크게 ① 데이터셋 가져오기, ② 메타 데이터로더 생성하기, ③ 메타 데이터 로더로부터 태스크 배치 불러오기의 세 단계로 나뉩니다. 다음 코드를 통해 자세히 살펴보겠습니다.

라이브러리 임포트 및 경고 무시

먼저 코드에서 사용될 몇 가지 라이브러리를 임포트합니다.

```
01. import warnings
02. from typing import Any, Dict, Tuple
03.
04. import matplotlib.pyplot as plt
05. from torchmeta.datasets.helpers import omniglot
06. from torchmeta.utils.data import BatchMetaDataLoader
07.
08. warnings.filterwarnings(action="ignore")
```

[Line 5] torchmeta.datasets.helpers는 앞서 언급한 Omniglot 데이터셋을 포함하여, 일부 벤치마크 데이터셋에 대한 데이터 세팅을 포함합니다. 여기에 구현되어 있는 omniglot 클래스 내 다양한 매개변수를 통해 데이터셋의 로컬 경로와 N-way K-shot 세팅, 데이터 셔플 등의 기본적인 설정이 가능하고 데이터셋을 로드할 수 있습니다.

[Line 8] 경고를 무시하기 위한 것으로, 지워도 됩니다.

get_dataloader() 함수 정의

이제 Omniglot 데이터셋에 대한 train/validation/test 데이터 로더를 반환하는 함수를 정의해봅시다.

```
01. def get_dataloader(
02.     config: Dict[str, Any]
03. ) -> Tuple[BatchMetaDataLoader, BatchMetaDataLoader, BatchMetaDataLoader]:
04.     train_dataset = omniglot(
05.         folder=config["folder_name"],
06.         shots=config["num_shots"],
07.         ways=config["num_ways"],
08.         shuffle=True,
09.         meta_train=True,
10.         download=config["download"],
11.     )
12.     train_dataloader = BatchMetaDataLoader(
13.         train_dataset, batch_size=config["batch_size"], shuffle=True, num_workers=1
14.     )
15.
16.     val_dataset = omniglot(
17.         folder=config["folder_name"],
18.         shots=config["num_shots"],
```

```
19.          ways=config["num_ways"],
20.          shuffle=True,
21.          meta_val=True,
22.          download=config["download"],
23.      )
24.      val_dataloader = BatchMetaDataLoader(
25.          val_dataset, batch_size=config["batch_size"], shuffle=True, num_workers=1
26.      )
27.
28.      test_dataset = omniglot(
29.          folder=config["folder_name"],
30.          shots=config["num_shots"],
31.          ways=config["num_ways"],
32.          shuffle=True,
33.          meta_test=True,
34.          download=config["download"],
35.      )
36.      test_dataloader = BatchMetaDataLoader(
37.          test_dataset, batch_size=config["batch_size"], shuffle=True, num_workers=1
38.      )
39.
40.      return train_dataloader, val_dataloader, test_dataloader
```

[Line 1~40] 매개변수를 통해 받은 설정값들을 활용하여 torchmeta가 제공하는 Sinusoid의 데이터셋과 데이터 로더를
획득합니다.

환경 설정

먼저 필수적인 변수 몇 가지를 설정하고 시작합시다.

```
01. config = {
02.     "folder_name": "dataset",
03.     "download": True,
04.     "num_shots": 2,
05.     "num_ways": 5,
06.     "batch_size": 3,
07.     "num_batches_train": 6000,
08.     "num_batches_test": 2000,
```

```
09.     "num_batches_val": 100,
10.     "device": "cpu",  # "cuda" or "cpu"
11. }
12.
13. train_dataloader, val_dataloader, test_dataloader = get_dataloader(config)
```

[Line 2] 다운받은 메타 학습 데이터를 "dataset" 폴더에 저장합니다.

[Line 4~5] 데이터를 셔플하여 5-way 2-shot으로 사용합니다.

[Line 10] 지금은 데이터를 준비하는 것뿐이라 큰 의미는 없지만, gpu를 사용할 수 있는 환경이라면 device를 cuda로 설정하여 모델의 학습과 테스트에 소요되는 시간을 크게 줄일 수 있습니다.

[Line 13] 앞서 정의한 get_dataloader 함수를 통해 train, val, test dataloader를 획득합니다.

실행

dataloader가 데이터를 어떻게 반환하는지 확인해봅시다.

```
01. for batch_idx, batch in enumerate(train_dataloader):
02.     if batch_idx >= config["num_batches_train"]:
03.         break
04.
05.     support_xs = batch["train"][0].to(device=config["device"])
06.     support_ys = batch["train"][1].to(device=config["device"])
07.     query_xs = batch["test"][0].to(device=config["device"])
08.     query_ys = batch["test"][1].to(device=config["device"])
09.
10.     print(
11.         f"support_x shape : {support_xs.shape}\n",
12.         f"support_y shape : {support_ys.shape}\n",
13.         f"query_x shape   : {query_xs.shape}\n",
14.         f"query_y shape   : {query_ys.shape}",
15.     )
16.
17.     break
```

[Line 1~17] for loop를 사용하여 dataloader에서 batch를 가져옵니다. batch를 분할하여 support_xs, query_ws, support_ys, query_ts를 획득하고, 각각의 shape를 출력하여 데이터의 상태를 확인합니다.

결과 출력

Omniglot은 이미지 데이터이니만큼, shape 이외에도 직접 이미지를 보면서 batch의 구성을 확인해 봅시다.

```
01. for b in range(config["batch_size"]):
02.     fig = plt.figure(constrained_layout=True, figsize=(18, 4))
03.     subfigs = fig.subfigures(1, 2, wspace=0.07)
04.
05.     subfigs[0].set_facecolor("0.75")
06.     subfigs[0].suptitle("Support set", fontsize="x-large")
07.     support_axs = subfigs.flat[0].subplots(nrows=2, ncols=5)
08.     for i, ax in enumerate(support_axs.T.flatten()):
09.         ax.imshow(support_xs[b][i].permute(1, 2, 0).squeeze(), aspect="auto")
10.
11.     subfigs[1].set_facecolor("0.75")
12.     subfigs[1].suptitle("Query set", fontsize="x-large")
13.     query_axes = subfigs.flat[1].subplots(nrows=2, ncols=5)
14.     for i, ax in enumerate(query_axes.T.flatten()):
15.         ax.imshow(query_xs[b][i].permute(1, 2, 0).squeeze(), aspect="auto")
16.
17.     fig.suptitle("Batch " + str(b), fontsize="xx-large")
18.
19.     plt.show()
```

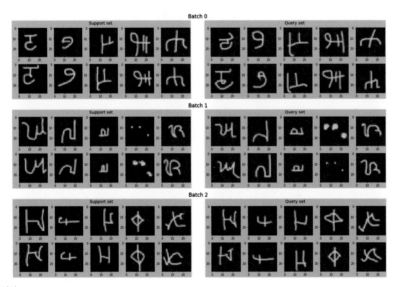

그림 2-8 출력 결과

메타 지도 학습 회귀 문제를 위한 sinusoid 메타 데이터 로더 구현

Sinusoid란 아래의 그림 2-9와 같이 일정한 패턴이 반복되는 매끈한 곡선 함수를 말합니다. 흔히 알고 있는 사인(sine), 코사인(cosine) 함수가 sinusoid의 예시라고 할 수 있습니다. 이러한 sinusoid 함수의 예측은 대표적인 메타 회귀 문제입니다. K-shot 메타 회귀 문제에서는 주어진 sinusoid 곡선 위 K개의 정점에 대한 좌표 값을 데이터로 받아 sinusoid 곡선의 진폭(amplitude)과 위상(phase)을 학습 및 예측하게 됩니다.

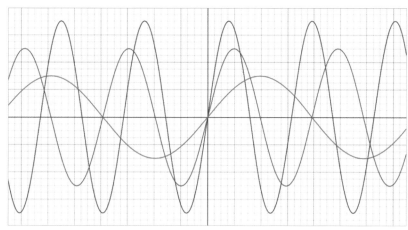

그림 2-9 다양한 sinusoid 함수 예시

이 또한 앞서 살펴본 메타 분류의 Omniglot과 같이 torchmeta에 구현되어 있습니다. 다만 이번에는 데이터셋으로부터 데이터를 가져오지 않습니다. 대신 사용자가 설정한 태스크의 개수만큼 일정 범위에서 sinusoid 함수의 진폭과 위상을 샘플링하여 데이터셋을 구성합니다. 데이터셋의 생성과 메타 데이터 로더의 생성은 앞의 메타 분류 문제와 같이 '데이터셋 가져오기', '메타 데이터로더 생성하기', '메타 데이터 로더로부터 태스크 배치 불러오기'의 세 단계로 나눌 수 있습니다. 일련의 과정을 다음의 코드를 통해 자세히 살펴보겠습니다.

메타 회귀 문제에 대한 데이터셋은 torchmeta.toy에 구현되어 있습니다. 앞의 코드에서 사용하는 torchmeta.toy.Sinusoid를 통해 하나의 태스크에서 제공할 support set의 크기와 데이터셋을 구성하는 전체 태스크의 개수를 설정할 수 있습니다. 예시 코드에서는 10개의 데이터를 포함하는 1,000,000개의 태스크로 데이터셋을 생성했습니다.

메타 데이터 로더는 앞선 메타 분류 문제와 동일하게 **BatchMetaDataLoader**를 사용합니다. 여기서는 간단하게 태스크 배치의 크기와 데이터셋을 매개변수로 넘겨 메타 데이터 로더를 생성했습니다. 이 코드에서 메타 데이터 로더는 하나의 배치마다 16개의 태스크를 제공하게 됩니다.

```python
01. import warnings
02. from typing import Any, Dict, Tuple
03.
04. import torch
05. from torchmeta.toy import Sinusoid
06. from torchmeta.utils.data import BatchMetaDataLoader
07.
08. warnings.filterwarnings(action="ignore")
09.
10. def get_dataloader(
11.     config: Dict[str, Any]
12. ) -> Tuple[BatchMetaDataLoader, BatchMetaDataLoader, BatchMetaDataLoader]:
13.     train_dataset = Sinusoid(
14.         num_samples_per_task=config["num_shots"] * 2,
15.         num_tasks=config["num_batches_train"] * config["batch_size"],
16.         noise_std=None,
17.     )
18.     train_dataloader = BatchMetaDataLoader(train_dataset, batch_size=config["batch_size"])
19.
20.     val_dataset = Sinusoid(
21.         num_samples_per_task=config["num_shots"] * 2,
22.         num_tasks=config["num_batches_val"] * config["batch_size"],
23.         noise_std=None,
24.     )
25.     val_dataloader = BatchMetaDataLoader(val_dataset, batch_size=config["batch_size"])
26.
27.     test_dataset = Sinusoid(
28.         num_samples_per_task=config["num_shots"] * 2,
29.         num_tasks=config["num_batches_test"] * config["batch_size"],
30.         noise_std=None,
31.     )
32.     test_dataloader = BatchMetaDataLoader(test_dataset, batch_size=config["batch_size"])
```

```
33.
34.     return train_dataloader, val_dataloader, test_dataloader
```

[Line 10~34] 매개변수를 통해 받은 설정값들을 활용하여 torchmeta가 제공하는 Sinusoid의 데이터셋과 데이터 로더를 획득합니다.

for 문을 통해 태스크 배치를 하나하나 가져와 모델의 학습이나 테스트에 사용하는 것도 동일합니다.

```
01. config = {
02.     "num_shots": 5,
03.     "batch_size": 3,
04.     "num_batches_train": 6000,
05.     "num_batches_test": 2000,
06.     "num_batches_val": 100,
07.     "device": "cpu",  # "cuda" or "cpu"
08. }
09.
10. train_dataloader, val_dataloader, test_dataloader = get_dataloader(config)
11.
12. for batch_idx, batch in enumerate(val_dataloader):
13.     xs, ys = batch
14.     support_xs = xs[:, : config["num_shots"], :].to(device=config["device"]).type(torch.float)
15.     query_xs = xs[:, config["num_shots"] :, :].to(device=config["device"]).type(torch.float)
16.     support_ys = ys[:, : config["num_shots"], :].to(device=config["device"]).type(torch.float)
17.     query_ys = ys[:, config["num_shots"] :, :].to(device=config["device"]).type(torch.float)
18.
19.     print(
20.         f"support_x shape : {support_xs.shape}\n",
21.         f"support_y shape : {support_ys.shape}\n",
22.         f"query_x shape   : {query_xs.shape}\n",
23.         f"query_y shape   : {query_ys.shape}",
24.     )
25.
26.     break
```

[Line 1~8] 앞선 Omniglot 데이터와 동일하게 데이터셋 및 데이터 로더 획득을 위한 기본적인 설정값을 준비합니다.

[Line 10] 앞서 정의한 get_dataloader 함수를 통해 train, val, test dataloader를 획득합니다.

지금까지 메타 지도학습 모델들에서 공통적으로 사용될 수 있는 간단한 데이터셋과 메타 데이터 로더를 구현해 봤습니다. 이 장을 통해 여러분은 다양한 메타 지도학습 모델들에 입력으로 들어가는 태스크에 대해 보다 쉽게 이해하실 수 있을 것입니다. 이제 본격적으로 구체적인 메타러닝 알고리즘들을 알아볼 차례입니다.

메타 지도학습은 크게 1) 모델 기반 메타러닝, 2) 최적화 기반 메타러닝, 3) 메트릭 기반 메타러닝 세 가지로 나눌 수 있습니다. 이후 절에서 각 알고리즘과 구현 코드를 살펴보겠습니다.

2.2 　모델 기반 메타러닝

드디어 첫 번째 메타러닝 알고리즘인 모델 기반 메타러닝을 알아보겠습니다. NTM과 MANN, SNAIL을 알아보고 구현합니다.

2.2.1 모델 기반 메타러닝의 핵심 개념

우선 모델 기반 메타러닝에 대해 알아보기 전에 필수 사전 지식인 LSTM(Long Short–Term Memory)에 대해 간단히 알아보고 나서, 모델 기반 메타러닝의 핵심 개념을 알아보겠습니다.

LSTM(Long Short–Term Memory)

기존의 순환 신경망(Recurrent Neural Networks, RNN)은 입력의 시퀀스가 길어질 때 학습이 잘 되지 않는 문제가 있었습니다. 즉, 시퀀스가 길어질수록 순환신경망은 이전 단계 중 중요한 정보가 소실되어 미래에 유의미한 정보를 충분히 반영하지 못하는 문제가 있었습니다. 즉, 학습 시 역전파(backpropagation) 과정 동안 긴 시퀀스로 인해 시간이 지남에 따라 그라디언트가 축소되는 그라디언트 소실(vanishing gradient) 문제를 겪으며 학습이 잘 안 되는 문제가 있었습니다.

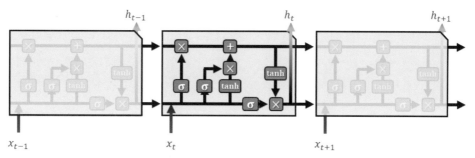

그림 2–10 LSTM(Long Short–Term Memory) 구조 (출처: https://en.wikipedia.org/wiki/Long_short–term_memory 변형)

위와 같은 순환 신경망의 문제를 해결하기 위해 1997년에 순환 신경망의 일종인 LSTM(Long Short– Term Memory)이 제안되었습니다. 그림 2–10은 LSTM의 기본 구조를 보여줍니다. LSTM은 순환 신경망의 장기 기억 문제를 해결하기 위해 명시적으로 설계되었습니다. 구체적으로 LSTM은 내부의 LSTM Cell에 얼마나 정보를 저장할지 결정하는 cell state를 포함한 input gate, forget gate, output gate를 통해 설계되었고 각 모듈의 역할을 통해 순환 신경망의 장기 기억 문제를 훌륭하게 풀어냈습니다. 이미 LSTM은 딥러닝 분야에서 하나의 기본 아키텍처로 자리 잡고 있으며, 여기서 LSTM의 구체적인 내부 동작 프로세스를 자세히 설명하지는 않습니다. 혹시 LSTM을 처음 공부하시는 분들은 인터넷에 여러 좋은 자료가 많이 있으니 한번 찾아보시기를 권합니다.

모델 기반 메타러닝은 앞서 살펴본 LSTM과 같은 순환 신경망을 주로 이용하여 메타러닝을 수행합니다. 구체적으로 모델 기반 메타러닝의 아이디어가 무엇인지 알아보겠습니다.

모델 기반 메타러닝

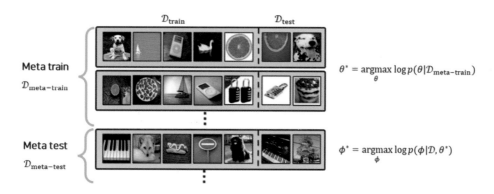

그림 2–11 메타러닝과 퓨샷(Few–shot) 학습 (출처: Optimization as a model for few–shot learning, Ravi et al., ICLR 2017 변형)

모델 기반 메타러닝의 아이디어는 매우 단순하면서도 효과적입니다. 모델 기반 메타러닝에서 학습하고자 하는 학습 방법은 순환 신경망의 은닉 상태(hidden state)와 같은 변화하는 내부 다이내믹스(internal dynamics)이며, 이를 잘 학습하는 것이 목표입니다. 앞서 봤던 메타러닝 및 메타 데이터셋 개념을 다시 살펴봅시다.

$$D_{\mathrm{meta-train}} = \{(D_1^{\mathrm{train}},\ D_1^{\mathrm{test}}),\ (D_2^{\mathrm{train}},\ D_2^{\mathrm{test}}),\ \cdots (D_n^{\mathrm{train}},\ D_n^{\mathrm{test}})\} \tag{2.8}$$

그림 2-11은 메타 데이터셋으로 메타러닝 및 퓨샷 학습을 수행하는 직관적인 개념을 보여주며, 식 2.8은 메타 트레인 $D_{\mathrm{meta-train}}$을 정의했습니다. 놀랍게도, 모델 기반 메타러닝의 핵심 아이디어는 $D_{\mathrm{meta-train}}$이 데이터셋을 그냥 우리가 알고 있는 일반적인 지도학습처럼 LSTM과 같은 순환 신경망을 학습시키는 것입니다. LSTM과 같은 순환 신경망들은 일종의 메모리 역할을 하며 우리는 단순히 LSTM을 통해 많은 태스크들을 학습하는 것을 이 정보를 기억한다고 해석할 수 있습니다. 즉, LSTM과 같은 메모리 안의 내부 다이내믹스가 일종의 학습 방법이라고 해석할 수 있습니다.

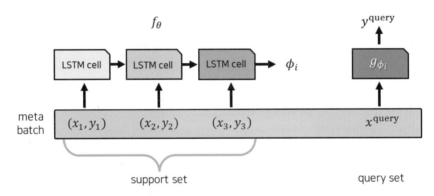

그림 2-12 모델 기반 메타러닝 핵심 아이디어

조금 더 구체적으로 그림과 수식을 통해 모델 기반 메타러닝을 정의해보겠습니다. 그림 2-12는 모델 기반 메타러닝의 직관적인 아이디어를 보여줍니다. 우리가 학습하고자 하는 메타 파라미터 θ는 순환 신경망의 파라미터이며 해당 순환 신경망을 f_θ로 표현하겠습니다.

그림 2-12에서 $D_{\mathrm{meta-train}}$의 i번째 $D_i^{\mathrm{train}} = \{(x_1,\ y_1),\ (x_2,\ y_2),\ (x_3,\ y_3),\ \cdots\}$이 순차적으로 순환 신경망 f_θ에 입력으로 들어갑니다. 이에 대해 순환 신경망 f_θ은 해당 i번째 태스크 파라미터 ϕ_i를 출력합니다.

D_i^{train}와 f_θ를 통해 얻은 태스크 파라미터 ϕ_i에 대한 신경망을 g_ϕ로 표현해보겠습니다. 이때 g_{ϕ_i}는 일반적인 순환 신경망일 수도 있고, 완전 연결 신경망(fully-connected neural networks), 합성곱 신경망(convolutional neural networks)일 수도 있습니다.

우리가 목표하는 것은 i번째 태스크의 D_i^{test}의 정확도가 잘 나오는 것입니다. D_i^{test} 중 하나의 인스턴스를 $(x^{\text{test}}, y^{\text{test}})$라고 해보겠습니다. 이제 위에서 정의한 신경망 g_{ϕ_i}에 입력으로 x^{test}가 들어가고 해당 데이터의 출력 y^{test}을 예측하게 됩니다.

$$\max_\theta \sum_{T_i} \sum_{(x,y)\sim D_i^{\text{test}}} \log g_{\varphi_i}(y|x) \tag{2.9}$$

$$\min_\theta \sum_{T_i} \mathcal{L}\big(f_\theta(D_i^{\text{train}}), D_i^{\text{test}}\big) \tag{2.10}$$

우리는 이제 간단히 모델 기반 메타러닝 학습 문제를 정의할 수 있습니다. 식 2.9를 봅시다. 우리는 D_i^{test}의 데이터들에 대하여 g_{ϕ_i}의 출력 y에 대한 확률을 최대화하려고 하며 이 확률을 $\sum_{(x,y)\sim D_i^{\text{test}}} \log g_{\phi_i}(y|x)$와 같이 표현할 수 있습니다. 또한 메타러닝은 모든 태스크에 대해 수행하여야 하므로 다시 $\sum_{T_i} \sum_{(x,y)\sim D_i^{\text{test}}} \log g_{\phi_i}(y|x)$와 같이 쓸 수 있으며, 이 항이 최대화되는 메타 파라미터 θ를 찾는 것이 목표가 됩니다. 우리가 만약 내부항 $\sum_{(x,y)\sim D_i^{\text{test}}} \log g_{\phi_i}(y|x)$을 손실 함수 $\mathcal{L}(\phi_i, D_i^{\text{test}})$로 본다면 식 2.10과 같이 모든 태스크에 대한 손실 함수인 $\sum_{T_i} \mathcal{L}(f_\theta(D_i^{\text{train}}), D_i^{\text{test}})$을 최소화하는 θ를 찾는다고 볼 수도 있습니다.

여기서 한 가지 문제가 있습니다. 설명한 모델 기반 메타러닝에서 f와 g는 서로 다른 신경망일 경우, f_θ가 출력하는 태스크 파라미터 ϕ_i가 신경망을 표현해야 하는데, 새로운 신경망을 표현하기 위해 순환 신경망이 이렇게 큰 출력을 내도록 하는 것은 매우 비효율적입니다. 따라서, 모델 기반 메타러닝 계열의 많은 연구에서 밝혀진 것처럼 ϕ_i가 굳이 메모리를 많이 사용하도록 하나의 신경망을 표현하는 파라미터 전체를 출력할 필요가 없으며, 그 태스크에 적합한 충분한 정보만 가지고 있으면 됩니다.

$$\phi_i = \{h_i, \theta\} \tag{2.11}$$

따라서 보통의 경우 g 역시 순환 신경망을 가정하여, f와 g는 서로 파라미터를 공유(parameter sharing)한다고 가정하며, 식 2.11과 같이 태스크 파라미터 ϕ_i는 저차원의 벡터인 LSTM의 은닉 상태 h_i와 LSTM의 파라미터 θ로 많이 사용하곤 합니다. 이 정보들만 가지고도 충분히 LSTM 내부 다이내믹스를 잘 학습할 수 있습니다. 즉, 해당 태스크 정보를 잘 기억할 수 있습니다.

그렇다면 모델 기반 메타러닝의 일반적인 알고리즘 흐름도를 정리해보겠습니다.

1. 태스크 분포 $p(T)$에서 태스크 T_i를 샘플링합니다. (미니배치로 여러 태스크 샘플링 가능)

2. 태스크 T_i를 D_i^{train}와 D_i^{test}로 분리합니다. (각각은 Support set, Query set으로 생각할 수 있음)

3. 태스크 파라미터 ϕ_i를 다음 식을 통해 계산합니다.

$$\phi_i \leftarrow f_\theta(D_i^{\text{train}})$$

4. θ를 $\nabla_\theta \mathcal{L}(\phi_i, D_i^{\text{test}})$를 통해 업데이트합니다.

이렇게 모델 기반 메타러닝의 핵심 아이디어를 알아봤습니다. 전반적으로 개념이 낯설고 어려울 수도 있었지만 모델 기반 메타러닝의 아이디어를 자세히 들여다보면 일반적인 지도학습처럼 메타 데이터셋을 단순히 LSTM과 같은 순환 신경망을 통해 한꺼번에 학습하는 것과 크게 다르지 않습니다. 즉, 이는 여러 태스크를 LSTM의 은닉 상태와 같은 내부 다이내믹스를 변화시키며 태스크를 메모리를 통해 외우는 것이며, 이 사전 지식을 이용하여 새로운 태스크에 대해 빠르게 학습하는 것으로 해석할 수도 있습니다.

📖 노트

1장에서 예로 든 언어 모델인 GPT-3 또한 모델 기반 메타러닝 아이디어에 기반하고 있습니다. 이때 서로 다른 태스크로는 철자 교정, 간단한 수학 문제, 언어 간 번역 등이 될 수 있으며, 모델 기반 메타러닝 아이디어에 따라 GPT-3는 주어진 퓨샷 데이터로부터 현재의 태스크가 무엇인지 내부적으로 추론합니다. GPT-3의 신경망 아키텍처로는 시퀀스 데이터에 대해 뛰어난 표현학습 성능을 보여준 트랜스포머(Transformer)가 사용되었습니다. 최근에는 이 트랜스포머 기반의 모델이 '빅(big) 모델'이라는 하나의 독립적인 분야로 많이 다뤄짐에 따라 이 책의 범위에는 넣지 않고 5장 메타러닝 애플리케이션에서 가볍게 짚고 넘어갈 예정입니다.

모델 기반 메타러닝의 아이디어는 단순하지만 막상 기본 아이디어를 그대로 학습하면 최적화가 어려운 점, 그라디언트 소실 문제 등 순환 신경망의 고질적인 문제들로 인해 메타러닝을 쉽게 하기 어려운 측면들이 있습니다. 따라서 이런 문제들을 극복하기 위해 이 분야에서 여러 아이디어들이 나왔습니다. 그중에서 우리는 이 책에서 MANN(Memory-Augmented Neural Networks)과 SNAIL(Simple Neural Attentive Meta-Learner) 두 알고리즘을 구체적으로 다룰 것입니다.

2.2.3 절에서는 본격적으로 구체적인 모델 기반 메타러닝 알고리즘인 MANN을 다룰 것입니다. MANN은 단순히 내부 메모리(internal memory) 역할을 하는 LSTM과 같은 순환 신경망만 사용하는 것이 아니라 외부 메모리(external mermoy)를 결합하여 메타러닝의 학습을 수월하게 하는 아이디어입니다. 이를 이해하기 위해서는 아주 중요한 개념인 NTM(Neural Turing Machine)을 알 필요가 있습니다. 먼저 NTM에 대해 핵심적인 부분만 간단히 살펴보고 MANN을 살펴보겠습니다.

2.2.2 NTM(Neural Turing Machines)

대부분의 머신러닝 방법들과 달리, 순환 신경망은 긴 시간의 데이터를 시퀀스 형태의 입력을 통해 처리할 수 있습니다. Siegelmann과 Sontag는 1995년 〈On The Computational Power Of Neural Nets〉이라는 논문에서 순환신경망은 튜링 완전(Turing-Completeness)하다는 것을 증명하면서 순환 신경망만으로도 모든 함수를 표현할 수 있음을 보였습니다. 그러나, 튜링 완전은 이론적인 보장일 뿐, 다양한 어려운 문제를 풀 수 있는 모든 함수를 학습할 수 있다는 뜻은 아닙니다. 순환 신경망을 실제 학습시킬 때에는 다양한 어려운 현실적인 문제점들이 존재하며, 특히 시퀀스가 길어질수록 과거의 기억이 희석되는 그라디언트 소실 문제가 존재합니다. 이와 같은 문제로 인해, 순환 신경망 중 가장 널리 쓰이는 LSTM(Long Short-Term Memory)이 비록 기존 순환 신경망의 문제를 어느 정도 해결했지만 여전히 메타러닝 문제 적용할 경우 만족할 만한 성능을 얻기 어려웠습니다.

> 📖 용어정리
>
> 튜링 머신(turing machine)이란 수학자 Alan Turing이 제시한 개념으로, 정확한 명령 알고리즘과 충분한 기억 장소가 주어진다면 어떠한 계산도 할 수 있는 추상적인 '계산' 기계를 뜻합니다. 어떤 기계나 프로그래밍 언어가 이러한 튜링 머신의 특성을 가지면 이를 '튜링 완전(turing completeness)' 하다고 합니다.
>
> 현대의 컴퓨터는 대부분 이 튜링 머신 이론을 기반으로 하고 있습니다. 하지만 메모리의 크기가 유한하므로 엄밀히 따지면 '튜링 완전'하진 않으며, 대신 '느슨한 튜링 완전' 하다고 이야기합니다.

LSTM은 일종의 동적인 내부 메모리 역할을 하는 순환 신경망입니다. 앞서 언급한 대로 순환 신경망은 튜링 완전하다는 것이 알려져 있으며 어떠한 임의의 알고리즘을 시뮬레이션할 수 있는 능력이 있는 것으로 알려져 있습니다. 하지만 이론적으로 가능한 것이 실제로 항상 간단한 것은 아닙니다. 순환 신경망에는 그라디언트 소실 문제, 메모리 용량 문제 등 여러 가지 실제 문제가 존재합니다.

이런 문제에 대해 원 논문에서는 해결방법을 단순화하기 위해 순환 신경망의 기능을 강화하는 하나의 방법으로서 주소 지정이 가능한 정적인 무한한 외부 메모리를 추가하는 방법을 제안합니다. 즉, 순환 신경망에 무한한 메모리 테이프를 추가함으로써, 우리는 이를 순환 신경망이 강화되어 튜링 머신(turing machine)이 되었다고 해석할 수 있습니다. 이를 Neural Turing Machine (NTM)이라고 부릅니다.

현실적인 제약 때문에 무한한 외부 메모리를 설정할 수 없기 때문에, 대신 주어진 문제를 해결할 수 있는 충분한 용량의 외부 메모리를 순환 신경망에 추가하면, NTM을 구현할 수 있습니다. 여기서 중요한 점은, 머신러닝의 중요한 장점이 경사하강법을 통한 학습이기 때문에, 이를 가능하게 하기 위해 메모리 사용 방식이 미분 가능(differentiable)해야 하다는 것입니다. 이 절에서는 NTM이 어떻게 메모리를 어떻게 미분 가능한 형식으로 읽고 쓰는지 설명합니다.

그림 2-13은 직관적인 NTM의 구조를 잘 보여줍니다. NTM은 순환신경망으로 이루어진 컨트롤러(controller)와 외부 메모리로 이뤄져 있습니다. 컨트롤러는 외부 환경에서 주어진 입력(external input)을 받아 외부로 다시 적절한 값을 출력(external output)하게 됩니다. 또한, 컨트롤러와 외부 메모리는 컨트롤러의 읽기 헤드(read head)와 쓰기 헤드(write head)를 통해 상호작용합니다. 즉, 컨트롤러는 이 헤드들을 통해 외부 메모리를 사용해서 주어진 외부 입력을 받아 적절한 값을 외부로 출력합니다.

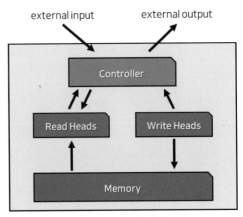

그림 2-13 Neural Turing Machine 구조

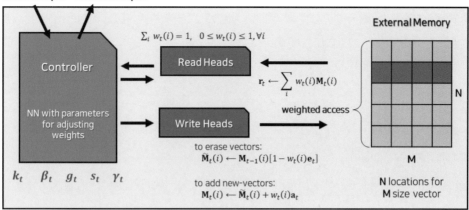

그림 2-14 Neural Turing Machine의 읽기 헤드와 쓰기 헤드 동작 구조

그림 2-14는 NTM에서 읽기 헤드와 쓰기 헤드가 어떻게 동작하는지를 좀 더 구체적으로 나타냅니다. 각 모듈이 어떻게 동작하는지 간단히 정리해보겠습니다.

외부 메모리

NTM의 외부 메모리는 $N \times M$ 행렬의 형태로 저장되며, 각 열이 하나의 메모리 위치를 나타냅니다. 즉, N은 외부 메모리의 용량을 나타내며, M은 각 메모리 위치의 차원을 나타냅니다. 외부 메모리는 컨트롤러의 헤드들에 의해 새로운 입력이 들어올 때마다 조금씩 변경됩니다. 그러므로, 메모리를 수학적으로 표기할 때는 시간을 가리키는 아래 첨자를 추가해서 $\mathbf{M}_t$의 형식으로 표기합니다.

메모리 읽기

읽기 헤드의 역할은 외부 메모리 $\mathbf{M}_t$를 이용해서 M 차원의 읽기 벡터 r_t를 만드는 것입니다. 이 읽기 벡터는 외부 메모리들의 열들의 가중 산술 평균입니다. 즉, $\mathbf{M}_t(i)$가 M_t의 i번째 열이라면, 각 열마다 가중치 w_t를 곱한 후 더하는 방식입니다. 수식으로는 다음과 같이 표현이 가능합니다.

$$\sum_i w_t(i) = 1,\ 0 \leq w_t(i) \leq 1,\ \forall i \tag{2.12}$$

$$r_t \leftarrow \sum_{i=1}^{N} w_t(i)\, \mathbf{M}_t(i) \tag{2.13}$$

여기서 열의 가중치 $w_t(i)$는 굉장히 복잡한 방식으로 계산되는데, 이 가중치 계산식은 잠시 후에 볼 수 있습니다. 다만 기억해야 할 점은, 식 2.12와 같이 모든 가중치가 [0, 1] 사이에 있으며, 가중치의 합은 1이라는 점입니다.

메모리 쓰기

쓰기 헤드 역시 입력 헤드와 같은 가중치 $w_t(i)$를 출력하여 사용합니다. 외부 메모리에 쓰는 것은 삭제와 추가의 두 단계로 진행됩니다.

첫번째 단계인 삭제 단계에서는, 길이 M의 삭제 벡터 e_t를 사용합니다. 식 2.14와 같이 삭제 벡터 역시 가중치와 곱해져서, 해당 수치만큼의 메모리의 각 열이 삭제됩니다.

$$\tilde{M}_t(i) \leftarrow \mathbf{M}_{t-1}(i) \odot [\mathbf{1} - w_t(i)e_t] \tag{2.14}$$

위 식에서 $\mathbf{1}$은 모든 요소가 1로 이루어진 길이 M의 벡터이며, $\odot$은 요소별 곱셈을 나타냅니다. 즉 $w_t(i)$와 e_t 두 벡터가 모두 1일 경우에는 해당 열이 완전히 지워지고, 둘 중 하나가 0일 경우에는 해당 열은 보존됩니다.

삭제 단계 이후, 추가 단계에서는 역시 길이 M의 추가 벡터 a_t를 사용합니다. 식 2.15와 같이 이 추가 벡터는 가중치와 곱해진 후 삭제 단계 후의 메모리의 열에 각각 더해집니다.

$$\mathbf{M}_t(i) \leftarrow \tilde{M}_t(i) + w_t(i)a_t \tag{2.15}$$

가중치 계산

메모리 읽기와 쓰기에 사용되는 가중치 계산은 NTM에서 가장 복잡한 부분입니다. 다행인 점은, 읽기 헤드와 쓰기 헤드 둘 다 같은 가중치 계산법을 쓴다는 점입니다. 명심해야 할 것은, 둘은 같은 계산법을 쓸 뿐, 같은 가중치를 쓰는 것은 아닙니다.

가중치 계산은 총 네 단계로 구성되어 있습니다. 우선 메모리 내용을 통해 메모리의 특정 부분에 집중하는 가중치를 계산한 후, 보간 단계, 순환 이동 단계, 그리고 선명화 단계를 거쳐 최종 가중치가 계산됩니다.

내용 기반 가중치(Content-based Weights)

가중치 계산의 첫 단계는 메모리 내용을 이용한 계산입니다. 각 헤드는 키 벡터(key vector) k_t를 만들고, 메모리의 각 열과 이 키 벡터의 유사도를 계산합니다. 본 논문에서는 다음 식 2.16처럼 코사인 유사도(cosine similarity)를 사용합니다.

$$K[k_t, \mathbf{M}_t(i)] = \frac{k_t \cdot \mathbf{M}_t(i)}{\|k_t\| \cdot \|\mathbf{M}_t(i)\|} \tag{2.16}$$

다음으로 식 2.17과 같이 각각의 코사인 유사도는 소프트맥스 함수(softmax function)를 통해 정규화합니다. 이때, 키 강도 β_t라는 변수를 추가하여 집중의 정도를 조절할 수 있게 합니다.

$$w_t^c(i) \leftarrow \frac{\exp(\beta_t K[k_t, M_t(j)])}{\sum_{j=1}^{N} \exp(\beta_t K[k_t, M_t(j)])} \tag{2.17}$$

보간법

그다음 단계는 보간법으로, 식 2.17에서 계산한 내용 기반 가중치 $w_t^c(i)$와 과거 가중치 w_{t-1}를 선형 보간(linear interpolation)합니다. 이때 보간 변수 g_t를 사용하며, 이 변수는 (0, 1) 사이의 값으로 한정합니다. 보간법을 진행한 가중치 w_t^g는 식 2.18과 같이 계산됩니다.

$$w_t^g \leftarrow g_t w_t^c + (1 - g_t) w_{t-1} \tag{2.18}$$

순환 이동

보간 단계 이후에는 순환 이동(rotational shift) 단계를 진행합니다. 순환 이동은 NTM의 컨트롤러가 다른 메모리 장소에 집중할 수 있도록 합니다. 순환 이동 단계에서는 이동 가중치 s_t를 사용합니다. 이동 가중치 s_t는 정규화되어 있는 변수로서, 총 합은 1입니다. 순환 이동을 진행한 가중치 $\tilde{w}_t(i)$은 식 2.19와 같이 계산됩니다.

$$\tilde{w}_t(i) \leftarrow \sum_{j=0}^{N-1} w_t^g(j) s_t(i-j) \tag{2.19}$$

이때, $s_t(i-j)$에서 인덱스 계산법은 모듈러 산술(modular arithmetic)을 써서 인덱스가 항상 1과 N 사이가 되도록 합니다.

선명화

순환 이동 단계 때 가중치는 넓게 분산될 수 있습니다. 예를 들어, $-1, 0, 1$의 이동에 대한 이동 가중치가 각각 0.1, 0.8, 0.1이라면, 가중치가 흐려진 것 같은 효과를 받게 됩니다. 이 흐림 효과를 고치기 위해 마지막에 선명화(sharpening) 단계를 추가합니다. 선명화를 진행한 가중치는 식 2.20과 같이 계산되며, 각 헤드는 추가로 스칼라 값인 $\gamma_t(\gamma_t \geq 1)$를 추가로 출력하여 선명화 계산에 사용합니다.

$$w_t(i) \leftarrow \frac{\tilde{w}_t(i)^{\gamma_t}}{\sum_j \tilde{w}_t(j)^{\gamma_t}} \tag{2.20}$$

이렇게 선명화 단계까지 마친 가중치 $w_t(i)$는 위와 같이 메모리를 읽고 메모리에 쓸 때 매번 사용됩니다. 이 가중치가 어떻게 계산되는지, 한 번 더 아래의 그림 2-15에서 볼 수 있습니다.

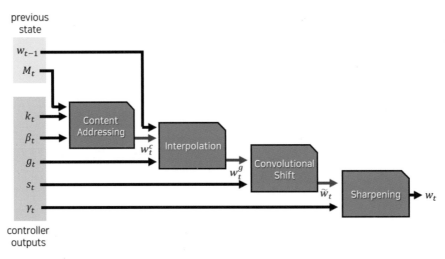

그림 2-15 NTM의 가중치 계산법

📖 노트

원 논문에서 Santoro et al.은 NTM에 Least Recently Used Access(LRUA)라는 모듈을 추가합니다. 그러나 Omniglot 실험에서는 이 LRUA 모듈을 쓰지 않기 때문에 이 책에서 제외했습니다.

이렇게 NTM의 간략한 설명이 마무리되었습니다. NTM을 처음 접하시는 분들에게는 다소 어려울 수 있는 내용이지만 차근차근 내용을 잘 따라오고 필요에 따라 원 논문을 참조하신다면 NTM을 잘 이해하실 수 있을 것입니다. 이제 본격적으로 NTM의 아이디어를 활용한 메타러닝 알고리즘인 MANN을 살펴보겠습니다.

2.2.3 MANN(Memory–Augmented Neural Networks)

앞 절에서는 NTM(Neural Turing Machine)을 설명하고, 어떻게 메모리가 읽고 쓰여지는지를 확인했습니다. 이 절에서는 또 다른 부분인 컨트롤러가 어떻게 작동하는지 설명함으로써, MANN(Memory–Augmented Neural Network)을 소개하며, MANN이 어떻게 메타러닝에 쓰일 수 있는지 알아보겠습니다.

신경망 종류

컨트롤러는 순방향 신경망(feedforward network) 또는 순환 신경망을 사용할 수 있습니다. NTM과 MANN의 원 논문 실험 결과 모두에서 순환 신경망이 더 나은 성능을 보이기 때문에, 이 책에서는 순환 신경망 컨트롤러만을 사용한다고 가정하겠습니다.

컨트롤러 입출력

순환 신경망의 입출력은 시퀀스 형태이기 때문에, 메타러닝 데이터셋을 순차적인 시퀀스 형태로 변환해야 합니다. 모델 기반 메타러닝에서 각각의 데이터셋은 T개의 이미지–라벨 쌍으로 이루어져 있습니다. 이때 t 시점에서 이미지는 x_t로 표기하며, 이미지에 상응하는 라벨은 y_t로 표기하겠습니다. 입력 시퀀스는 이 이미지와 라벨들을 순차적으로 보여주는데, 이때 그림 2–16처럼 각 이미지에 그 전 이미지의 라벨을 덧붙입니다. 즉, 이미지 x_t는 그 전 라벨 y_{t-1}와 이어지게 되고, 입력 시퀀스는 이러한 이미지–라벨 쌍으로 이뤄져 있습니다. 식 2.21을 통해 직관적으로 이미지 라벨 쌍을 확인할 수 있습니다.

그림 2–16 오프셋 되어있는 이미지와 라벨

$$(x_1,\ null),\ (x_2,\ y_1),\ \cdots,\ (x_T,\ y_{T-1}) \tag{2.21}$$

왜 입력 이미지의 라벨이 아니라 그 전 이미지의 라벨을 덧붙이는 것일까요? 컨트롤러의 역할은 입력받은 이미지 x_t의 라벨 y_t을 예측하는 것입니다. 만약 입력으로 현재 스텝의 이미지의 라벨까지 주어진다면, 컨트롤러는 단순히 그 라벨을 복사해서 출력함으로써 학습이 무의미한 100%의 훈련 정확도를 가지는 문제가 생길 수 있습니다. 그러므로 컨트롤러가 학습할 수 있도록, 이미지를 입력할 때 라벨을 같이 입력하지 않고, 라벨을 그다음 타임스텝 때 입력으로 주도록 합니다. 중요한 점은, 태스크마다 라벨들은 섞은(shuffled) 형태로 구성됩니다. 즉, 만약 섞는 과정이 없다면 메타러너가 샘플의 지정된 라벨을 외워버릴 수 있기 때문에, 이것은 메타러닝 학습에 과적합(overfitting) 문제를 유발할 수 있습니다. 이렇게 세팅하는 대신, 메타러너는 다음 단계에서 적절한 라벨이 나타날 때까지 데이터 샘플을 메모리에 유지하는 방법을 배우며, 이후 샘플 클래스 정보를 묶어서 추후 사용하기 위해 저장할 수 있습니다. MANN의 이러한 입출력은 그림 2-17에서 확인할 수 있습니다.

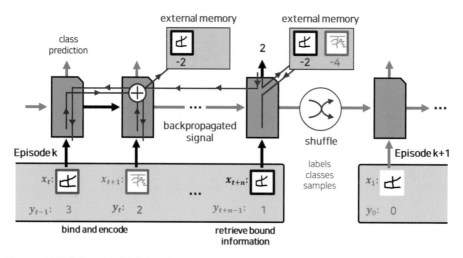

그림 2-17 MANN의 입력 태스크 및 아키텍처 구성

Omniglot 데이터셋의 이미지들은 20 x 20 픽셀로 크기를 조정한 후 길이 400의 벡터로 변환된 상태로 사용되며, 이 이미지들의 라벨은 원핫 벡터(one-hot vector)로 변환되어 사용됩니다. 우리 실험은 5-way K-shot 세팅이기 때문에, 컨트롤러의 입력 시퀀스에서 각 성분은 길이 405의 벡터입니다.

MANN 학습

컨트롤러는 입력받은 이미지의 라벨을 예측해 출력하기 때문에, 이 예측 값을 라벨과 비교한 오차 값을 역전파하는 방식으로 학습할 수 있습니다. 예측 값과 실제 라벨을 비교할 때는 교차 엔트로피 손실 함수(cross entropy loss)를 사용합니다.

비슷한 방식으로 MANN의 정확도를 계산할 수 있습니다. 하지만 이때 주의할 점은, 모든 입력 시퀀스에 대한 예측 값과 실제 라벨을 비교하면 안 된다는 것입니다. 입력 시퀀스는 처음 각 클래스의 이미지들을 한 번씩 보여주고 그다음 각 클래스들의 이미지들을 다시 한번 보여주므로, 첫 5개의 이미지에 대한 신경망의 출력값은 각 클래스에 대한 정보가 없는 상태에서 이루어집니다. 그러므로, 첫 5개의 이미지는 정확도 계산에서 제외하는 것이 더 올바른 계산법입니다. 추가적으로, 학습 시에 우리는 추가로 입력 이미지를 90도, 180도, 그리고 270도 회전시키는 데이터 증강(data augmentation) 기법을 사용합니다.

2.2.4 실습: MANN 구현

지금까지 MANN에 대한 이론적인 내용을 살펴봤습니다. 이번 절에서는 보다 깊이 있는 이해를 돕기 위해 MANN을 활용한 Omniglot 데이터셋에 대한 퓨샷 분류를 수행해봅시다.

모델 정의

MANN 모델부터 정의하겠습니다. 앞서 살펴본 그림 2-13과 같이 NTM 모델 내에는 controller와 memory, read head 그리고 write head를 하나씩 선언해야 합니다. 각각의 모듈은 파이토치 내에 구현된 torch.nn.Module을 상속하여 선언합니다. 각 모듈을 차근차근 구현해봅시다.

Memory 클래스

src/meta_sl/model-based/mann.ipynb

```
01. class Memory(nn.Module):
02.     def __init__(self, size: int) -> None:
03.         super(Memory, self).__init__()
04.         self.size = size
05.
```

```
06.          initial_state = torch.ones(self.size) * 1e-6
07.          self.register_buffer("initial_state", initial_state.data)
08.
09.          self.initial_read = nn.Parameter(torch.randn(1, self.size[1]) * 0.01)
10.
11.      def reset(self, batch_size: int) -> None:
12.          self.matrix = self.initial_state.clone().repeat(batch_size, 1, 1)
13.
14.      def get_initial_read(self, batch_size: int) -> torch.Tensor:
15.          return self.initial_read.clone().repeat(batch_size, 1)
16.
17.      def write(self, w: torch.Tensor, e: torch.Tensor, a: torch.Tensor) -> None:
18.          self.matrix = self.matrix * (1 - torch.matmul(w.unsqueeze(-1), e.unsqueeze(1)))
19.          self.matrix = self.matrix + torch.matmul(w.unsqueeze(-1), a.unsqueeze(1))
```

[Line 1~9] Memory 모듈 클래스의 선언과 초기화 함수입니다. 메모리의 용량은 생성자의 매개변수인 튜플 형태의 size로 선언됩니다. size는 메모리 용량을 나타내는 N과 각 메모리 위치의 차원을 나타내는 M 값을 (N, M)과 같이 담고 있습니다. initial_state와 initial_read는 이러한 size를 기반으로 정의되어 각각 (N, M), (1, M)의 shape을 가집니다.

[Line 11~12] (batch_size, N, M)의 shape를 가지는 self.matrix를 설정합니다. self.matrix에는 입력되는 정보가 행렬의 형태로 저장됩니다.

[Line 14~15] (batch_size, M)의 shape를 가지는 initial_read를 반환합니다.

[Line 17~19] 식 2.14 및 2.15와 같이 메모리에 새로운 데이터를 저장합니다.

Head 클래스

뒤에서 살펴볼 ReadHead와 WriteHead는 Memory와 Controller의 명령에 따라 Memory에 정보를 쓰고 읽어오는 역할을 하며, 앞서 설명된 것과 같이 굉장히 복잡한 가중치 계산 방식을 공유합니다. 이를 두 번 동일하게 구현하지 않기 위해 가중치 계산 과정을 먼저 Head로 구현하고 이를 상속받아 각각을 구현하는 방식을 사용했습니다.

src/meta_sl/model-based/mann.ipynb

```
01. class Head(nn.Module):
02.     def __init__(self, memory: Memory, hidden_size: int) -> None:
03.         super(Head, self).__init__()
04.         self.memory = memory
05.         self.k_layer = nn.Linear(hidden_size, self.memory.size[1])
```

```python
06.        self.beta_layer = nn.Linear(hidden_size, 1)
07.        self.g_layer = nn.Linear(hidden_size, 1)
08.        self.s_layer = nn.Linear(hidden_size, 3)
09.        self.gamma_layer = nn.Linear(hidden_size, 1)
10.
11.        for layer in [self.k_layer, self.beta_layer, self.g_layer, self.s_layer, self.gamma_layer]:
12.            nn.init.xavier_uniform_(layer.weight, gain=1.4)
13.            nn.init.normal_(layer.bias, std=0.01)
14.        self._initial_state = nn.Parameter(torch.randn(1, self.memory.size[0]) * 1e-5)
15.
16.    def get_initial_state(self, batch_size: int) -> torch.Tensor:
17.        return F.softmax(self._initial_state, dim=1).repeat(batch_size, 1)
18.
19.    def get_head_weight(
20.        self, x: torch.Tensor, previous_state: torch.Tensor, memory_matrix: torch.Tensor
21.    ) -> torch.Tensor:
22.        k = self.k_layer(x)
23.        beta = F.softplus(self.beta_layer(x))
24.        g = torch.sigmoid(self.g_layer(x))
25.        s = F.softmax(self.s_layer(x), dim=1)
26.        gamma = 1 + F.softplus(self.gamma_layer(x))
27.
28.        w_c = F.softmax(
29.            beta * F.cosine_similarity(memory_matrix + 1e-16, k.unsqueeze(1) + 1e-16, dim=-1), dim=1
30.        )
31.        w_g = g * w_c + (1 - g) * previous_state
32.        w_t = self._shift(w_g, s)
33.
34.        w = w_t**gamma
35.        w = torch.div(w, torch.sum(w, dim=1).unsqueeze(1) + 1e-16)
36.        return w
37.
38.    def _convolve(self, w: torch.Tensor, s: torch.Tensor) -> torch.Tensor:
39.        assert s.size(0) == 3
40.        t = torch.cat([w[-1:], w, w[:1]], dim=0)
41.        c = F.conv1d(t.view(1, 1, -1), s.view(1, 1, -1)).view(-1)
42.        return c
43.
44.    def _shift(self, w_g: torch.Tensor, s: torch.Tensor) -> torch.Tensor:
```

```
45.          result = w_g.clone()
46.          for b in range(len(w_g)):
47.              result[b] = self._convolve(w_g[b], s[b])
48.          return result
```

[Line 1~14] Head 모듈 클래스와 초기화 함수를 선언합니다. 가중치를 계산 과정을 위한 레이어들을 정의하며 layer들의 가중치는 torch.nn 내에 구현된 init.xavier_uniform을 통해 초기화됩니다.

[Line 16~17] _initial_state를 초기화합니다.

[Line 19~36] 앞선 이론 설명에서 살펴봤던 복잡한 가중치 계산 과정을 진행하는 함수입니다. 내용 기반 가중치 계산(21~30행), 보간(31행), 순환 이동(32행), 선명화(34~35행)의 순서로 진행됩니다.

[Line 38~48] convolve 함수와 shift 함수를 정의합니다(순환 이동).

ReadHead와 WriteHead 클래스

ReadHead와 WriteHead는 앞서 구현된 Head를 상속받아 구현됩니다. ReadHead와 WriteHead에서 get_head_weight 함수를 통해 획득한 새로운 가중치 w는 다음 timestep에서 각 객체의 입력값으로 사용되기 위해 forward 함수의 반환값으로 사용됩니다.

```
                                                    src/meta_sl/model-based/mann.ipynb
01. class ReadHead(Head):
02.     def forward(
03.         self, x: torch.Tensor, previous_state: torch.Tensor
04.     ) -> Tuple[torch.Tensor, torch.Tensor]:
05.         w = self.get_head_weight(x, previous_state, self.memory.matrix)
06.         return torch.matmul(w.unsqueeze(1), self.memory.matrix).squeeze(1), w
07.
08. class WriteHead(Head):
09.     def __init__(self, memory: Memory, hidden_size: int) -> None:
10.         super(WriteHead, self).__init__(memory=memory, hidden_size=hidden_size)
11.         self.e_layer = nn.Linear(hidden_size, memory.size[1])
12.         self.a_layer = nn.Linear(hidden_size, memory.size[1])
13.
14.         for layer in [self.e_layer, self.a_layer]:
15.             nn.init.xavier_uniform_(layer.weight, gain=1.4)
16.             nn.init.normal_(layer.bias, std=0.01)
```

```
17.
18.    def forward(self, x: torch.Tensor, previous_state: torch.Tensor) -> torch.Tensor:
19.        w = self.get_head_weight(x, previous_state, self.memory.matrix)
20.        e = torch.sigmoid(self.e_layer(x))
21.        a = self.a_layer(x)
22.
23.        self.memory.write(w, e, a)
24.        return w
```

[Line 1~6] ReadHead 모듈 클래스를 선언합니다. ReadHead의 forward 함수는 뒤에 소개할 Controller의 output과 이전 timestep에서의 ReadHead state를 매개변수로 받아옵니다. 그리고 get_head_weight 함수를 통해 획득한 새로운 가중치 w와 외부 메모리에 저장된 정보인 memory.matrix를 곱해 읽기 벡터를 생성하여 반환합니다.

[Line 8~16] WriteHead 모듈의 클래스를 선언하는 코드입니다. 삭제와 추가 단계를 위한 두 개의 서로 다른 레이어 e_layer와 a_layer를 선언합니다.

[Line 18~24] Controller의 output과 이전 timestep에서의 ReadHead state를 매개변수로 받아 memory의 값을 변경합니다.

LSTMController 클래스

이제 Controller를 구현해봅시다. 이론에서 언급했듯이 순방향 신경망(feedforward network) 또는 순환 신경망을 사용할 수 있습니다. 여기서는 이론에서 중심적으로 설명한 순환 신경망을 코드를 통해 모델을 구현하겠습니다. 순환 신경망 기반의 Controller는 torch.nn에서 제공하는 LSTM 블록을 사용하며, 이에 따라 timestep에 따라 변화하는 state를 반환합니다.

src/meta_sl/model-based/mann.ipynb

```
01. class LSTMController(nn.Module):
02.     def __init__(self, input_size: int, hidden_size: int) -> None:
03.         super(LSTMController, self).__init__()
04.         self.layer = nn.LSTM(input_size=input_size, hidden_size=hidden_size)
05.         self.lstm_h_state = nn.Parameter(torch.randn(1, 1, hidden_size) * 0.05)
06.         self.lstm_c_state = nn.Parameter(torch.randn(1, 1, hidden_size) * 0.05)
07.
08.         for p in self.layer.parameters():
09.             if p.dim() == 1:
10.                 nn.init.constant_(p, 0)
```

```
11.            else:
12.                stdev = 5 / (np.sqrt(input_size + hidden_size))
13.                nn.init.uniform_(p, -stdev, stdev)
14.
15.    def get_initial_state(self, batch_size: int) -> Tuple[torch.Tensor, torch.Tensor]:
16.        lstm_h = self.lstm_h_state.clone().repeat(1, batch_size, 1)
17.        lstm_c = self.lstm_c_state.clone().repeat(1, batch_size, 1)
18.        return lstm_h, lstm_c
19.
20.    def forward(
21.        self, x: torch.Tensor, state: Tuple[torch.Tensor]
22.    ) -> Tuple[torch.Tensor, Tuple[torch.Tensor]]:
23.        output, state = self.layer(x.unsqueeze(0), state)
24.        return output.squeeze(0), state
```

[Line 1~13] LSTMController 모듈 클래스와 초기화 함수를 선언합니다. 순환 신경망 기반의 Controller는 `torch.nn`에서 제공하는 LSTM 블록을 사용합니다.

[Line 15~18] lstm 레이어의 initial state를 반환합니다.

[Line 20~24] 입력된 x와 state에 대한 output과 다음 state를 반환합니다.

NTM 클래스

드디어 모델 구현의 최종 파트입니다. **forward** 함수는 해당 timestep에서의 데이터와 이전 timestep의 state를 입력으로 받아 예측한 데이터의 라벨과 현 timestep에서의 state를 반환합니다.

src/meta_sl/model-based/mann.ipynb

```
01. class NTM(nn.Module):
02.    def __init__(
03.        self,
04.        num_ways: int,
05.        img_size: int = 28,
06.        memory_size: Tuple[int, int] = (128, 40),
07.        hidden_size: int = 200,
08.    ) -> None:
09.        super(NTM, self).__init__()
10.        input_size = img_size * img_size + num_ways
```

```python
11.        controller_input_size = input_size + memory_size[1]
12.
13.        self.memory = Memory(size=memory_size)
14.        self.read_head = ReadHead(memory=self.memory, hidden_size=hidden_size)
15.        self.write_head = WriteHead(memory=self.memory, hidden_size=hidden_size)
16.        self.controller = LSTMController(input_size=controller_input_size, hidden_size=hidden_size)
17.
18.        self.fc = nn.Linear(hidden_size + memory_size[1], 5)
19.        nn.init.xavier_uniform_(self.fc.weight, gain=1)
20.        nn.init.normal_(self.fc.bias, std=0.01)
21.
22.    def get_initial_state(
23.        self, batch_size: int
24.    ) -> Tuple[torch.Tensor, torch.Tensor, torch.Tensor, Tuple[torch.Tensor]]:
25.        self.memory.reset(batch_size)
26.        read = self.memory.get_initial_read(batch_size)
27.        read_head_state = self.read_head.get_initial_state(batch_size)
28.        write_head_state = self.write_head.get_initial_state(batch_size)
29.        controller_state = self.controller.get_initial_state(batch_size)
30.        return (read, read_head_state, write_head_state, controller_state)
31.
32.    def forward(
33.        self,
34.        x: torch.Tensor,
35.        previous_state: Tuple[torch.Tensor, torch.Tensor, torch.Tensor, Tuple[torch.Tensor]],
36.    ) -> Tuple[torch.Tensor, Tuple[torch.Tensor, torch.Tensor, torch.Tensor, Tuple[torch.Tensor]]]:
37.        (
38.            previous_read,
39.            previous_read_head_state,
40.            previous_write_head_state,
41.            previous_controller_state,
42.        ) = previous_state
43.
44.        controller_input = torch.cat([x, previous_read], dim=1)
45.        controller_output, controller_state = self.controller(
46.            controller_input, previous_controller_state
47.        )
48.        read_head_output, read_head_state = self.read_head(controller_output, previous_read_head_state)
49.        write_head_state = self.write_head(controller_output, previous_write_head_state)
```

```
50.
51.        fc_input = torch.cat((controller_output, read_head_output), dim=1)
52.        state = (read_head_output, read_head_state, write_head_state, controller_state)
53.        return F.softmax(self.fc(fc_input), dim=1), state
```

[Line 1~20] NTM 모듈 클래스와 초기화 함수를 선언합니다. 지금까지 준비한 Memory와 ReadHead, WriteHead, Controller, 그리고 추가로 선언되는 Linear 하나가 NTM 클래스 내의 멤버로서 선언됩니다.

[Line 22~30] controller와 memory의 initial read, read head와 write head의 state를 초기화하는 get_initial_state 함수를 선언합니다.

[Line 32~53] forward 함수를 구현합니다. 함수는 해당 timestep에서의 데이터와 이전 timestep의 state를 입력으로 받아 예측한 데이터의 라벨과 현 timestep에서의 state를 반환합니다.

메타 데이터셋 변환 함수 정의

Omniglot 데이터셋 로드 코드는 이미 2.1.4절에서 살펴봤기에, 이번 실습에서 다시 설명하지는 않습니다. 그러나 MANN은 데이터를 모델에 제공하기 위한 추가적인 함수가 필요합니다. 순환 신경망 모델은 시퀀스 형태의 데이터를 필요로 할 뿐만 아니라, 앞선 이론에서 설명된 것과 같이 현재 timestep에서의 이미지 x_t에 이전 timestep 이미지의 정답 라벨인 y_{t-1}이 덧붙여져야 하기 때문입니다. 다음 두 함수가 그러한 역할을 수행합니다.

src/meta_sl/model-based/mann.ipynb

```
01. def generate_sequence(xs: torch.Tensor, ys: torch.Tensor, num_ways: int, device: str) -> torch.Tensor:
02.     xs_flat = xs.flatten(2, 4)
03.
04.     ys_onehot = F.one_hot(ys, num_classes=num_ways)
05.     ys_cat = torch.cat(
06.         (torch.zeros(ys_onehot.shape[0], 1, ys_onehot.shape[2]).to(device=device), ys_onehot), dim=1
07.     )[:, :-1, :]
08.
09.     seq = torch.cat((xs_flat, ys_cat), dim=2)
10.     return torch.swapaxes(seq, 0, 1)
11.
12. def generate_sequence_v2(
13.     task_batch: Dict[str, List[torch.Tensor]], device: str, num_ways: int
14. ) -> Tuple[torch.Tensor, torch.Tensor]:
```

```
15.    support_xs = task_batch["train"][0].to(device=device)
16.    support_ys = task_batch["train"][1].to(device=device)
17.    query_xs = task_batch["test"][0].to(device=device)
18.    query_ys = task_batch["test"][1].to(device=device)
19.
20.    random_indices = torch.randperm(5)
21.    query_xs_ = query_xs[:, random_indices, :, :, :]
22.    query_ys_ = query_ys[:, random_indices]
23.
24.    support_seq = generate_sequence(xs=support_xs, ys=support_ys, num_ways=num_ways, device=device)
25.    query_seq = generate_sequence(xs=query_xs_, ys=query_ys_, num_ways=num_ways, device=device)
26.
27.    x_seq = torch.cat((support_seq, query_seq), dim=0)
28.    y_seq = torch.cat((support_ys, query_ys_), dim=1)
29.    return x_seq, y_seq
```

[Line 1~10] generate_sequence 함수에서는 다수의 이미지 데이터 inputs를 시퀀스 형태의 X로 변환하기 위해 torch.Tensor.flatten 함수를 사용했으며, one hot으로 인코딩된 데이터의 라벨을 한 칸씩 뒤로 밀어서 X 뒤에 concat 합니다.

[Line 12~29] generate_sequence_v2 함수는 generate_sequence 함수에서 반환한 support set의 seq와 query set의 seq를 concat하여 하나의 시퀀스를 완성하고 반환합니다.

학습 함수 정의

이제 모델의 학습을 진행할 준비가 모두 끝났습니다. 다음 코드를 통해 학습 과정을 확인합시다.

src/meta_sl/model-based/mann.ipynb

```
01. def train_mann(
02.     num_ways: int,
03.     num_shots: int,
04.     task_batch_size: int,
05.     device: str,
06.     task_batch: Dict[str, List[torch.Tensor]],
07.     model: NTM,
08.     criterion: nn.CrossEntropyLoss,
09.     optimizer: torch.optim.RMSprop,
10. ) -> Tuple[float, float]:
```

```
11.    model.train()
12.
13.    x_seq_, y_seq_ = generate_sequence_v2(task_batch=task_batch, device=device, num_ways=num_ways)
14.    x_seq = x_seq_.to(device=device)
15.    y_seq = y_seq_.to(device=device)
16.
17.    state = model.get_initial_state(batch_size=task_batch_size)
18.    prob = torch.zeros((len(x_seq), task_batch_size, num_ways)).to(device=device)
19.    for j, vector in enumerate(x_seq):
20.        prob[j], state = model(vector, state)
21.    prob_ = prob.permute(1, 2, 0)
22.    loss = criterion(prob_, y_seq)
23.
24.    model.zero_grad()
25.    loss.backward()
26.    optimizer.step()
27.
28.    with torch.no_grad():
29.        num_query = num_ways * num_shots
30.        correct = torch.sum(prob_[..., -num_query:].argmax(dim=1) == y_seq[..., -num_query:])
31.        accuracy = correct.item() / np.prod(y_seq[..., -num_query:].size())
32.    return accuracy, loss.item()
```

[Line 1~11] train_mann 함수를 선언하고 매개변수로 전달받은 모델을 학습 모드로 전환합니다.

[Line 13~15] task_batch에 포함된 데이터를 generate_sequence_v2 함수로 전달하고 x_seq, y_seq을 획득하여 device를 적용합니다.

[Line 17~20] state와 prob의 값을 초기화하고 x_seq의 값을 차례로 모델에 입력하여 prob를 획득합니다.

[Line 21~22] 획득한 prob의 차원 순서를 변경하여 y_seq와 동일하게 설정하고, 이를 통해 손실값을 계산합니다.

[Line 24~32] loss를 기반으로 가중치를 업데이트하고, 정확도를 계산하여 손실값과 함께 반환합니다.

테스트 함수 정의

다음 코드를 통해 학습이 완료된 모델에 대한 검증/테스트 과정을 확인합시다.

```python
01. def test_mann(
02.     num_ways: int,
03.     num_shots: int,
04.     task_batch_size: int,
05.     device: str,
06.     task_batch: Dict[str, List[torch.Tensor]],
07.     model: NTM,
08.     criterion: nn.CrossEntropyLoss,
09. ) -> Tuple[float, float]:
10.     model.eval()
11.
12.     x_seq_, y_seq_ = generate_sequence_v2(task_batch=task_batch, device=device, num_ways=num_ways)
13.     x_seq = x_seq_.to(device=device)
14.     y_seq = y_seq_.to(device=device)
15.
16.     state = model.get_initial_state(task_batch_size)
17.     prob = torch.zeros((len(x_seq), task_batch_size, num_ways)).to(device=device)
18.     for i, vector in enumerate(x_seq):
19.         prob[i], state = model(vector, state)
20.     prob_ = prob.permute(1, 2, 0)
21.     loss = criterion(prob_, y_seq)
22.
23.     with torch.no_grad():
24.         num_query = num_ways * num_shots
25.         correct = torch.sum(prob_[..., -num_query:].argmax(dim=1) == y_seq[..., -num_query:])
26.         accuracy = correct.item() / np.prod(y_seq[..., -num_query:].size())
27.     return accuracy, loss.item()
```

[Line 1~10] test_mann 함수를 선언하고 매개변수로 전달받은 모델을 학습 모드로 전환합니다.

[Line 12~14] task_batch에 포함된 데이터를 generate_sequence_v2 함수로 전달하고 x_seq, y_seq을 획득하여 device를 적용합니다.

[Line 16~19] state와 prob의 값을 초기화하고 x_seq의 값을 차례로 모델에 입력하여 prob를 획득합니다.

[Line 20~21] 획득한 prob의 차원 순서를 변경하여 y_seq와 동일하도록 설정하고, 이를 통해 손실값을 계산합니다.

[Line 21~27] 정확도를 계산하여 손실값과 함께 반환합니다.

학습과 테스트 실행

cross entropy 손실함수와 RMSprop 옵티마이저를 사용한 모델의 학습과 테스트를 수행합니다.

```
01. config = {
02.     "folder_name": "dataset",
03.     "download": True,
04.     "num_shots": 1,
05.     "num_ways": 5,
06.     "output_folder": "saved_model",
07.     "task_batch_size": 32,
08.     "num_task_batch_train": 6000,
09.     "num_task_batch_test": 2000,
10.     "device": "cuda",
11. }
12.
13. train_dataloader, val_dataloader, test_dataloader = get_dataloader(config)
14.
15. model = NTM(num_ways=config["num_ways"]).to(device=config["device"])
16.
17. criterion = nn.CrossEntropyLoss()
18. optimizer = torch.optim.RMSprop(model.parameters(), momentum=0.9, alpha=0.95, lr=1e-4)
```

실행 결과

실행 결과를 보여드리면서 MANN에 대한 설명을 마무리하겠습니다.

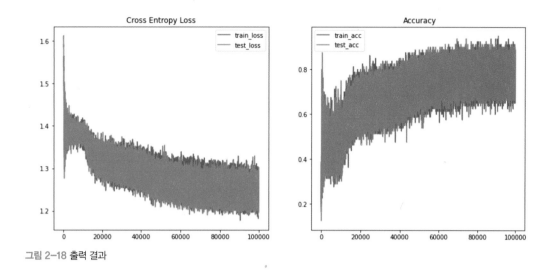

그림 2-18 출력 결과

2.2.5 SNAIL(Simple Neural Attentive Meta-Learner)

앞서 MANN(Memory-Augmented Neural Networks)에서 봤듯이, 모델 기반 메타러닝은 시퀀스 투 시퀀스(sequence-to-sequence) 문제로 해석할 수 있습니다. MANN의 경우에는, LSTM에 외부 메모리를 결합해 이 시퀀스 투 시퀀스 문제를 다뤘습니다. 하지만, LSTM은 꽤 오래된 아키텍처이며, 특히 병렬처리를 쉽게 하지 못한다는 큰 단점이 존재했습니다. 이후에 과거 경험을 내면화하고 참조하는 다양한 아키텍처들이 연구되었습니다.

우리가 이번에 살펴볼 것은 어텐션 기반 메타 신경망인 SNAIL(Simple Neural Attentive Meta-Learner)입니다. SNAIL은 이러한 시퀀스용 아키텍처들 중 두 개의 모듈에 집중합니다. 첫 번째 모듈은 시간적 컨볼루션(temporal convolution)으로서, 메타러너가 과거 경험들을 병렬적으로 참조할 수 있게 합니다. 두 번째 모듈은 이를 보완하는 어텐션 매커니즘(attention mechanism)으로서, 방대한 과거 정보에서 더 중요한 부분에 메타러너가 집중할 수 있게 합니다. 이렇게 상호 보완하는 두 개의 모듈을 이용함으로써, 우리는 간단하면서도 강력한 메타러너를 학습할 수 있습니다.

팽창된 인과적 시간적 컨볼루션

독자 대부분은 컨볼루션이 2차원의 데이터를 해석할 때 쓰는 것에 좀 더 익숙하실 것입니다. 하지만, 1차원 컨볼루션을 시퀀스 형태의 데이터에 쓰는 것 역시 다양한 분야에서 활용되었습니다. 하나의 예시로 팽창된 컨볼루션(dilated convolution)을 시간적 차원(temporal convolution)에 쓸 수 있고 우리는 이를 팽창된 시간적 컨볼루션(dilated temporal convolution)이라고 합니다.

2차원 컨볼루션과 똑같이, 1차원의 컨볼루션은 지역적인 특징을 작은 필터를 이용해서 잡아내는 방식입니다. 그림 2-19처럼 기본적으로 2나 3 정도의 작은 필터 크기를 사용하는 것이 보편적입니다. 이러한 1차원 컨볼루션의 장점은 크게 두 가지로 볼 수 있습니다. 첫째, 완전 연결 신경망(fully-connected neural network)보다 적은 양의 파라미터를 가집니다. 둘째, 순환 신경망보다 병렬화가 쉽다는 것입니다.

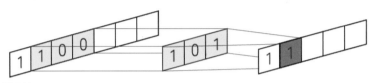

그림 2-19 1차원 컨볼루션

이렇게 시간적 컨볼루션을 사용할 때 잊지 말아야 할 것은, 이러한 컨볼루션은 인과적(causal)이어야 한다는 것입니다. 시간적 컨볼루션은 과거의 값을 바탕으로 미래의 값을 예측해야 하기 때문에, 미래의 입력값으로 출력값을 계산하면 모델의 전제를 위반하게 됩니다. 그래서 그림 2-20에서 알 수 있듯이 인과적 컨볼루션의 출력값은 오로지 과거의 입력값에만 영향을 받고, 미래의 입력값은 모르는 상태로 계산됩니다.

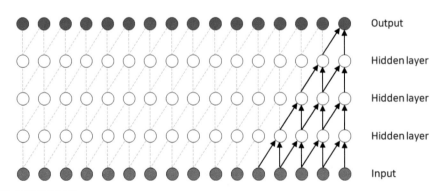

그림 2-20 시간적 컨볼루션

여기에 더해, 우리는 팽창된(dilated) 컨볼루션을 사용합니다. 팽창된 컨볼루션은 특정 입력값을 건너뜀으로써 필터가 원래 크기보다 큰 길이의 입력을 처리하는 방식입니다. 팽창된 컨볼루션의 장점은 그림 2-21에서 확인할 수 있습니다. 즉, 팽창 계수를 점차 늘림으로써 신경망이 몇 개의 레이어 만으로도 굉장히 큰 수용 필드(receptive field)를 얻게 되는 것입니다. 팽창 계수가 2씩 곱해지면, 이 컨볼루션의 과거 수용 필드 역시 레이어 개수에 따라 기하급수적으로 증가합니다.

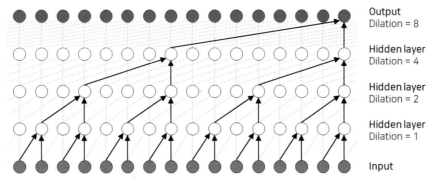

그림 2-21 팽창된 시간적 컨볼루션

시간적 컨볼루션 블록

위에 소개한 팽창된 인과적 시간적 컨볼루션을 이해했다면, SNAIL의 구성 요소 중 하나인 시간적 컨볼루션 블록(temporal convolution block, TC block)을 만들 수 있습니다. TC 블록은 팽창 계수가 점점 늘어나는 밀집 블록(dense block)들로 이루어져 있습니다. 아래 의사코드에서 알 수 있듯이, 전체 시퀀스 길이를 수용할 때까지 밀집 블록들의 팽창 계수를 2씩 기하급수적으로 증가시킵니다.

시간적 컨볼루션 블록의 의사코드

```
function TCBlock (input, sequence length T, number of filters D):
  for i in 1, ..., [log₂ T] do
    inputs = DenseBlock (inputs, 2^i, D)
  return inputs
```

이 밀집 블록은 van den Oord이 제시한 게이트 활성화 유닛(gated activation unit)을 사용합니다. 이 활성화 유닛은 원 논문에서 더 복잡한 상호작용을 모델링하기 위해 ReLU 함수를 대신해서 쓰는 활성화 함수로, tanh 함수와 sigmoid 함수를 이용합니다. 우선 위에 소개한 인과적 컨볼루션을 이용해서 두 벡터 x_f와 x_g를 만듭니다. 여기서 f는 필터, g는 게이트를 의미합니다. 이 두 개의 벡터에 각

각 tanh와 sigmoid 함수를 적용하고, 이 둘의 요소별 곱이 게이트 활성화 유닛의 출력이 됩니다. 다시 말해, 게이트 활성화 유닛은 위의 밀집 블록 의사코드에 나타난 공식으로 표현될 수 있습니다.

밀집 블록의 출력은 이 게이트 활성화 유닛의 출력에 기존 입력을 합한 것입니다. 이렇게 기존 입력을 출력에 추가함으로써, 밀집 블록마다 잔차 신경망(residual network)처럼 게이트 활성화 유닛을 통과하지 않은 잔차 연결(residual connection)이 있습니다. 그림 2-22에서 위의 초록색 오른쪽 화살표가 이 잔차 연결을 나타냅니다.

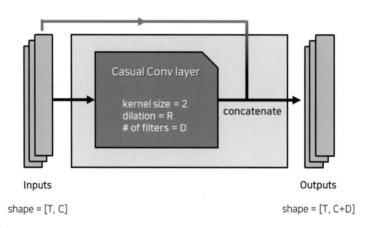

그림 2-22 밀집 블록

정리하면, 밀집 블록의 구성은 다음 의사코드로 요약할 수 있습니다.

밀집 블록의 의사코드

```
function DenseBlock (inputs, dilation rate R, number of filters D):
  xf, xg = CasualConv (inputs, R, D), CasualConv (inputs, R, D)
  activations = tanh(xf) * sigmoid(xg)
  return concat (inputs, activations)
```

어텐션 블록

SNAIL의 또 다른 구성 요소는 어텐션 블록(attention block)입니다. 시간적 컨볼루션은 모든 과거 입력을 볼 수 있으나, 입력 순서나 위치에 의존하는 점은 메타러닝 같이 데이터 순서에 의미가 없을 때

오히려 방해가 될 수 있습니다. 어텐션은 굉장히 큰 컨텍스트에서도 특정 정보를 집중하여 참조할 수 있기 때문에, 이러한 시간적 컨볼루션의 단점을 상쇄할 수 있습니다.

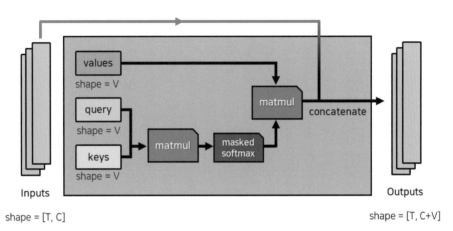

그림 2-23 어텐션과 어텐션 블록

그림 2-23에서 볼 수 있듯이, 어텐션 블록은 2017년 〈Attention Is All You Need〉라는 논문에서 제시한 소프트 어텐션(soft attention)의 방식대로 키 값 조회를 합니다.

어텐션 블록이 기존 논문에서 제안된 어텐션과 가지는 유일한 차이점은 확률을 출력하는 softmax 함수에 인과적 마스크(causal mask)를 추가한다는 것입니다. 이 인과적 마스크는 softmax의 정규화 단계 전에 특정 확률을 0으로 만들어서, 어떤 쿼리(query)도 미래의 키(keys)나 값(values)을 접근할 수 없게 합니다. 이는 TC 블록에서 인과적 컨볼루션을 사용하는 것과 같은 이치입니다. 어텐션 블록은 다음 의사코드로 요약할 수 있습니다.

어텐션 블록의 의사코드

```
function AttentionBlock (inputs, key size K, value size V):
  keys, query = affine(inputs, K), affine(inputs, K)
  logits = matmul (query, transpose(keys))
  probs = CausallyMaskedSoftmax (logits /√K̄)
  values = affine (ipnuts, V)
  read = matmul (probs, values)
  return concat (inputs, read)
```

SNAIL 입출력과 아키텍처

SNAIL 역시 MANN처럼 메타러닝 문제를 시퀀스 투 시퀀스 문제로 표현해서 학습합니다. 그러나, 메타러닝 데이터셋으로 시퀀스로 변환하는 방법이 MANN와는 약간 다릅니다. 앞서 설명한 MANN에서는 이미지와 라벨이 하나씩 오프셋 되었지만, SNAIL에서는 이미지와 그 이미지의 라벨이 오프셋 없이 같이 입력됩니다. 그 대신, 시퀀스의 마지막 이미지는 라벨 없이 입력되며, SNAIL은 그 마지막 이미지의 라벨을 예측합니다. 이때, 입력되는 이미지는 임베딩 신경망을 거쳐서 벡터로 변환됩니다. 이 임베딩 신경망은 64개 채널의 3x3 컨볼루션, 배치 정규화(batch normalization), ReLU 함수, 그리고 최대 풀링(max pooling)을 4번 반복한 후, 마지막에 완전 연결 계층(fully-connected layer)을 통해 길이 64의 벡터를 출력합니다. 이 인코딩된 이미지 벡터에 원핫 인코딩 라벨을 합한 것이 입력 벡터입니다.

SNAIL 아키텍처는 그림 2-24로 요약할 수 있습니다. 우선 이미지와 라벨은 임베딩 신경망을 통해 벡터화되고(파란색), 이후 두 개의 시간적 컨볼루션 블록(노란색)과 한 개의 어텐션 블록(초록색)이 두 번 반복되어 예측값을 출력합니다. 이 출력값은 softmax 함수를 사용해서 N개의 클래스마다 마지막 이미지가 그 클래스일 확률을 나타내는 길이 N의 벡터입니다.

SNAIL 원 논문에서는 강화학습에 적용할 수 있는 아키텍처도 함께 제안합니다. 하지만 이 책에서는 SNAIL의 경우, 메타 지도학습인 모델 기반 메타러닝에서만 구체적으로 SNAIL을 다루며, 메타 강화학습 파트에서는 다른 논문을 다루게 됩니다. SNAIL의 강화학습 적용에 관심 있는 독자분께서는 원 논문을 꼭 한 번 읽어보시길 바랍니다.

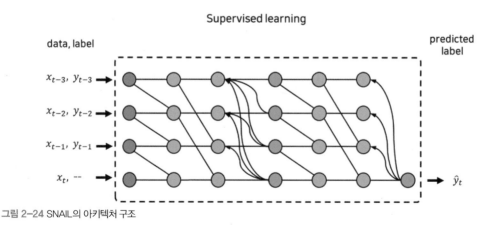

그림 2-24 SNAIL의 아키텍처 구조

SNAIL 학습

SNAIL에서 N-way K-shot 문제를 위한 시퀀스를 만들 때, 먼저 N개의 클래스들을 샘플링하고 각 클래스에서 K개의 이미지를 샘플링합니다. 그 후 이 $N \times K$개의 이미지와 라벨들을 SNAIL에 무작위 순서로 입력하고, 샘플링한 N개의 클래스에서 하나의 이미지를 추가로 샘플링해서 이미지만 입력합니다. 손실을 계산할 때는 교차 엔트로피 손실 함수를 써서 마지막 $(N \times K)+1$번째 이미지의 라벨의 예측값과 실젯값을 비교합니다.

SNAIL 역시 MANN과 똑같은 데이터 증강(data augmentation) 기법을 사용합니다. 즉, 각 이미지마다, 90도, 180도, 또는 270도 회전된 형태로 입력될 수 있습니다. SNAIL에서는 Omniglot에서 SNAIL를 학습할 때 1, 2, 3, 4, 5의 K 값에 대해 하나의 모델을 학습했습니다. 하지만, 우리는 MANN과 정확한 비교를 위해 하나의 K 값에서만 SNAIL을 학습시키겠습니다.

2.2.6 실습: SNAIL 구현

SNAIL 모델을 통한 Omniglot 5-way 5-shot 분류를 직접 수행하며 구체적인 알고리즘을 살펴보겠습니다. 앞에서 살펴본 MANN과 마찬가지로 SNAIL도 여러 개의 이미지를 시퀀스의 형태로 변환하여 사용합니다.

모델 정의

시간적 컨볼루션 블록

앞선 이론에서 살펴봤듯이, SNAIL 모델은 크게 시간적 컨볼루션 블록과 어텐션 블록으로 구성되어 있습니다. 먼저 시간적 컨볼루션 블록부터 확인합시다.

src/meta_sl/model-based/snail.ipynb

```
01. class CasualConv1d(nn.Module):
02.     def __init__(
03.         self,
04.         in_channels: int,
05.         out_channels: int,
06.         kernel_size: int,
07.         stride: int = 1,
```

```
08.          dilation: int = 1,
09.          groups: int = 1,
10.          bias: int = True,
11.      ) -> None:
12.          super(CasualConv1d, self).__init__()
13.          self.dilation = dilation
14.          padding = dilation * (kernel_size - 1)
15.          self.conv1d = nn.Conv1d(
16.              in_channels, out_channels, kernel_size, stride, padding, dilation, groups, bias
17.          )
18.
19.      def forward(self, x: torch.Tensor) -> torch.Tensor:
20.          out = self.conv1d(x)
21.          return out[:, :, : -self.dilation]
22.
23. class DenseBlock(nn.Module):
24.      def __init__(self, in_channels: int, dilation: int, filters: int, kernel_size: int = 2) -> None:
25.          super(DenseBlock, self).__init__()
26.          self.causal_conv1 = CasualConv1d(in_channels, filters, kernel_size, dilation=dilation)
27.          self.causal_conv2 = CasualConv1d(in_channels, filters, kernel_size, dilation=dilation)
28.
29.      def forward(self, x: torch.Tensor) -> torch.Tensor:
30.          xf = self.causal_conv1(x)
31.          xg = self.causal_conv2(x)
32.          activations = torch.tanh(xf) * torch.sigmoid(xg)
33.          return torch.cat((x, activations), dim=1)
34.
35. class TCBlock(nn.Module):
36.      def __init__(self, in_channels: int, seq_length: int, filters: int) -> None:
37.          super(TCBlock, self).__init__()
38.          self.dense_blocks = nn.ModuleList(
39.              [
40.                  DenseBlock(in_channels + i * filters, 2 ** (i + 1), filters)
41.                  for i in range(int(math.ceil(math.log(seq_length, 2))))
42.              ]
43.          )
44.
45.      def forward(self, x: torch.Tensor) -> torch.Tensor:
46.          x = torch.transpose(x, 1, 2)
```

```
47.          for block in self.dense_blocks:
48.              x = block(x)
49.          return torch.transpose(x, 1, 2)
```

[Line 1~21] 1D 컨볼루션 레이어로 구성된 인과적 컨볼루션 블록 클래스입니다.

[Line 23~33] 위에서 선언한 두 개의 인과적 컨볼루션 블록과 tanh 활성함수를 가지는 Dense 블록클래스입니다.

[Line 35~49] 시간적 컨볼루션 블록인 TCBlock은 전체 시퀀스 길이를 수용할 수 있도록 log_2(seq_length) 개의 밀집 블록인 DenseBlock을 지니고 있습니다. 이러한 구조를 통해 두 개의 CasualConv1d을 통해 획득한 벡터 x_f와 x_g가 각각 tanh, sigmoid를 거쳐 곱해진 후 기존 입력을 concat해 반환하는 게이트 활성화 유닛이 구현됩니다.

어텐션 블록

다음은 AttentionBlock입니다. 이미 트랜스포머(transformer) 모델 등을 통해 어텐션에 대해 접한 적이 있다면 보다 빠르게 이해하실 것입니다.

src/meta_sl/model-based/snail.ipynb

```
01. class AttentionBlock(nn.Module):
02.     def __init__(self, in_channels: int, key_size: int, value_size: int) -> None:
03.         super(AttentionBlock, self).__init__()
04.         self.query_layer = nn.Linear(in_channels, key_size)
05.         self.keys_layer = nn.Linear(in_channels, key_size)
06.         self.values_layer = nn.Linear(in_channels, value_size)
07.         self.sqrt_key_size = math.sqrt(key_size)
08.         self.key_size = key_size
09.
10.     @classmethod
11.     def causally_masked_softmax(cls, logits: torch.Tensor, key_size: int) -> torch.Tensor:
12.         seq_len = logits.shape[1]
13.         mask = np.array([[i > j for i in range(seq_len)] for j in range(seq_len)])
14.         mask = torch.BoolTensor(mask).to(logits.get_device())
15.
16.         logits = logits.data.masked_fill(mask, -float("inf"))
17.         return F.softmax(logits / math.sqrt(key_size), dim=1)
18.
19.     def forward(self, x: torch.Tensor) -> torch.Tensor:
20.         keys = self.keys_layer(x)
```

```
21.        query = self.query_layer(x)
22.        logits = torch.bmm(query, torch.transpose(keys, 1, 2))
23.
24.        probs = self.causally_masked_softmax(logits, self.key_size)
25.        values = self.values_layer(x)
26.
27.        read = torch.bmm(probs, values)
28.        return torch.cat((x, read), dim=2)
```

[Line 1~8] AttentionBlock 모듈의 클래스와 초기화 함수를 선언합니다.

[Line 10~17] 일반적인 attention과 차별되는 것이 바로 CausallyMaskedSoftmax 함수의 사용입니다. 해당 함수는 각 시점의 이전 시점을 False로, 나머지를 True로 채운 mask를 만들어서 모델에 입력 순서와 같은 필요 없는 데이터를 제공 하지 않도록 합니다.

[Line 19~28] 앞에서 살펴본 그림 2-23과 같은 어텐션 계산 함수의 구현입니다.

임베딩 네트워크와 SNAIL

src/meta_sl/model-based/snail.ipynb

```
01. class EmbeddingNet(nn.Module):
02.     def __init__(self, x_dim: int = 1, hid_dim: int = 64, z_dim: int = 64) -> None:
03.         super(EmbeddingNet, self).__init__()
04.         self.encoder = nn.Sequential(
05.             self.conv_block(in_channels=x_dim, out_channels=hid_dim),
06.             self.conv_block(in_channels=hid_dim, out_channels=hid_dim),
07.             self.conv_block(in_channels=hid_dim, out_channels=hid_dim),
08.             self.conv_block(in_channels=hid_dim, out_channels=z_dim),
09.         )
10.
11.     @classmethod
12.     def conv_block(cls, in_channels: int, out_channels: int) -> nn.Sequential:
13.         return nn.Sequential(
14.             nn.Conv2d(in_channels, out_channels, 3, padding=1),
15.             nn.BatchNorm2d(out_channels, momentum=1),
16.             nn.ReLU(),
17.             nn.MaxPool2d(2),
18.         )
19.
```

```python
20.     def forward(self, x: torch.Tensor) -> torch.Tensor:
21.         x = self.encoder(x)
22.         out = x.view(x.size(0), -1)
23.         return out
24.
25. class SNAIL(nn.Module):
26.     def __init__(self, num_ways: int, num_shots: int) -> None:
27.         super(SNAIL, self).__init__()
28.         self.num_ways, self.num_shots = num_ways, num_shots
29.
30.         self.encoder = EmbeddingNet()
31.         num_channels = 64 + num_ways
32.         num_filters = int(math.ceil(math.log(num_ways * num_shots + 1, 2)))
33.
34.         self.attention1 = AttentionBlock(num_channels, 64, 32)
35.         num_channels += 32
36.         self.tc1 = TCBlock(num_channels, num_ways * num_shots + 1, 128)
37.         num_channels += num_filters * 128
38.
39.         self.attention2 = AttentionBlock(num_channels, 256, 128)
40.         num_channels += 128
41.         self.tc2 = TCBlock(num_channels, num_ways * num_shots + 1, 128)
42.         num_channels += num_filters * 128
43.
44.         self.attention3 = AttentionBlock(num_channels, 512, 256)
45.         num_channels += 256
46.         self.fc = nn.Linear(num_channels, num_ways)
47.
48.     def forward(self, x_seq: torch.Tensor, y_seq: torch.Tensor) -> torch.Tensor:
49.         x_emb = self.encoder(x_seq)
50.         batch_size = int(y_seq.size()[0] / (self.num_ways * self.num_shots + 1))
51.
52.         last_idxs = [(i + 1) * (self.num_ways * self.num_shots + 1) - 1 for i in range(batch_size)]
53.         y_seq[last_idxs] = torch.Tensor(np.zeros((batch_size, y_seq.size()[1]))).to(y_seq.get_device())
54.
55.         x_cat = torch.cat((x_emb, y_seq), 1)
56.         x_view = x_cat.view((batch_size, self.num_ways * self.num_shots + 1, -1))
57.
58.         x_att1 = self.attention1(x_view)
```

```
59.        x_tc1 = self.tc1(x_att1)
60.
61.        x_att2 = self.attention2(x_tc1)
62.        x_tc2 = self.tc2(x_att2)
63.
64.        x_att3 = self.attention3(x_tc2)
65.        x_out = self.fc(x_att3)
66.        return x_out
```

[Line 1~23] 4개의 컨볼루션 블록으로 구성된 간단한 이미지 임베딩 네트워크입니다.

[Line 25~46] SNAIL 모델 클래스와 초기화 함수의 선언입니다. 지금까지 구현한 어텐션 블록과 시간적 컨볼루션 블록을 쌓아 SNAIL 네트워크를 완성합니다.

[Line 48~66] 데이터와 정답 레이블을 함께 입력받아 예측값을 반환하는 forward 함수를 선언합니다. 이때 눈여겨 볼 점은 데이터와 정답 레이블이 함께 모델에 입력되면서도, 마지막 데이터에 대한 정답 레이블은 삭제된다는 점입니다.

메타 데이터셋 변환 함수 정의

이미 여러 번 나온 개념이지만, SNAIL은 앞에서 살펴본 MANN과 마찬가지로 시퀀스 형태의 데이터 입력값을 필요로 하는 네트워크입니다. 따라서 MANN과 마찬가지로 데이터를 모델에 제공하기 위한 추가적인 함수를 구현해야 합니다.

src/meta_sl/model-based/snail.ipynb

```
01. def generate_sequence(
02.     task_batch: Dict[str, List[torch.Tensor]], device: str, num_ways: int, num_shots: int
03. ) -> Tuple[torch.Tensor, torch.Tensor, torch.Tensor]:
04.     support_xs = task_batch["train"][0].to(device=device)
05.     support_ys = task_batch["train"][1].to(device=device)
06.     query_xs = task_batch["test"][0].to(device=device)
07.     query_ys = task_batch["test"][1].to(device=device)
08.
09.     chosen_indices = torch.randint(query_xs.shape[1], size=(query_xs.shape[0],))
10.     chosen_query_xs = query_xs[torch.arange(query_xs.shape[0]), chosen_indices, :, :, :].unsqueeze(1)
11.     chosen_query_ys = query_ys[torch.arange(query_ys.shape[0]), chosen_indices].unsqueeze(1)
12.
13.     x_seq = torch.cat((support_xs, chosen_query_xs), dim=1).reshape((-1, *support_xs.shape[2:]))
```

```
14.    y_seq = torch.cat((support_ys, chosen_query_ys), dim=1).reshape((-1, *support_ys.shape[2:]))
15.
16.    y_seq_onehot = F.one_hot(y_seq).float()
17.
18.    query_y = y_seq[:: (num_ways * num_shots + 1)].long()
19.    return x_seq, y_seq_onehot, query_y
```

[Line 1~19] query_xs에서 랜덤한 하나의 데이터를 support_xs 뒤에 concat하여 시퀀스의 형태로 구성하고, 함께 입력값으로 들어갈 y_seq_onehot과 타깃이 되는 맨 마지막 이미지의 정답 레이블인 query_y이 반환됩니다.

학습/테스트 함수 정의

모델과 데이터 로드를 위한 함수가 모두 구현되었으니, 이제는 모델을 학습시키는 일만 남았습니다. 다음 학습/검증/테스트 함수를 살펴봅시다.

src/meta_sl/model-based/snail.ipynb

```
01. def train_snail(
02.     num_ways: int,
03.     num_shots: int,
04.     device: str,
05.     task_batch: Dict[str, List[torch.Tensor]],
06.     model: SNAIL,
07.     criterion: nn.CrossEntropyLoss,
08.     optimizer: torch.optim.Adam,
09. ) -> Tuple[float, float]:
10.     model.train()
11.
12.     x_seq, y_seq, query_y = generate_sequence(
13.         task_batch=task_batch, device=device, num_ways=num_ways, num_shots=num_shots
14.     )
15.     x_seq = x_seq.to(device=device)
16.     y_seq = y_seq.to(device=device)
17.     query_y = query_y.to(device=device)
18.
19.     query_prob = model(x_seq, y_seq)[:, -1, :]
20.     loss = criterion(query_prob, query_y)
21.
22.     model.zero_grad()
```

```
23.     loss.backward()
24.     optimizer.step()
25.
26.     with torch.no_grad():
27.         _, query_preds = query_prob.max(1)
28.         accuracy = torch.eq(query_preds, query_y).float().mean()
29.     return accuracy.item(), loss.item()
30.
31. def test_snail(
32.     num_ways: int,
33.     num_shots: int,
34.     device: str,
35.     task_batch: Dict[str, List[torch.Tensor]],
36.     model: SNAIL,
37.     criterion: nn.CrossEntropyLoss,
38. ) -> Tuple[float, float]:
39.     model.eval()
40.
41.     x_seq, y_seq, query_y = generate_sequence(
42.         task_batch=task_batch, device=device, num_ways=num_ways, num_shots=num_shots
43.     )
44.     x_seq = x_seq.to(device=device)
45.     y_seq = y_seq.to(device=device)
46.     query_y = query_y.to(device=device)
47.     query_prob = model(x_seq, y_seq)[:, -1, :]
48.     loss = criterion(query_prob, query_y)
49.
50.     with torch.no_grad():
51.         _, query_preds = query_prob.max(1)
52.         accuracy = torch.eq(query_preds, query_y).float().mean()
53.     return accuracy.item(), loss.item()
```

학습과 테스트 실행

이렇게 구현된 모델은 CrossEntropy 손실 함수와 Adam 옵티마이저를 통해 다음과 같이 학습/테스트할 수 있습니다.

```
01. config = {
02.     "folder_name": "dataset",
03.     "download": True,
04.     "num_shots": 1,
05.     "num_ways": 5,
06.     "output_folder": "saved_model",
07.     "task_batch_size": 32,
08.     "num_task_batch_train": 600,
09.     "num_task_batch_test": 200,
10.     "device": "cuda",
11. }
12.
13. train_dataloader, val_dataloader, test_dataloader = get_dataloader(config)
14.
15. model = SNAIL(num_ways=config["num_ways"], num_shots=config["num_shots"]).to(device=config["device"])
16.
17. criterion = nn.CrossEntropyLoss()
18. optimizer = torch.optim.Adam(params=model.parameters(), lr=1e-4)
```

실행 결과

실행 결과를 보여드리면서 SNAIL 실습에 대한 설명을 마무리하겠습니다.

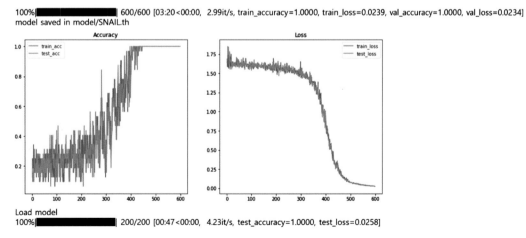

```
100%|███████████████| 600/600 [03:20<00:00, 2.99it/s, train_accuracy=1.0000, train_loss=0.0239, val_accuracy=1.0000, val_loss=0.0234]
model saved in model/SNAIL.th
```

```
Load model
100%|███████████████| 200/200 [00:47<00:00, 4.23it/s, test_accuracy=1.0000, test_loss=0.0258]
```

그림 2-25 출력 결과

최적화 기반 메타러닝

이번 절에서는 최적화 기반 메타러닝에 대해 알아봅니다. 실제 사람이 학습하는 과정을 생각해보면 사람은 새로운 개념을 학습할 때 기존의 지식을 활용하여 적은 데이터만 보고도 빠르게 학습을 수행할 수 있습니다. 반면 일반적인 딥러닝 모델은 사전에 무작위로 초기화된 파라미터에 대해 학습을 수행하기 때문에 많은 수의 데이터가 필요하며, 수많은 경사하강법 최적화 과정 또한 요구됩니다. 그렇다면 만약 기계가 새로운 태스크 또는 데이터를 추가로 빠르게 학습하고 싶다면 어떻게 해야 할까요?

2.3.1 전이학습과 최적화 기반 메타러닝

전이학습(Transfer Learning)

기존에 알려진 대표적인 방법은 전이학습(transfer learning)입니다. 전이학습에서 다루는 내용은 매우 광범위하나, 여기서는 그림 2-26을 통해 간단한 이미지 분류에 대한 전이학습 예시만 알아보겠습니다.

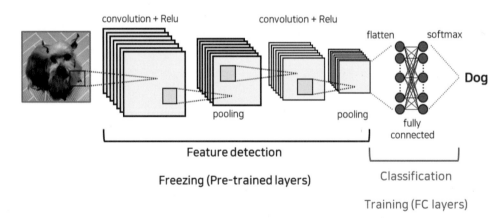

그림 2-26 이미지 분류 전이학습 예시

전이 학습을 위해서는, 예를 들어 ImageNet(Deng et al, 2009)과 같은 대규모 데이터셋을 통해 합성곱 신경망(convolutional neural networks) 모델을 사전 학습시켜야 합니다. 그 후에 우리가 실제 적용하고 싶은 새로운 태스크의 데이터셋을 추가로 학습하게 됩니다. 그림 2-26은 새로운 데이터가 주어졌을 때 모델이 미세조정(fine-tuning)을 통해 추가적인 학습을 하는 과정을 보여줍니다. 미세조정에는 다양한 방법이 있지만, 위 그림에서는 추가 학습을 진행할 때 이미지의 특징을 추출하는 컨볼루션 층(convolution layer)들은 고정시키고 완전 연결 층(fully-connected layer)의 파라미터만 추가 학습하는 일반적인 방법을 보여줍니다.

하지만 과연 전이학습이 최선의 방법일까요? ImageNet 등의 대규모 데이터 세트로 사전학습하지 않고 조금 더 새로운 태스크를 빠르게 학습하기 위한 효율적인 초기 파라미터를 가지고 추가 학습을 시작할 수 없을까요?

최적화 기반 메타러닝

최적화 기반 메타러닝에서는 메타 트레인(meta-train) 데이터셋을 활용하여 찾는 학습 방법은 좋은 초기 파라미터입니다. 메타러닝을 통해 찾은 좋은 초기 파라미터를 활용하여, 메타 테스트(meta-test)에서는 적은 수의 데이터와 적은 수의 경사하강법을 통해 새로운 태스크를 빠르게 학습합니다. 구체적으로 최적화 기반 메타러닝은 명시적으로 개별 태스크에 대한 최적화를 진행하는 내부 단계(inner level)와 다양한 태스크를 통합 최적화를 수행하는 외부 단계(outer level)를 통한 이중 최적화(bi-level optimization)를 수행하게 됩니다.

최적화 기반 메타러닝 방법이 앞서 살펴본 다른 메타러닝 방법들에 대비 갖는 장점은 무엇일까요? 많은 장점 중 하나는 최적화 기반 메타러닝을 통해 새로운 태스크를 풀기 위한 더 좋은 초기 지점 θ를 찾는 것은 어떤 머신러닝 모델에도 적용할 수 있다는 것입니다. 예를 들어 머신러닝에는 연속적인 값을 예측하는 회귀 문제, 클래스를 판별하는 분류 문제, 순차적 의사 결정 문제를 해결하는 강화학습 문제 등 다양한 머신러닝 관련 문제들이 존재합니다. 최적화 기반 메타러닝 방법은 경사하강법을 통해 모델 파라미터를 학습하는 어떠한 머신러닝 문제에도 적용할 수 있는 메타러닝 방법입니다.

위에서 설명한 대로 최적화 기반 메타러닝은 새로운 태스크의 빠른 학습을 위해 내부 단계, 외부 단계의 프로세스를 명시적으로 최적화하는 방법입니다. 내부 단계에서는 경사하강법을 통해 태스크별로 각각 빠른 학습을 수행합니다. 그리고 외부 단계에서는 내부 단계에서 경사하강법을 통해 학습한 정보들을 통합하여 전체 프로세스를 최적화하게 됩니다. 많은 최적화 기반 방법들이 있지만 가장 대표적인 방법은 다음 절에서 설명할 MAML(Finn et al., 2017)입니다. MAML은 이중 최적화 경사하강법을 통해 새로운 태스크를 빨리 학습할 수 있도록 신경망의 출발 지점, 즉 초기 파라미터를 여러 태스크 중앙 지점으로 최적화합니다.

$$\min_{\theta} \sum_{\text{task } i} \mathcal{L}\big(\theta - \alpha \nabla_{\theta} \mathcal{L}(\theta, \mathcal{D}_i^{\text{train}}), \mathcal{D}_i^{\text{test}}\big)$$

(2.22)

위 식 2.22는 최적화 기반 메타러닝의 메타 트레이닝을 나타냅니다. 수식의 의미를 살펴보기 위해 앞서 그림 2-5(2.1.3절)에서 설명한 내용을 잘 숙지하기 바랍니다. 우선 가장 바깥의 전체 손실함수 $\mathcal{L}$ 내부에 메타 트레인 데이터셋의 $\mathcal{D}_i^{\text{train}}$과 또 다른 손실함수 $\mathcal{L}$를 통해 각 태스크에 적응(adaptation)하는 부분이 $\theta - \alpha \nabla_{\theta} \mathcal{L}(\theta, \mathcal{D}_i^{\text{train}})$입니다. 이렇게 각 태스크에 적용한 모든 태스크 파라미터를 가지고 추가로 메타 트레인 데이터셋에서 샘플링한 $\mathcal{D}_i^{\text{test}}$로 모든 태스크 배치에 대한 전체 손실함수 $\mathcal{L}$을 최소화하는 θ를 찾는 것이 최적화 기반 메타러닝이라 할 수 있습니다.

$$\phi \leftarrow \theta - \alpha \nabla_{\theta} \mathcal{L}\big(\theta, D^{\text{train}}\big)$$

(2.23)

메타 트레인이 끝난 후 메타 테스트에서는 메타 트레인 데이터셋에 최적화된 메타 파라미터 θ에서 새로운 태스크 D^{train}이 주어졌을 때, 경사하강법으로 바로 추가 학습을 진행할 수 있습니다. 식 2.23과 같이 적은 수의 메타 테스트의 새로운 태스크에 대해 1번 또는 몇번의 경사하강법 스텝만으로도 새로운 태스크를 학습할 수 있습니다. 아직 위 수식들이 정확히 이해가지 않더라도 너무 걱정하지 마시길 바랍니다.

2.3.2 MAML과 FOMAML

최적화 기반 메타러닝의 대표 방법인 MAML이 어떻게 동작하는지 살펴보고, 이계도함수를 생략할 수 있는 FOMAML 알고리즘도 알아보겠습니다.

MAML(Model-Agonstic Meta-Learning)

MAML은 Chelsea Finn 교수가 유명한 인공지능 학회 중 하나인 ICML 2017에서 〈Model-Agnostic Meta-Learning for Fast Adaptation of Deep Networks〉라는 논문을 발표하면서 세상에 알려졌습니다. 이 논문은 학계에 딥러닝 기반 메타러닝을 제대로 알린 대표적인 논문입니다. 앞서 설명한 대로

MAML은 최적화 기반 메타러닝 알고리즘 중 하나이며, 새로운 태스크를 적은 데이터만으로도 빠르게 학습하기 위해 더 좋은 모델 초기 파라미터를 찾고자 합니다.

MAML에서 "Model-Agnostic"이란 어떤 머신러닝 모델에 관계없이 다 적용될 수 있다는 의미를 내포하고 있습니다. 즉, MAML은 경사하강법 최적화를 이용하는 어떤 머신러닝 모델이든 전부 적용 가능한 메타러닝 알고리즘이라고 할 수 있습니다. 지도학습인 회귀 문제, 분류 문제, 비지도 학습 문제, 그리고 뒤에서 다루게 될 강화학습 문제에도 MAML은 모두 사용 가능합니다. 이 절에서는 MAML을 활용하여 지도학습의 회귀, 분류 문제를 어떻게 풀 수 있는지 살펴보고, 강화학습 문제에 대해 MAML을 적용하는 과정은 추후 메타 강화학습 파트에서 살펴보겠습니다.

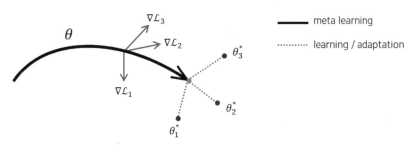

그림 2-27 Model-Agnostic Meta-Learning 다이어그램

그림 2-27은 MAML의 아이디어를 간단하게 잘 표현해주는 다이어그램입니다. 앞서 설명했듯이 최적화 기반 메타러닝은 명시적인 이중 최적화(bi-level optimization)를 수행합니다. 굵은 검은색 화살표는 메타러닝, 또는 메타 최적화(meta-optimization)를 의미하며 이는 외부 루프(outer-loop)에서 진행됩니다. 회색 화살표는 서로 다른 태스크 T_1, T_2, T_3에 적응하는 과정을 의미하며 이는 내부 루프(inner-loop)에서 진행됩니다. 구체적인 알고리즘 의사 코드(pseudo code)를 보면서 이것이 어떤 의미인지 메타 지도학습 분류 문제를 예시로 알아보도록 하겠습니다.

MAML의 의사코드

```
function MAML_train(distribution over tasks p(T),
                    step size hyperparameters α and β)
  Randomly initialize θ
  while not done do
    Sample batch of tasks Tᵢ~p(T).
```

```
for each $T_i$ do
    Sample $K$ datapoints $\mathcal{D}=\{\mathbf{x}^{(j)}, \mathbf{y}^{(j)}\}$ from $T_i$.
    Evaluate $\nabla_\theta \mathcal{L}_{T_i}(f_\theta)$ using $\mathcal{D}$ and $\mathcal{L}_{T_i}$ in Equation 2.24.
    Compute adapted parameters with gradient descent:
```
$$\theta_i^{'}=\theta-\alpha\,\nabla_\theta\mathcal{L}_{T_i}(f_\theta)$$
```
    Sample datapoints $\mathcal{D}_i^{'}=\{\mathbf{x}^{(j)}, \mathbf{y}^{(j)}\}$ from $T_i$ for the meta-update.
Update $\theta\leftarrow\theta-\beta\nabla_\theta\sum_{T_i\sim p(T)}\mathcal{L}_{T_i}(f_{\theta_i})$ using each $\mathcal{D}_i^{'}$ and $T_i$.
```

위는 지도학습을 위한 MAML의 알고리즘의 의사 코드입니다. 위에서 설명한 대로 먼저 알고리즘 수행 전에는 태스크 분포 $p(T)$와 외부 단계, 내부 단계 각각의 경사하강법에 대한 학습률(learning rate) α, β가 주어져야 합니다. 학습 모델은 f_θ로 표기하겠습니다. 한 가지 알아둘 것은 여기서 설명하는 알고리즘은 메타 트레인 데이터셋으로 메타러닝을 하는 과정이며 새로운 태스크에 대해 추가로 경사하강법을 통해 학습하는 메타 테스트 과정은 생략되어 있습니다. 또한, 기존에 표기한 수식과 원논문의 표기의 헷갈림을 방지하기 위해 메타트레인의 D^{train}와 D^{test}는 각각 Support set $\mathcal{D}$, Query set $\mathcal{D}'$으로 표기하겠습니다. 의사 코드의 설명은 다음과 같습니다.

1. 신경망 θ를 무작위 초기화합니다.

2. 외부 단계로 진입합니다. MAML 모델이 수렴할 때까지 외부 단계는 반복됩니다.

3. 외부 단계에서 태스크 분포로부터 배치 사이즈(batch size)만큼 태스크를 샘플링합니다. 예를 들어 이미지 분류일 경우 그림 2-12에서 태스크(회색 박스) i개를 추출하는 과정입니다.

4. 내부 단계에 진입합니다. 3.에서 샘플링된 배치 사이즈 i번만큼 내부 단계가 반복됩니다.

5. 내부 단계 반복 프로세스마다 각 태스크에 대한 Support set $\mathcal{D}$에서 각각의 클래스 N에 대해 K개의 데이터를 샘플링합니다. 즉, $N \times K$개의 데이터가 샘플링됩니다. 예를 들어 그림 2-1의 첫 번째 태스크(녹색 박스)의 D^{train}을 보면 총 5개의 클래스에 대해 이미지가 한 장씩 주어진 5-way 1-shot 형태로 구성되어 있습니다. 이 경우 5×1장의 데이터가 한 태스크마다 샘플링됩니다.

6. 클래스별 $N \times K$개의 데이터로 θ에 대한 손실 함수에 대해 미분 값 $\nabla_\theta L_{T_i}(f_\theta)$를 구하고 저장합니다. 이미지 분류의 경우 손실 함수는 교차-엔트로피(cross-entropy) 손실 함수를 사용하므로 이 경우 손실 함수 $L_{T_i}(f_\theta)$는 데이터 x와 라벨 y가 주어졌을 때 식 2.24와 같습니다.

$$L_{T_i}(f_\phi)=\sum_{x^{(j)},y^{(j)}\sim T_i} y^{(j)}\log f_\phi(x^{(j)})+(1-y^{(j)})\log(1-f_\phi(x^{(j)})) \tag{2.24}$$

7. 6.에서 구한 미분 값 $\nabla_\theta L_{T_i}(f_\theta)$를 활용하여 θ로부터 경사하강법을 수행하고, 해당 태스크를 학습한 θ'_i을 저장합니다.

8. 내부 단계 반복 프로세스마다 해당 태스크에 대한 query set $\mathcal{D}'$를 샘플링합니다.

9. 내부 단계를 종료합니다.

10. 6.와 7.에서 구한 모든 태스크 정보들과 8.에서 샘플링한 Query set $\mathcal{D}'$를 활용하여 경사하강법을 통해 메타 파라미터 θ를 학습합니다.

11. 외부 루프를 종료합니다.

위에서 MAML 지도학습 알고리즘을 이미지 분류 예시를 통해 알아봤습니다. 만약 회귀 문제라면 손실 함수를 평균 제곱 오차(mean-square error, MSE) 등을 활용하여 똑같이 적용해볼 수 있습니다.

FOMAML(First-Order Model Agnostic Meta-Learning)

MAML은 어떤 도메인에도 적용할 수 있는 매우 강력한 알고리즘입니다. 하지만 이런 MAML에도 여러 가지 단점은 존재합니다. 그중 대표적인 단점은 외부 루프에서 메타 업데이트 시 이계도함수(second derivative)를 구해야 하기 때문에 많은 계산과 메모리 등 상당한 하드웨어 컴퓨터 자원을 사용해야 된다는 것입니다. 이계도함수를 구해야 하는 이유는 내부 루프에서 각 태스크를 학습할 때 반영된 손실함수의 미분값이 외부 루프에서 메타 최적화를 진행할 때 반영되어 한 번 더 미분값을 구함으로써, 결과적으로 계산량이 늘어나기 때문입니다.

이 이계도함수를 구해야 하는 문제를 해결한 방법이 이계도함수를 생략할 수 있는 FOMAML(First-Order Model Agnostic Meta-Learning) 알고리즘입니다. 구체적으로 이 문제가 무엇인지, FOMAML 알고리즘은 이것을 어떻게 해결했는지 자세히 수식을 통해 살펴보겠습니다.

$$\theta_0 = \theta_{\text{meta}}$$
$$\theta_1 = \theta_0 - \alpha \nabla_\theta \mathcal{L}^{(s)}(\theta_0)$$
$$\theta_2 = \theta_1 - \alpha \nabla_\theta \mathcal{L}^{(s)}(\theta_1)$$

(2.25)

$$\cdots$$

$$\theta_k = \theta_{k-1} - \alpha \nabla_\theta \mathcal{L}^{(s)}(\theta_{k-1})$$

식 2.25는 내부 루프 학습 진행 시 $k(k \geq 1)$번의 그라디언트 스텝을 진행한다고 가정했을 때의 과정을 보여줍니다. 초기 메타 파라미터는 θ_{meta}이며, 내부 루프에서는 Support set을 이용해 진행하므로 손실함수를 $\mathcal{L}^{(S)}$로 표기했습니다. 직관적으로 k번의 스텝 이후에 우리는 θ_k를 구할 수 있음을 알 수 있습니다.

$$\theta_{\text{meta}} = \theta_{\text{meta}} - \beta g_{\text{MAML}} \tag{2.26}$$

한편, 외부 루프에서는 식 2.26과 같이 내부 루프의 모든 그라디언트(gradient) 정보를 통합한 g_{MAML}를 통해 메타 파라미터 θ_{meta}를 업데이트하게 됩니다. 이 g_{MAML}는 구체적으로 어떻게 계산되는 것일까요?

$$g_{\text{MAML}} = \nabla_\theta \mathcal{L}^{(Q)}(\theta_k) \tag{2.27}$$

$$= \nabla_\theta \mathcal{L}^{(Q)}(\theta_k) \cdot (\nabla_{\theta_k} \theta_k) \cdots (\nabla_{\theta_0} \theta_1) \cdot (\nabla_\theta \theta_0) \tag{2.28}$$

$$= \nabla_\theta \mathcal{L}^{(Q)}(\theta_k) \cdot \prod_{i=1}^{k} \nabla_{\theta_{i-1}} \theta_i \tag{2.29}$$

$$= \nabla_\theta \mathcal{L}^{(Q)}(\theta_k) \cdot \prod_{i=1}^{k} \nabla_{\theta_{i-1}} \left(\theta_{i-1} - \alpha \nabla_\theta \mathcal{L}^{(S)}(\theta_{i-1}) \right) \tag{2.30}$$

$$= \nabla_\theta \mathcal{L}^{(Q)}(\theta_k) \cdot \prod_{i=1}^{k} \left(I - \alpha \nabla_{\theta_{i-1}} \left(\nabla_\theta \mathcal{L}^{(S)}(\theta_{i-1}) \right) \right) \tag{2.31}$$

먼저 식 2.27을 봅시다. 식 2.27은 가장 추상적인 수준에서 $g_{\text{MAML}} = \nabla_\theta \mathcal{L}^{(Q)}(\theta_k)$을 표현했습니다. 외부 루프에서는 또 다른 미니배치 Query set을 통해 메타 파라미터를 학습하므로 해당 손실함수를 $\mathcal{L}^{(Q)}$로 표기했습니다. 이 식을 내부 루프에서 진행했던 k 학습 스텝에 대해 체인 룰(chain rule)을 적용하면 식 2.28과 같이 나타낼 수 있습니다. 이를 product 연산자 Π를 통해 간략히 정리하면 식 2.29와 같이 정리할 수 있습니다. 여기서 $\theta_i = \theta_{i-1} - \alpha \nabla_\theta \mathcal{L}^{(S)}(\theta_{i-1})$이므로 식 2.29를 다시 식 2.30과 같이 쓸 수 있습니다. 식 2.30에서 $\theta_{i-1} - \alpha \nabla_\theta \mathcal{L}^{(S)}(\theta_{i-1})$을 θ_{i-1}에 대해서 미분함으로써 식 2.31과 같이 $g_{\text{MAML}} = \nabla_\theta \mathcal{L}^{(Q)}(\theta_k) \cdot \prod_{i=1}^{k} (I - \alpha \nabla_{\theta_{i-1}} (\nabla_\theta \mathcal{L}^{(S)}(\theta_{i-1})))$ 나타낼 수 있습니다.

여기까지 이해했다면 FOMAML을 쉽게 이해하실 수 있습니다. FOMAML에서는 식 2.31에서 구체적으로 구한 $g_{\text{MAML}} = \nabla_\theta \mathcal{L}^{(Q)}(\theta_k) \cdot \prod_{i=1}^{k} (I - \alpha \nabla_{\theta_{i-1}} (\nabla_\theta \mathcal{L}^{(S)}(\theta_{i-1})))$에서 이계도함수 부분인 $\nabla_{\theta_{i-1}} (\nabla_\theta \mathcal{L}^{(S)}(\theta_{i-1}))$ 항을 삭제합니다. 즉, 다시 정리하면 내부 루프의 모든 그라디언트 정보를 통합한 FOMAML의 g_{FOMAML}은 다음 식 2.32와 같이 계산됩니다.

$$g_{\text{FOMAML}} = \nabla_\theta \mathcal{L}^{(Q)}(\theta_k) \qquad (2.32)$$

따라서, FOMAML에서 메타 파라미터 업데이트는 식 2.33과 같이 업데이트됩니다.

$$\theta_{\text{meta}} = \theta_{\text{meta}} - \beta g_{\text{FOMAML}} \qquad (2.33)$$

FOMAML은 MAML 원 논문에서 실제 이계도함수 항을 생략했음에도 불구하고 정확도가 크게 낮아지지 않았으며, 학습 속도는 약 33%가 빨라졌다고 보고되었습니다. 이 책에서는 FOMAML에 대한 개념만을 다루며, 따로 구현은 하지 않습니다. 관심 있는 독자분들께서는 FOMAML도 구현해보시기를 추천합니다.

다음은 실제 MAML을 Sinusoid 회귀 문제와 Omniglot 이미지 분류 문제에 대해 구현하고 성능 평가를 해보겠습니다.

2.3.3 실습: MAML-Regression

앞서 설명했듯이 MAML은 어떤 머신러닝 모델에 관계없이 다 적용될 수 있다는 특징을 가지고 있습니다. 따라서 이번에는 MAML을 서로 다른 모델에 적용하는 두 개의 실습을 진행합니다. 첫번째 실습은 Sinusoid 회귀 문제 해결을 위한 MAML regression입니다.

모델 정의

먼저 간단한 모델을 정의해 봅시다. 보시는 것과 같이 단순한 모델입니다. 다만 MAML에서는 앞선 MANN와 SNAIL 실습이나 일반적인 파이토치 기반의 모델들과는 조금 다릅니다. MAML의 내부 루프와 외부 루프에서 이루어지는 그라디언트(gradient)의 계산과 가중치(weight)의 업데이트가 분리되어야 하기 때문입니다. torchmeta에는 그라디언트와 새로운 가중치를 계산하되 모델에 바로 적용시키지 않는 gradient_update_parameters 함수가 존재합니다. 이 함수를 사용하기 위해서는 위에서 말한 변화가 모델에 적용되어야 합니다.

```
01. class FCNet(MetaModule):
02.     def __init__(self, in_dimension: int, out_dimension: int) -> None:
03.         super(FCNet, self).__init__()
04.         self.in_dimension = in_dimension
05.         self.out_dimension = out_dimension
06.         self.hidden_size = 40
07.
08.         self.linears = MetaSequential(
09.             MetaLinear(1, self.hidden_size),
10.             nn.ReLU(),
11.             MetaLinear(self.hidden_size, self.hidden_size),
12.             nn.ReLU(),
13.             MetaLinear(self.hidden_size, 1),
14.         )
15.
16.     def forward(
17.         self, x: torch.Tensor, params: Optional[collections.OrderedDict] = None
18.     ) -> torch.Tensor:
19.         pred = self.linears(x, params=self.get_subdict(params, "linears"))
20.         return pred
```

[Line 1] FCNet 클래스를 선언합니다. 이때 torch.nn.Module이 아니라 torchmeta.modules.MetaModule을 상속받습니다.

[Line 2~14] 초기화 함수를 선언합니다. Linear 레이어와 여러 개의 레이어를 묶어 사용하기 위한 Sequential 객체 또한 파이토치가 아닌 torchmeta에 구현된 것을 사용합니다.

[Line 16~20] 입력된 x와 모델의 파라미터 params에 대한 출력값을 반환합니다.

학습 함수 정의

앞선 이론 설명에서 알아봤듯이 MAML은 크게 내부 루프와 외부 루프가 반복하며 동작합니다.

```
01. def train_maml(
02.     num_shots: int,
03.     device: str,
```

```
04.     task_batch_size: int,
05.     task_batch: Dict[str, List[torch.Tensor]],
06.     model: FCNet,
07.     criterion: nn.MSELoss,
08.     optimizer: torch.optim.Adam,
09. ) -> float:
10.     model.train()
11.
12.     xs, ys = task_batch
13.     support_xs = xs[:, :num_shots, :].to(device=device).type(torch.float)
14.     query_xs = xs[:, num_shots:, :].to(device=device).type(torch.float)
15.     support_ys = ys[:, :num_shots, :].to(device=device).type(torch.float)
16.     query_ys = ys[:, num_shots:, :].to(device=device).type(torch.float)
17.
18.     outer_loss = torch.tensor(0.0, device=device)
19.
20.     for support_x, support_y, query_x, query_y in zip(support_xs, support_ys, query_xs,
query_ys):
21.         support_pred = model(support_x)
22.         inner_loss = criterion(support_pred, support_y)
23.
24.         params = gradient_update_parameters(model, inner_loss, step_size=0.01, first_or-
der=False)
25.
26.         query_pred = model(query_x, params=params)
27.         outer_loss += criterion(query_pred, query_y)
28.
29.     outer_loss.div_(task_batch_size)
30.
31.     model.zero_grad()
32.     outer_loss.backward()
33.     optimizer.step()
34.     return outer_loss.item()
```

[Line 1~10] train_maml 함수를 선언하고 매개변수로 전달받은 모델을 학습 모드로 전환합니다.

[Line 12~16] task_batch에 포함된 데이터를 support_xs, query_xs, support_ys, query_ys로 나누고 device와
자료형(torch.float)을 적용합니다.

[Line 18] outer_loss의 값을 0으로 초기화합니다.

[Line 20~27] 내부 루프를 수행합니다. support_x에 대한 prediction과 support_y를 이용해 inner_loss를 계산하고, 이를 통해 업데이트한 가중치를 params에 저장합니다. 획득한 params는 query_x에 대한 prediction을 획득하는 데에 사용되며, 이를 통해 계산된 손실값은 outer_loss에 누적하여 더해집니다.

[Line 29~34] 획득한 outer_loss의 평균값을 통해 모델을 업데이트하고 값을 반환합니다.

테스트 함수 정의

src/meta_sl/opt-based/maml_regression.ipynb

```
01. def test_maml(
02.     num_shots: int,
03.     device: str,
04.     task_batch_size: int,
05.     task_batch: Dict[str, List[torch.Tensor]],
06.     model: FCNet,
07.     criterion: nn.MSELoss,
08. ) -> float:
09.     model.eval()
10.
11.     xs, ys = task_batch
12.     support_xs = xs[:, :num_shots, :].to(device=device).type(torch.float)
13.     query_xs = xs[:, num_shots:, :].to(device=device).type(torch.float)
14.     support_ys = ys[:, :num_shots, :].to(device=device).type(torch.float)
15.     query_ys = ys[:, num_shots:, :].to(device=device).type(torch.float)
16.
17.     outer_loss = torch.tensor(0.0, device=device)
18.
19.     for support_x, support_y, query_x, query_y in zip(support_xs, support_ys, query_xs, query_ys):
20.         support_pred = model(support_x)
21.         inner_loss = criterion(support_pred, support_y)
22.
23.         params = gradient_update_parameters(model, inner_loss, step_size=0.01, first_order=False)
24.
25.         query_pred = model(query_x, params=params)
26.         outer_loss += criterion(query_pred, query_y)
27.
28.     outer_loss.div_(task_batch_size)
29.     return outer_loss.item()
```

[Line 1~9] test_maml 함수를 선언하고 매개변수로 전달받은 모델을 테스트 모드로 전환합니다.

[Line 11~15] task_batch에 포함된 데이터를 support_xs, query_xs, support_ys, query_ys로 나누고 device와 자료형(torch.float)을 적용합니다.

[Line 17] outer_loss의 값을 0으로 초기화합니다.

[Line 19~26] 내부 루프를 수행합니다. support_x에 대한 prediction과 support_y를 이용해 inner_loss를 계산하고, 이를 통해 업데이트한 가중치를 params에 저장합니다. 획득한 params는 query_x에 대한 prediction을 획득하는 데에 사용되며, 이를 통해 계산된 손실값은 outer_loss에 누적하여 더해집니다.

[Line 28~29] 획득한 outer_loss의 평균값을 반환합니다. 새로운 가중치를 계산하여 모델에 적용하지 않습니다.

학습과 테스트 실행

회귀 문제에서 주어지는 Support set에는 Sinusoid 함수를 만족시키는 데이터, 라벨 (x, y) 쌍이 n_shot만큼 주어집니다. 따라서 사용자 세팅에서도 n_ways만 결정하게 됩니다. 다음 코드에서는 평균 제곱 오차(MSE: mean-square error) 손실 함수와 Adam 옵티마이저를 사용한 모델의 학습과 테스트를 수행합니다.

src/meta_sl/opt-based/maml_regression.ipynb

```
01. config = {
02.     "num_shots": 10,
03.     "output_folder": "saved_model",
04.     "task_batch_size": 100,
05.     "num_task_batch_train": 1000,
06.     "num_task_batch_test": 300,
07.     "device": "cuda",
08. }
09. train_dataloader, val_dataloader, test_dataloader = get_dataloader(config)
10. model = FCNet(in_dimension=1, out_dimension=1).to(device=config["device"])
11. criterion = nn.MSELoss()
12. optimizer = torch.optim.Adam(model.parameters(), lr=1e-3)
```

실행 결과

실행 결과를 그림과 같이 보여드리면서 MAML-reg에 대한 설명을 마무리하겠습니다.

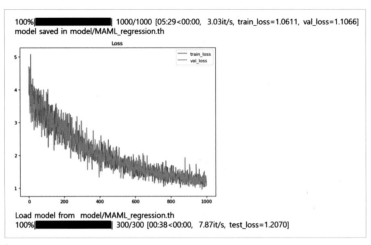

그림 2-28 출력 결과

2.3.4 실습: MAML-Classification

MAML classification 실습에서는 모델 기반 메타러닝의 실습에서와 마찬가지로 Omniglot 데이터셋에 대한 이미지 분류를 수행합니다. 직전의 MAML-reg 실습을 잘 이해하셨다면 이번 실습은 수월하게 이해하실 수 있을 겁니다. 동일 알고리즘을 사용하기 때문에 전체적인 코드가 상당 부분 비슷한 점이 많을 것입니다.

모델 정의

우선 모델 정의부터 살펴봅시다. MAML-reg과 모델의 구조는 유사합니다. 여기에서도 주의할 점은 모델과 여러 레이어를 묶어주는 Sequential, convolutional 레이어, 그리고 linear 레이어를 정의할 때, torch가 아니라 torchmeta에 구현된 것을 사용하여 구현한다는 점입니다. 이는 torchmeta에서 제공하는 그라디언트와 새로운 가중치를 계산하되, 모델에 바로 적용시키지 않는 `gradient_update_parameters` 함수를 사용하기 위함입니다. 이를 사용하면 MAML의 내부 루프에서 계산된 그라디언트를 기반으로 새롭게 획득한 가중치가 모델에 바로 적용되지 않도록 해줍니다. 해당 함수를 사용하여 실제 모델을 학습시키는 과정을 살펴봅시다.

```
01. class ConvNet(MetaModule):
02.     def __init__(self, in_channels: int, out_features: int) -> None:
03.         super(ConvNet, self).__init__()
04.         self.in_channels = in_channels
05.         self.out_features = out_features
06.         self.hidden_size = 64
07.
08.         self.convs = MetaSequential(
09.             self.convBlock(self.in_channels, self.hidden_size, 3),
10.             self.convBlock(self.hidden_size, self.hidden_size, 3),
11.             self.convBlock(self.hidden_size, self.hidden_size, 3),
12.             self.convBlock(self.hidden_size, self.hidden_size, 3),
13.         )
14.
15.         self.linear = MetaLinear(self.hidden_size, self.out_features)
16.
17.     @classmethod
18.     def convBlock(cls, in_channels: int, out_channels: int, kernel_size: int) -> MetaSequential:
19.         return MetaSequential(
20.             MetaConv2d(in_channels, out_channels, kernel_size, padding=1, stride=3),
21.             MetaBatchNorm2d(out_channels, momentum=1.0, track_running_stats=False),
22.             nn.ReLU(),
23.         )
24.
25.     def forward(
26.         self, x: torch.Tensor, params: Optional[collections.OrderedDict] = None
27.     ) -> torch.Tensor:
28.         x_convs = self.convs(x, params=self.get_subdict(params, "convs"))
29.         prob = self.linear(x_convs.flatten(start_dim=1), params=self.get_subdict(params, "linear"))
30.         return prob
```

[Line 1] ConvNet 클래스를 선언합니다. 이때 torch.nn.Module이 아니라 torchmeta.modules.MetaModule을 상속받습니다.

[Line 2-23] 초기화 함수를 선언합니다. 4개의 convolutional 블록과 하나의 linear 레이어로 구성되며 torchmeta에 구현된 것을 사용합니다.

[Line 25-30] 입력된 x와 모델의 파라미터 params에 대한 출력값을 반환합니다.

학습 함수 정의

MAML-reg와 마찬가지로 하나의 에포크는 이중 for 문으로 구성됩니다.

```
01. def train_maml(
02.     device: str,
03.     task_batch_size: int,
04.     task_batch: Dict[str, List[torch.Tensor]],
05.     model: ConvNet,
06.     criterion: nn.CrossEntropyLoss,
07.     optimizer: torch.optim.Adam,
08. ) -> Tuple[float, float]:
09.     model.train()
10.
11.     support_xs = task_batch["train"][0].to(device=device)
12.     support_ys = task_batch["train"][1].to(device=device)
13.     query_xs = task_batch["test"][0].to(device=device)
14.     query_ys = task_batch["test"][1].to(device=device)
15.
16.     outer_loss = torch.tensor(0.0, device=device)
17.     accuracy = torch.tensor(0.0, device=device)
18.
19.     for support_x, support_y, query_x, query_y in zip(support_xs, support_ys, query_xs, query_ys):
20.         support_prob = model(support_x)
21.         inner_loss = criterion(support_prob, support_y)
22.
23.         params = gradient_update_parameters(model, inner_loss, step_size=0.4, first_order=True)
24.
25.         query_prob = model(query_x, params=params)
26.         outer_loss += criterion(query_prob, query_y)
27.
28.         with torch.no_grad():
29.             _, query_pred = torch.max(query_prob, dim=-1)
30.             accuracy += torch.mean(query_pred.eq(query_y).float())
31.
32.     outer_loss.div_(task_batch_size)
33.
```

```
34.        model.zero_grad()
35.        outer_loss.backward()
36.        optimizer.step()
37.
38.        accuracy.div_(task_batch_size)
39.        return accuracy.item(), outer_loss.item()
```

[Line 1~9] train_maml 함수를 선언하고 매개변수로 전달받은 모델을 학습 모드로 전환합니다.

[Line 11~14] task_batch에 포함된 데이터를 support_xs, query_xs, support_ys, query_ys로 나누고 device를 적용합니다.

[Line 16~17] outer_loss와 accuracy의 값을 0으로 초기화합니다.

[Line 19~30] inner loop를 수행합니다. support_x에 대한 prediction과 support_y를 이용해 inner_loss를 계산하고, 이를 통해 업데이트한 가중치를 params에 저장합니다. 획득한 params는 query_x에 대한 prediction을 획득하는 데에 사용되며, 이를 통해 계산된 손실값은 outer_loss에 누적하여 더해집니다.

[Line 32~39] 획득한 outer_loss의 평균값을 통해 모델을 업데이트하고 값을 반환합니다.

테스트 함수 정의

src/meta_sl/opt-based/maml_classification.ipynb

```
01. def test_maml(
02.     device: str,
03.     task_batch_size: int,
04.     task_batch: Dict[str, List[torch.Tensor]],
05.     model: ConvNet,
06.     criterion: nn.CrossEntropyLoss,
07. ) -> Tuple[float, float]:
08.     model.eval()
09.
10.     support_xs = task_batch["train"][0].to(device=device)
11.     support_ys = task_batch["train"][1].to(device=device)
12.     query_xs = task_batch["test"][0].to(device=device)
13.     query_ys = task_batch["test"][1].to(device=device)
14.
15.     outer_loss = torch.tensor(0.0, device=device)
16.     accuracy = torch.tensor(0.0, device=device)
```

```
17.
18.    for support_x, support_y, query_x, query_y in zip(support_xs, support_ys, query_xs, query_ys):
19.        support_prob = model(support_x)
20.        inner_loss = criterion(support_prob, support_y)
21.
22.        params = gradient_update_parameters(model, inner_loss, step_size=0.4, first_order=True)
23.
24.        query_prob = model(query_x, params=params)
25.        outer_loss += criterion(query_prob, query_y)
26.
27.        with torch.no_grad():
28.            _, query_pred = torch.max(query_prob, dim=-1)
29.            accuracy += torch.mean(query_pred.eq(query_y).float())
30.
31.    outer_loss.div_(task_batch_size)
32.    accuracy.div_(task_batch_size)
33.    return accuracy.item(), outer_loss.item()
```

[Line 1~8] test_maml 함수를 선언하고 매개변수로 전달받은 모델을 테스트 모드로 전환합니다.

[Line 10~13] task_batch에 포함된 데이터를 support_xs, query_xs, support_ys, query_ys로 나누고 device를 적용합니다.

[Line 15~16] outer_loss와 accuracy의 값을 0으로 초기화합니다.

[Line 18~29] inner loop를 수행합니다. support_x에 대한 prediction과 support_y를 이용해 inner_loss를 계산하고, 이를 통해 업데이트한 가중치를 params에 저장합니다. 획득한 params는 query_x에 대한 prediction을 획득하는 데에 사용되며, 이를 통해 계산된 손실값은 outer_loss에 누적하여 더해집니다.

[Line 31~33] 획득한 outer_loss의 평균값과 accuracy를 반환합니다. 새로운 가중치를 계산하여 모델에 적용하지 않습니다.

학습과 테스트 실행

이렇게 정의된 모델은 다음 코드와 같이 평균 제곱 오차(MSE: mean-square error) 손실 함수와 Adam 옵티마이저를 사용하여 학습 및 평가됩니다.

```
01. config = {
02.     "folder_name": "dataset",
03.     "download": True,
04.     "num_shots": 5,
05.     "num_ways": 5,
06.     "output_folder": "saved_model",
07.     "task_batch_size": 32,
08.     "num_task_batch_train": 600,
09.     "num_task_batch_test": 200,
10.     "device": "cuda",
11. }
12. train_dataloader, val_dataloader, test_dataloader = get_dataloader(config)
13. model = ConvNet(in_channels=1, out_features=config["num_ways"]).to(device=config["device"])
14. criterion = nn.CrossEntropyLoss()
15. optimizer = torch.optim.Adam(model.parameters(), lr=1e-3)
```

실행 결과

실행 결과를 그림과 같이 보여드리면서 MAML-cls에 대한 설명을 마무리하겠습니다.

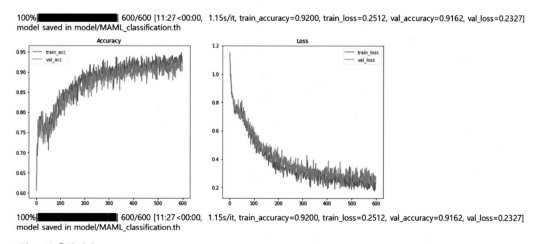

그림 2-29 출력 결과

2.2절 모델 기반 메타러닝, 2.3절 최적화 기반 메타러닝을 통해 우리는 두 가지 메타 지도학습 방법을 살펴봤습니다. 이제 마지막 메타 지도학습 방법인 메트릭 기반 메타러닝을 알아보겠습니다. 앞선 모델 기반, 최적화 기반 방법들은 메타러닝 후 메타 테스트, 즉 빠른 적응(fast adaptation)을 수행할 때 추가적인 경사하강법 학습이 필요했습니다. 기계가 빠르게 학습할 수 있다는 것도 놀라운 일이지만, 만약 추가적인 학습 없이도 새로운 태스크를 잘 풀 수 있는 경우도 있을까요?

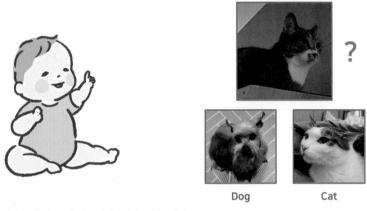

그림 2-30 아기가 이미지 비교를 통해 어떤 이미지인지 맞추는 예시

그림 2-30을 통해 실제 예시를 한번 생각해봅시다. 해당 예시는 개와 고양이 이미지를 한 장씩 아기에게 보여주고 새로운 고양이 사진을 주었을 때 아기가 이 이미지가 무엇인지 맞히는 단순한 예시입니다. 아기는 세상에서 여러 시각적 요소들을 학습하면서 주어진 이미지와 미리 알려준 이미지들을 비교하면서 이것이 고양이라고 맞힐 수 있습니다. 즉, 아기가 이미지를 맞힐 때에는 추가적인 학습보다는 기존에 알려준 이미지들과 비교를 통해 빠르게 바로 고양이의 시각적 특징을 알아차리고 이를 바로 맞히는 것이 가능합니다.

머신러닝에서는 이러한 개념을 통상적으로 메트릭 학습(metric learning)이라고 부릅니다. 많이 알려진 대표적인 메트릭 학습 알고리즘 중 하나는 KNN(K-Nearest Neighbor) 알고리즘이 있습니다. 다음 절에서는 KNN의 개념에 대해서 구체적으로 알아보고, 이 알고리즘이 어떤 장점을 가지고 있는지, 또한 어떤 단점 때문에 단순 KNN이 아닌 메트릭 기반 메타러닝이 왜 필요한지에 대해서 알아보고자 합니다.

2.4.1 KNN과 메트릭 기반 메타러닝

K-Nearest Neighbor 알고리즘

KNN은 머신러닝에서 가장 간단한 지도학습 알고리즘 중 하나입니다. 이 알고리즘은 사전에 라벨이 주어진 데이터가 분포해 있고 사전에 새로운 데이터가 입력으로 들어올 때, 기존 데이터들과 유사성을 판단하여 가장 유사한 카테고리로 새로운 데이터에 라벨을 부여하는 방식을 취합니다. 그림을 통해 조금 더 쉽게 알아보겠습니다.

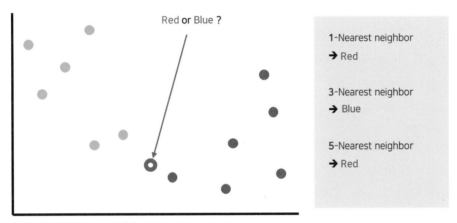

그림 2-31 KNN 알고리즘의 직관적인 예시

그림 2-31은 KNN 알고리즘을 직관적으로 이해할 수 있는 예시를 보여줍니다. 빨간색 포인트 6개와 파란색 포인트 6개가 2차원 공간에 있다고 가정해봅시다. 그림과 같이 새로운 흰색 포인트가 입력으로 들어왔을 때, 이것이 빨간색인지 파란색인지 어떻게 알 수 있을까요? KNN 알고리즘에서는 해당 흰색 포인트와 기존 데이터 8개에 대해 전부 유클리드 거리(Euclidian distance)와 같은 특정 거리 함수(distance function)를 통해 거리를 측정한 뒤 가장 가까운 K개의 포인트의 라벨에 해당하는 카테고리로 라벨을 할당합니다.

그림 2-31을 통해 다시 쉽게 정리하면, K=1인 경우는 가장 가까운 포인트가 빨간색이기 때문에 새로운 포인트는 빨간색 라벨이 할당됩니다. K=3인 경우는 가장 가까운 포인트 3개가 파란색 2개, 빨간색 1개이기 때문에 파란색 라벨이 할당됩니다. K=5인 경우는 빨간색 3개, 파란색 2개이므로 빨간색 라벨이 할당됩니다. 보통 이렇게 하나의 라벨로 할당하기 위해서 K는 짝수보다는 홀수를 많이 사용하게 됩니다.

KNN 알고리즘은 복잡한 학습 과정 없이 바로 메트릭 측정을 통해서 라벨을 할당할 수 있기 때문에 간단하면서도 강력한 알고리즘이라고 할 수 있습니다. 특히 저차원 데이터를 다루는 지도학습 문제에서 KNN 알고리즘은 매우 많이 활용되고 있습니다. 학습 과정이 명시적으로 따로 없고, 데이터를 로드한 후, 바로 테스트를 하기 때문에 KNN 알고리즘은 게으른 학습자(lazy learner)라고도 불리며, 학습 파라미터가 따로 없기 때문에 비모수 학습자(non-parametric learner)라고도 불립니다. 따라서, 이러한 메트릭 기반의 알고리즘을 사용하는 메트릭 기반 메타러닝은 비모수 메타러닝(non-parametric meta-learning)이라고도 말하기도 합니다.

특히 KNN 알고리즘의 학습 파라미터가 따로 없는 비모수 학습이라는 특성은 매우 강력하고 효율적이지만 이미지, 오디오, 텍스트 등 고차원의 비정형 데이터(high-dimensioanl unstructed data)를 다룰 때에는 잘 작동하지 않습니다. 그 이유는 이미지와 같은 고차원 데이터들을 픽셀끼리 비교하여 거리를 구해야 하는데 같은 라벨의 이미지라도 복잡한 고차원의 데이터들이 의미상 유의미한 공간에 있지 않기 때문에 의미적으로 가깝다고 생각되는 샘플들 간의 거리는 먼 경우가 많습니다.

예를 들어 한 남성이 골프 스윙을 하는 그림 2-32를 통해 해당 문제를 살펴봅시다. 왼쪽 3장 이미지는 고차원 이미지 데이터를 선형 보간(linear interpolation)한 예시입니다. 첫번째 세번째 이미지 데이터를 그대로 평균을 취할 때 우리는 의미적으로 두번째 이미지에서 골프 스윙을 위한 골프채가 첫번째 세번째의 중간 지점의 각도로 나오기를 나오기를 기대합니다. 하지만 고차원 이미지 데이터를 이렇게 그대로 선형 보간 했을 경우 우리가 원하는 이미지가 나오지 않습니다. 반면, 오른쪽 세 이미지는 어떤 매니폴드 가정(manifold hypothesis)을 통해 어떤 잠재 공간(latent space)을 학습했을 때의 예시입니다. 이 예시를 보시면 매니폴드 보간(manifold interpolation)을 했을 때 똑같은 세팅에서 중간 이미지가 우리가 예측하는 의미적으로 올바른 이미지가 나오는 것을 볼 수 있습니다.

linear interpolation   manifold interpolation

그림 2-32 고차원 이미지에 대한 보간(interpolation) 예시(출처: Advanced Machine Perception, CMU)

그렇다면 이미지와 같은 고차원 데이터에 대해도 잘 작동하는 KNN 알고리즘을 만들어볼 수는 없을까요? 이번 절에서 살펴볼 메트릭 기반 메타러닝이 그것을 가능하게 합니다. 메트릭 기반 메타러닝에 대해 조금 더 자세히 알아보겠습니다.

메트릭 기반 메타러닝

본격적으로 메트릭 기반 메타러닝의 개념에 대해 알아보겠습니다. 메트릭 기반 메타러닝에서 학습하고자 하는 학습 방법은 다양한 태스크에 사용할 수 있는 좋은 특징 공간(feature space)입니다. 즉, 메트릭 기반 메타러닝은 새로운 태스크를 잘 활용할 수 있는 유용한 매니폴드 공간을 학습하는 것을 목표로 합니다. 즉, 우리는 이 방법에서 그림 2-33에서 직관적으로 알 수 있듯이 i번째 태스크에서 $\mathcal{D}_i^{\text{test}}$ Query set의 입력 x^{test}가 주어졌을 때 $\mathcal{D}_i^{\text{train}}$ Support set에 있는 데이터 중 같은 라벨을 갖고 있는 데이터끼리는 가깝게 임베딩되는 어떤 매니폴드 공간을 학습하고자 합니다.

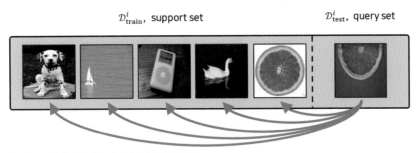

그림 2-33 i번째 태스크 내 메트릭 기반 메타러닝의 직관적 예시

즉, 메트릭 기반 방법은 같은 라벨을 갖는 Support set과 Query set의 데이터 쌍이 비슷한 매니폴드 공간에 임베딩 되는 메타러닝을 수행하며, 새로운 태스크가 들어왔을 때도 학습과정에 이를 보지 못했더라도, 같은 라벨의 데이터 쌍은 비슷한 공간에 임베딩 되도록 합니다. 여기서 메트릭 기반 방법과 모델 기반 방법과 크게 다른 점 중 하나는, 메트릭 기반 방법은 메타 테스트 시, 학습 모델이 새로운 태스크에 대한 정보들을 따로 추가 학습하지 않는다는 점입니다. 즉, 메타러닝을 진행한 이후에 퓨샷 학습을 수행할 때, 추가적인 파라미터의 변경없이 임베딩만 수행하며, 바로 Query set의 데이터와 Support set 데이터들의 임베딩을 비교하여 가장 가까운 Support set 임베딩 포인트의 라벨을 Query set 데이터에 할당하게 됩니다. 따라서 앞서 설명한 것처럼 메트릭 기반 방법을 비모수 방법(non-parametric method)이라고 부르기도 합니다. 조금 더 구체적으로 메트릭 기반 방법을 표현하기 위해 식 2.34를 통해 메트릭 기반 방법을 정의해보겠습니다.

$$p_\theta\left(x, \mathcal{D}_{T_j}^{support}\right) = \sum_{(x_i, y_i) \in D_{T_j}^{support}} k_\theta(x, x_i) y_i \qquad (2.34)$$

위 식에서 y_i는 Support set의 i번째 데이터의 라벨이며, k_θ는 신경망 파라미터 θ를 통해 유사도를 측정하는 커널 함수(similarity kernel function)입니다. 이를 통해 우리는 Support set의 임베딩 데이터 x_i와 Query set 임베딩 데이터 x의 거리를 측정할 수 있습니다. 즉, 메트릭 기반 방법은 클래스에 대한 확률 분포 p_θ를 유사도 커널 함수를 통해 계산하게 됩니다.

이제 본격적으로 알고리즘들을 살펴볼 것입니다. 먼저 비교적 간단한 Siamese 네트워크를 살펴보겠습니다. 그 이후에는 조금 더 복잡한 모델인 Matching 네트워크까지 알아보겠습니다.

Siamese 네트워크

먼저 살펴볼 메트릭 기반 메타러닝 알고리즘은 Siamese 네트워크(Koch et al., 2015)입니다. Siamese 네트워크는 Bromley와 Lecun에 의해 1993년에 처음 소개되었습니다. '샴쌍둥이'라는 말을 아시나요? 샴쌍둥이는 두 동물이나 사람이 하나의 몸을 공유하는 형태를 말합니다. 즉, Siamese 네트워크는 샴쌍둥이에서 영감을 받은 네트워크입니다. Siamese 네트워크는 서로 다른 두 입력을 별개로 받아들이며, 상단의 어떤 에너지 함수(energy function)에 의해 결합됩니다. 구체적으로 이 에너지 함수는 어떤 메트릭을 계산하는 함수이며 두 입력을 임베딩하여 그 거리를 측정하는 역할을 합니다.

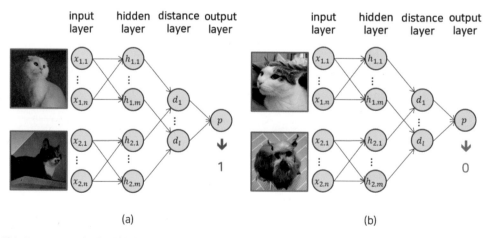

그림 2-34 Siamese 네트워크 학습의 구체적 예시

구체적인 예시를 그림 2-34를 통해 알아봅시다. 앞서 설명한 대로 Siamese 네트워크는 두 개의 입력을 받습니다. 그런데 일반적인 이미지 분류와 다르게 입력의 라벨은 여러 라벨에 대한 원핫 인코딩(one-hot encoding)으로 주어지는 게 아니라 두 이미지가 같은지 다른지에 대한 이진 라벨(binary label)이 주어집니다. 즉, 그림 2-34를 보면 왼쪽의 경우 고양이 이미지가 두 장 들어오므로 두 이미지는 같으므로 라벨은 1이 됩니다. 반대로 오른쪽 그림은 서로 다른 개, 고양이 입력이 들어오므로 두 이미지는 다르기 때문에 라벨은 0이 됩니다. 각각의 이미지가 Siamese 네트워크를 통해 학습이 되며, 최종적으로 같은 이미지는 가깝도록, 다른 이미지는 서로 멀도록 임베딩이 됩니다. 이러한 Siamese 네트워크의 학습 원리를 메타러닝과 원샷 학습에 적용할 수 있습니다. 구체적으로 이를 메타러닝, 원샷 학습에 적용한 Siamese 네트워크에 대해 알아보겠습니다.

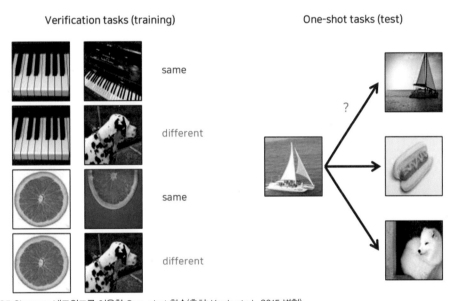

그림 2-35 Siamese 네트워크를 이용한 One-shot 학습(출처: Koch et al., 2015 변형)

그림 2-35는 Siamese 네트워크의 메타러닝을 보여줍니다. 그림에서 'Verfication tasks'는 학습 시 데이터 세팅을 보여줍니다. 이미지나 오디오 데이터와 같은 비정형 데이터 대해 각각 같은 클래스의 데이터는 'Same' 또는 1, 다른 클래스의 데이터는 'different' 또는 0이라고 라벨을 할당할 수 있습니다. 이렇게 Siamese 네트워크를 학습하고 나면 새로운 태스크들에 대해 추가 학습 없이 바로 테스트를 수행할 수 있습니다. 두 입력의 임베딩에 대한 분류 문제이므로 학습 목적 함수인 식 2.35와 같은

이진 교차 엔트로피 함수(binary cross entropy)로 학습할 수 있습니다. 여기서 마지막 $\lambda|\mathbf{w}|^2$는 과적합(overfitting)을 완화하기 위한 L2 정규화(L2 regularization) 항입니다.

$$L\left(x_1^{(i)},\ x_2^{(i)}\right)=y\left(x_1^{(i)},\ x_2^{(i)}\right)\log \mathbf{p}\left(x_1^{(i)},\ x_2^{(i)}\right)+$$
$$\left(1-\mathbf{y}\left(x_1^{(i)},\ x_2^{(i)}\right)\right)\log \left(1-\mathbf{p}\left(x_1^{(i)},\ x_2^{(i)}\right)\right)+\lambda|\mathbf{w}|^2$$

(2.35)

우리가 알고 있는 N-way K-shot 학습의 관점에서 보면 Siamese 네트워크는 두 장의 이미지만으로 메트릭 학습을 진행하므로 5-way 1-shot 학습이나 20-way 5-shot 등의 학습은 불가능합니다. 그렇다면 실제로 이렇게 여러 클래스에 대한 메트릭 학습이 가능한 알고리즘들도 있을까요? 앞으로 살펴볼 Matching 네트워크와 Prototypical 네트워크가 그것을 가능하게 합니다. 본격적으로 Matching 네트워크부터 살펴보겠습니다.

2.4.2 Matching 네트워크

Matching 네트워크(Vinyals et al., 2016)는 알파스타 프로젝트를 이끌기도 했던 딥마인드의 유명 연구자인 Oriol Vinyals이 NIPS 2016에서 발표한 논문 〈Matching Networks for One Shot Learning〉을 통해 세상에 알려지게 되었습니다. Matching 네트워크는 Siamese 네트워크와는 다르게 5-way 1-shot 학습 등 다중 클래스에 대한 퓨샷 학습(few-shot learning)이 가능한 모델입니다. 우선 Matching 네트워크의 목적 함수에 대해 살펴보고, 전체적인 학습 전략 및 아키텍처를 알아보도록 하겠습니다.

Matching 네트워크 목적함수

우선 메타 지도학습에서의 태스크에 대해 다시 한번 살펴봅시다. 그림 2-36은 앞서 살펴본 메타 데이터셋에서의 태스크 개념을 보여줍니다. 그림에서 알 수 있듯이 하나의 태스크는 $\mathcal{D}^{train}$ Support set과 $\mathcal{D}^{test}$ Query set으로 나뉩니다. Matching 네트워크가 풀고자하는 문제에 대한 목적 함수를 명확히 하고 설명하기 위해 수식 정리를 다음 표 2-2와 같이 미리 새롭게 정리하겠습니다.

표 2-2 Matching 네트워크 목적함수의 수식과 의미

수식	의미
x, y	Query set의 입력과 라벨
x_i	Support set의 i번째 인스턴스
S	Support set
B	Query set 배치(batch)
L	샘플링된 라벨 집합
T	태스크 집합
θ	학습 파라미터

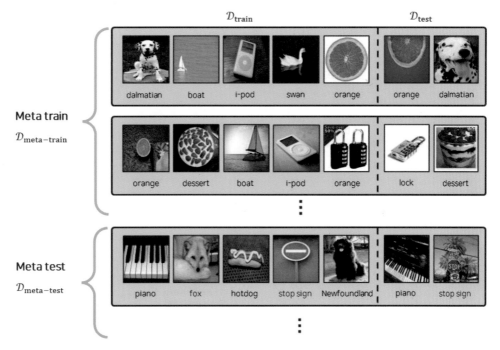

그림 2-36 태스크 개념 및 메타 데이터셋(출처: Optimization as a model for few-shot learning, Ravi et al., ICLR 2017 변형)

식 2.36은 Matching 네트워크의 학습 목적 함수를 보여줍니다. 구체적으로 수식에 대해 설명해보 겠습니다. 우선 argmax 안에 나오는 첫번째 기댓값 $\mathbb{E}_{L \sim T}$은 태스크 집합 T에서 라벨 집합 L을 샘 플링하여 기댓값을 계산하겠다는 의미입니다. 그 안의 기댓값 $\mathbb{E}_{S \sim L, B \sim L}$은 샘플링된 라벨 집합 L에 서 Support set S와 Query set 배치 B를 샘플링하겠다는 의미입니다. 즉, 태스크 내의 Support set,

Query set을 학습하여 해당 정보 값들의 기댓값을 구하겠다는 의미입니다. 앞서 살펴본 메타러닝에서의 태스크 개념과 크게 다르지 않습니다. 마지막 맨 안쪽의 $\sum_{(x,y)\in B} \log P_\theta(y|x, S)$는 Query set 데이터 x와 Support set S가 주어졌을 때 해당 데이터의 라벨 y의 확률을 의미합니다. 즉 전체 수식은 일반적인 최대우도추정(maximum likelihood estimation) 문제를 풀겠다는 의미와 동일합니다.

$$\theta = \underset{\theta}{\arg\max}\, \mathbb{E}_{L \sim T}\left[\mathbb{E}_{S \sim L, B \sim L}\left[\sum_{(x,y)\in B} \log P_\theta(y|x, S)\right]\right] \tag{2.36}$$

정리하면, Matching 네트워크에서 풀고자 하는 문제는 기존의 일반적인 머신러닝과 크게 다르지 않은 최대우도추정 문제를 푸는 것입니다. 다만, 태스크를 샘플링하고, 그 태스크 내의 라벨 집합을 샘플링하여 Support set과 Query set을 이용해서 학습을 하는 것에 차이가 있습니다. 이제 구체적으로 Matching 네트워크의 학습 구조를 구체적으로 알아보겠습니다.

Matching 네트워크 아키텍처

앞서 우리는 Matching 네트워크가 풀고자 하는 문제에 대한 목적함수를 알아봤습니다. 그렇다면 구체적으로 Matching 네트워크의 학습 구조, 즉 아키텍처는 어떻게 될까요?

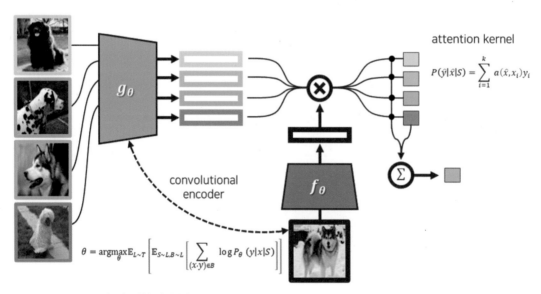

그림 2-37 Matching 네트워크 학습 아키텍처

그림 2-37은 Matching 네트워크의 전반적인 학습 구조를 보여줍니다. 이 그림에서는 여러 종의 개 사진이 주어지고 해당 견종을 맞히는 문제를 가정하고 있습니다. 왼쪽 4장의 사진은 Support set S를 의미하며, 아래 사진 1장은 Query set B를 의미합니다. g_θ는 어떤 임베딩 함수로서 컨볼루션 인코더 (convolutional encoder) 구조로 되어 있습니다. f_θ 역시 어떤 임베딩 함수이며 마찬가지로 컨볼루션 인코더입니다. g_θ와 f_θ는 서로 파라미터 공유를 하는 하나의 인코더라고 생각해도 좋습니다. 추가로 각 컨볼루션 인코더 다음에는 LSTM 계열의 아키텍처 구조가 추가되어 컨텍스트 임베딩을 수행하게 됩니다. 이는 뒤에 Matching 네트워크 학습 과정에서 자세히 다룰 것입니다.

$$a(\hat{x}, x_i) = \frac{e^{c(f(\hat{x}), g(x_i))}}{\sum_{j=1}^{k} e^{c(f(\hat{x}), g(x_j))}}$$
(2.37)

Support set을 임베딩한 g_θ와 Query set을 임베딩한 f_θ에서 나온 각각의 출력 $g(x_i)$와 $f(\hat{x})$에 대해 $a(\hat{x}, x_i)$라는 어텐션 커널을 통해 $P(\hat{y}|\hat{x}, S) = \sum_{i=1}^{k} a(\hat{x}, x_i) y_i$와 같이 라벨의 확률을 예측하게 됩니다. 식 2.37은 어텐션 커널 $a(\hat{x}, x_i)$의 계산과정을 보여줍니다. 어텐션 커널 $a(\hat{x}, x_i)$은 코사인 유사도 $c(\cdot, \cdot)$에 대한 소프트맥스 함수(softmax function)를 적용합니다. 그럼 조금 더 자세히 Matching 네트워크의 학습 과정에 대해 살펴보겠습니다.

Matching 네트워크 학습 과정과 완전 컨텍스트 임베딩

이번에는 자세한 Matching 네트워크 학습과정을 알아보겠습니다. 먼저 Support set S을 임베딩하는 과정을 살펴보겠습니다. 하나의 태스크가 주어졌을 때 Query set과 비교하기 위한 Support을 유의미하게 임베딩하려면 어떻게 해야 할까요? 단순한 컨볼루션 인코더 g를 가정하고, 각 Support set의 데이터를 독립적으로 임베딩하는 것도 나쁘진 않지만, 우리는 각 태스크의 의미 있는 맥락 정보들, 즉 컨텍스트를 반영하여 임베딩할 수 있으면 더 좋은 성능을 기대할 수 있습니다. Matching 네트워크는 이러한 기능을 구현하기 위해 완전 컨텍스트 임베딩(full context embedding)을 제안했습니다. 완전 컨텍스트 임베딩은 단순 VGGNet(Simonyan et al., 2014)이나 Inception(Szegedy et al., 2014)과 같은 컨볼루션 인코더 g'에 추가로 양방향 LSTM(bidirectional LSTM)을 도입하여 Support set 내의 모든 데이터의 컨텍스트를 반영한 임베딩 전략입니다. 그림을 통해 좀 더 자세히 알아보겠습니다.

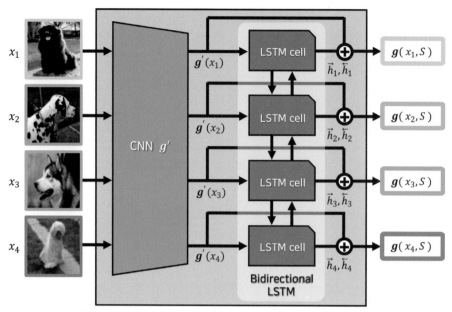

그림 2-38 Support set 임베딩 함수 g'의 완전 컨텍스트 임베딩 구조

그림 2-38은 Support set 임베딩 함수 g'에 대한 완전 컨텍스트 임베딩(fully context embedding) 구조를 보여줍니다. 우선 컨볼루션 인코더 g'에 각 Support set 데이터를 넣어 독립적인 임베딩 $g'(x_i)$를 출력합니다. 이후 각 임베딩의 컨텍스트를 반영하기 위해 이 임베딩 $g'(x_i)$를 양방향 LSTM에 입력으로 넣어 순방향일 때의 은닉 변수 $\vec{h}_i$와 역방향일 때의 은닉 변수 $\overleftarrow{h}_i$를 각각 계산합니다. 그림의 예시에서는 Support set의 데이터가 4개이기 때문에 총 4단계로 은닉 변수가 계산이 됩니다.

$$\vec{h}_i, \ \vec{c}_i = \text{LSTM}\big(g'(x_i), \ \vec{h}_{i+1}, \ \vec{c}_{i+1}\big) \tag{2.38}$$

$$\overleftarrow{h}_i, \ \overleftarrow{c}_i = \text{LSTM}\big(g'(x_i), \ \overleftarrow{h}_{i+1}, \ \overleftarrow{c}_{i+1}\big) \tag{2.39}$$

$$g(x_i, \ S)\vec{h}_i + \overleftarrow{h}_i + g'(x_i) \tag{2.40}$$

이를 수식으로 표현해보면 위 수식들과 같습니다. 먼저 순방향 LSTM에 대해서는 식 2.38과 같이 컨볼루션 인코더 출력값 $g'(x_i)$와 이전 스텝의 은닉 변수 $\vec{h}_{i+1}$와 셀 상태 $\vec{c}_{i+1}$가 입력으로 주어져 현재 스텝의 은닉 변수 $\vec{h}_i$와 셀 상태 $\vec{c}_i$를 출력합니다. 마찬가지로 역방향 LSTM에 대해서는 식 2.39와 같이 컨볼루션 인코더 출력값 $g'(x_i)$와 역방향이므로 다음 스텝의 은닉 변수 $\overleftarrow{h}_{i+1}$와 셀 상태 $\overleftarrow{c}_{i+1}$가 입력으로 주어져 현재 스텝의 은닉 변수 $\vec{h}_i$와 셀 상태 $\vec{c}_i$를 출력합니다. 최종적인 Support set S의 컨텍스트를 반영한 임베딩 $g'(x_i, S)$은 식 2.40과 같이 식 2.38과 식 2.39에서 구한 각 은닉변수 $\vec{h}_i$, $\vec{h}_i$를 컨볼루션 인코더 출력값 $g'(x_i)$와 모두 더함으로써 계산하게 됩니다.

우리는 Support set S에 대한 완전 컨텍스트 임베딩을 살펴봤습니다. 마찬가지로 이를 활용한 Query set B에 대한 완전 컨텍스트 임베딩도 살펴보겠습니다. Query set 임베딩 역시 다소 복잡하므로 천천히 하나씩 살펴보겠습니다.

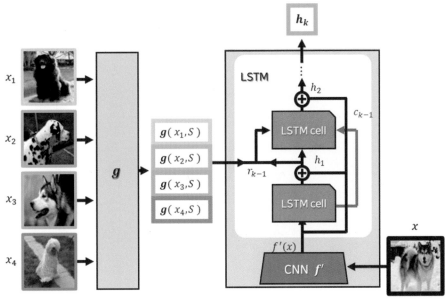

그림 2-39 Query set 임베딩 함수 f의 완전 컨텍스트 임베딩 구조

그림 2-39는 Query set 임베딩 함수 g의 완전 컨텍스트 임베딩 구조를 보여줍니다. 조금 어려우시더라도 그림과 설명을 비교해보면서 천천히 이해해보시길 바랍니다. 하나씩 살펴보겠습니다.

우선 Query set도 Support set의 컨볼루션 인코더 g'와 마찬가지로 컨볼루션 인코더 f'가 있습니다. 이는 g'와 같은 동일한 네트워크라고 생각해도 됩니다. Query set에 대한 완전 컨텍스트 임베딩 목적은 Support set의 완전 컨텍스트 임베딩에 대해 어떤 커널 함수(kernel function)를 통하여 좋은 매핑을 찾아 하나의 데이터만으로도 그 클래스의 확률 $P(\hat{y}|\hat{x}, S)$를 최대화하는 것입니다. 앞서 Support set S에 대한 완전 컨텍스트 임베딩 $g(x_i, S)$를 계산했습니다. 이는 그림 2-38에 간략하게 표현되어 있습니다. 이제 Query set 데이터 x를 임베딩할 차례입니다.

우선 Query set에 대한 컨볼루션 인코더 f'에 의해 $f'(x)$를 출력합니다. 이 값은 첫 번째 LSTM 셀에 입력됩니다. 지금부터 설명할 LSTM 동작 과정은 총 K번 수행되게 됩니다. 따라서 수식에는 일반화 하기 위해 k번째 스텝에 대한 수식으로 표현했습니다. 설명에 등장할 모든 변수(예—h_0, r_0, c_0)들은 처음에는 임의의 값으로 초기화됩니다. 설명을 용이하게 하기 위해 스텝($k=1$)을 기준으로 설명하 겠습니다. 먼저 LSTM 셀에서 식 2.41을 이용하여 $\hat{h}_1$, $c_1=\text{LSTM}(f'(\hat{x}), [h_0, r_0], c_0)$을 출력합니다. 이후 출력값 $\hat{h}_1$에 $f'(\hat{x})$를 더하여 식 2.42를 이용하여 같이 $h_1=\hat{h}_1+f'(\hat{x})$을 계산합니다.

$$\hat{h}_k, c_k=\text{LSTM}(f'(\hat{x}), [h_{k-1}, r_{k-1}], c_{k-1}) \tag{2.41}$$

$$h_k=\hat{h}_k+f'(\hat{x}) \tag{2.42}$$

다음은 어텐션 커널을 통해 Support set 임베딩과 Query set 임베딩의 유사도를 계산합니다. 우리는 앞서 구한 h_1과 미리 계산된 완전 컨텍스트 임베딩 $g(x_i, S)$ 간의 유사도를 구할 수 있습니다. 본 논문 에서는 코사인 유사도로 이를 계산하고 소프트맥스를 적용하며, 이는 식 2.43과 같이 계산할 수 있 습니다.

$$a(h_k, g(x_i))=\text{softmax}(h_k^T g(x_i, S)) \tag{2.43}$$

$$r_k=\sum_{i=1}^{|S|}a(h_k, g(x_i, S))g(x_i, S) \tag{2.44}$$

다음은 읽기 어텐션(read-attention) 벡터 r_1을 구합니다. 미리 계산된 완전 컨텍스트 임베딩 $g(x_i, S)$는 앞서 살펴본 MANN의 외부 메모리(external memory)와 같은 기능을 한다고도 볼 수 있습니다. 따라서 식 2.44와 같이 우리는 $a(h_1, g(x_i))$를 가중치로 생각한다면 컨텍스트 벡터 $g(x_i, S)$의 가중합으로 읽기 어텐션 벡터 $r_1=\sum_{i=1}^{|S|}a(h_k, g(x_i, S))g(x_i, S)$를 계산할 수 있습니다.

이후 다시 한번 LSTM 셀을 통해 식 2.41과 같이 $\hat{h}_2$, $c_2=\text{LSTM}(f'(\hat{x}), [h_1, r_1], c_1)$가 계산되고, 식 2.42와 같이 컨볼루션 인코더의 출력값 $f'(\hat{x})$를 더하여 $h_2=\hat{h}_2+f'(\hat{x})$을 계산합니다. 위의 과정 이 총 K번 진행되므로 최종 출력값은 $f(\hat{x}, S)=h_K$와 같이 표현됩니다.

다소 어려울 수 있는 Matching 네트워크의 내부 동작에 대해 알아봤습니다. 이러한 복잡한 내부 동작을 통해 식 2.36과 같은 최대우도추정(maximum likelihood estimation) 문제를 풀게 됩니다. 분류 문제라면 손실 함수는 교차 엔트로피(cross entropy) 손실 함수를 사용하게 됩니다. 이제 실제 Matching 네트워크를 구현해보면서 조금 더 개념을 명확히 해보겠습니다.

2.4.3 실습: Matching 네트워크 구현

이번 절에서는 Matching 네트워크의 실제 코드를 살펴보도록 하겠습니다. 우리에게 익숙한 Omniglot 데이터셋에 대하여 퓨샷(few-shot) 분류를 Matching 네트워크를 통해 구현해보겠습니다.

모델 정의

우선 첫 번째로 Matching 네트워크의 모델 정의 부분을 살펴보겠습니다. 모델 정의 파트가 꽤 길지만 모델 클래스의 생성자부터 차근차근 확인해보겠습니다.

src/meta_sl/metric-based/matching_network.ipynb

```python
01. class MatchingNet(nn.Module):
02.     def __init__(self, in_channels: int, num_ways: int, num_shots: int) -> None:
03.         super(MatchingNet, self).__init__()
04.         self.in_channels = in_channels
05.         self.emb_size = 64
06.         self.conv_hidden = 64
07.         self.num_ways = num_ways
08.         self.num_support = num_ways * num_shots
09.
10.         self.cnn = nn.Sequential(
11.             self.convBlock(self.in_channels, self.emb_size, 3),  # 14
12.             self.convBlock(self.emb_size, self.emb_size, 3),  # 7
13.             self.convBlock(self.emb_size, self.emb_size, 3),  # 3
14.             self.convBlock(self.emb_size, self.emb_size, 3),  # 1
15.             nn.Flatten(start_dim=1),
16.             nn.Linear(self.emb_size, self.emb_size),
17.         )
18.         self.bilstm = nn.LSTM(
19.             input_size=self.emb_size,
```

```
20.             num_layers=self.num_support,
21.             hidden_size=self.emb_size,
22.             bidirectional=True,
23.             batch_first=True,
24.         )
25.
26.         self.lstm_cell = nn.LSTMCell(input_size=self.emb_size, hidden_size=self.emb_size)
27.
28.     @classmethod
29.     def convBlock(cls, in_channels: int, out_channels: int, kernel_size: int) -> nn.Sequential:
30.         return nn.Sequential(
31.             nn.Conv2d(in_channels, out_channels, kernel_size, padding=1),
32.             nn.BatchNorm2d(out_channels, momentum=1.0, track_running_stats=False),
33.             nn.ReLU(),
34.             nn.MaxPool2d(2),
35.         )
36.
37.     def g(self, support_x: torch.Tensor) -> torch.Tensor:
38.         batch_size = support_x.shape[0]
39.         support_cnn = self.cnn(support_x.flatten(start_dim=0, end_dim=1)).unflatten(
40.             dim=0, sizes=[batch_size, self.num_support]
41.         )
42.         support_bilstm, _ = self.bilstm(support_cnn)
43.         support_bilstm_for, support_bilstm_rev = torch.tensor_split(support_bilstm, 2, dim=-1)
44.         return support_bilstm_for + support_bilstm_rev + support_cnn
45.
46.     def read_out(self, hidden: torch.Tensor, support_emb: torch.Tensor) -> torch.Tensor:
47.         num_query = int(hidden.shape[0] / support_emb.shape[0])
48.         support_emb_repeat = support_emb.repeat(
49.             num_query, 1, 1
50.         )  # batch_size * num_query, num_support, emb_size
51.         hidden_T = hidden.unsqueeze(-1)  # batch_size * num_query, emb_size, 1
52.
53.         attention = F.softmax(
54.             torch.bmm(support_emb_repeat, hidden_T)
55.         )  # batch_size * num_query, num_support, 1
56.         support_emb_att = (
57.             support_emb_repeat * attention
58.         )  # batch_size * num_query, num_support, emb_size
```

```
59.         return support_emb_att.sum(1)  # batch_size * num_query, emb_size
60.
61.     def f(self, query_x: torch.Tensor, support_emb: torch.Tensor) -> torch.Tensor:
62.         query_cnn = self.cnn(query_x.flatten(start_dim=0, end_dim=1))
63.         hidden_state = query_cnn.new_zeros(query_cnn.shape)
64.         read_out = query_cnn.new_zeros(query_cnn.shape)
65.         cell_state = query_cnn.new_zeros(query_cnn.shape)
66.
67.         for _ in range(10):
68.             hidden_state, cell_state = self.lstm_cell(query_cnn, (hidden_state + read_out, cell_state))
69.             hidden_state = hidden_state + query_cnn
70.             read_out = self.read_out(hidden_state, support_emb)
71.
72.         query_emb = hidden_state.unflatten(dim=0, sizes=[query_x.shape[0], query_x.shape[1]])
73.         return query_emb
74.
75.     def forward(
76.         self, support_x: torch.Tensor, query_x: torch.Tensor
77.     ) -> Tuple[torch.Tensor, torch.Tensor]:
78.         support_emb = self.g(support_x)  # batch_size, num_support, emb_size
79.         query_emb = self.f(query_x, support_emb)  # batch_size, num_query, emb_size
80.         return support_emb, query_emb
```

[Line 1-26] ConvNet 클래스와 초기화 함수를 선언합니다. 생성자에서는 support set과 query set을 입력으로 받아 1차로 임베딩하는 합성곱 신경망 모듈(self.cnn), support set을 최종적으로 임베딩하는 양방향 LSTM 모듈(self.bilstm), 그리고 query set을 임베딩하는 LSTM 모듈(self.lstm_cell)을 선언합니다.

[Line 28-35] 합성곱 레이어와 batch normalization, ReLU 활성함수, 그리고 max pooling으로 구성된 컨볼루션 블록을 반환합니다.

[Line 37-44] 함수 g는 Support set을 입력으로 받아 합성곱 모듈과 양방향 LSTM 모듈에 통과시켜 Support set에 대한 임베딩을 생성합니다.

[Line 46-59] hidden state와 support set 데이터 간의 코사인 유사도를 기반으로 attention을 계산하는 read_out 함수입니다.

[Line 61-73] 함수 f는 Query set과 g를 통해 획득한 Support set의 임베딩을 입력으로 받습니다. Query set 또한 합성곱 모듈을 먼저 통과하며, 이후 Support set과의 코사인 유사도를 기반으로 획득한 read-out 벡터와 함께 LSTM 모듈을 거쳐 Query set 임베딩으로 반환됩니다.

[Line 75-80] support_x와 query_x를 입력으로 받아 각각의 임베딩을 반환합니다.

확률 계산 함수 정의

앞에서 살펴본 것처럼 Matching 네트워크는 각 데이터를 적절한 매니폴드 공간으로 배치하는 임베딩을 수행합니다. 여기서 획득한 Support set 임베딩과 Query set 임베딩을 비교하여 실질적인 분류를 하기 위해서는 다음과 같은 `get_probability` 함수가 필요합니다.

src/meta_sl/metric-based/matching_network.ipynb

```python
01. def get_probability(
02.     support_emb: torch.Tensor, query_emb: torch.Tensor, support_y, num_ways: int
03. ) -> torch.Tensor:
04.     batch_size = support_emb.shape[0]
05.     num_support = support_emb.shape[1]
06.     num_query = query_emb.shape[1]
07.
08.     query_emb_repeat = query_emb.unsqueeze(2).repeat(
09.         1, 1, num_support, 1
10.     )  # batch_size, num_query, num_support, emb_size
11.     support_emb_repeat = support_emb.unsqueeze(1).repeat(
12.         1, num_query, 1, 1
13.     )  # batch_size, num_query, num_support, emb_size
14.
15.     similarity = F.cosine_similarity(
16.         support_emb_repeat, query_emb_repeat, dim=-1, eps=1e-8
17.     )  # batch_size, num_query, num_support
18.     attention = F.softmax(similarity, dim=-1)  # batch_size, num_query, num_support
19.     indices = support_y.unsqueeze(1).expand(-1, num_query, -1)  # batch_size, num_query, num_support
20.
21.     prob = attention.new_zeros((batch_size, num_query, num_ways))
22.     prob.scatter_add_(-1, indices, attention)  # batch_size, num_query, num_ways
23.     return prob
```

[Line 1-3] `get_probability` 함수를 선언합니다. support set 임베딩과 query set 임베딩, support set에 대한 정답 라벨, 그리고 태스크를 구성하는 클래스의 수를 입력으로 받습니다.

[Line 4-6] 매개변수로 받은 데이터의 shape를 통해 배치의 크기(`batch_size`), support 데이터의 수(`num_support`), 쿼리 데이터의 수(`num_query`)를 획득합니다.

[Line 8-19] support set 임베딩과 query set 임베딩의 코사인 유사도를 계산하여 similarity를 획득하고 여기에 softmax를 적용하여 attention을 계산합니다.

[Line 21-23] attention을 기반으로 query set의 데이터가 각 클래스에 속할 확률을 계산하여 반환합니다.

학습 함수 정의

이제 모델을 사용할 준비가 다 되었습니다. 학습/검증/테스트 함수는 일반적인 지도학습 모델과 동일하게 작성됩니다.

src/meta_sl/metric-based/matching_network.ipynb

```python
01. def train_matching(
02.     num_ways: int,
03.     device: str,
04.     task_batch: Dict[str, List[torch.Tensor]],
05.     model: MatchingNet,
06.     criterion: nn.CrossEntropyLoss,
07.     optimizer: torch.optim.Adam,
08. ) -> Tuple[float, float]:
09.     model.train()
10.
11.     support_xs = task_batch["train"][0].to(device=device)
12.     support_ys = task_batch["train"][1].to(device=device)
13.     query_xs = task_batch["test"][0].to(device=device)
14.     query_ys = task_batch["test"][1].to(device=device)
15.
16.     accuracy = torch.tensor(0.0, device=device)
17.
18.     support_emb, query_emb = model(support_xs, query_xs)
19.     query_prob = get_probability(support_emb, query_emb, support_ys, num_ways)
20.
21.     query_prob_flat = query_prob.flatten(start_dim=0, end_dim=1)
22.     query_ys_flat = query_ys.flatten()
23.     loss = criterion(query_prob_flat, query_ys_flat)
24.
25.     model.zero_grad()
26.     loss.backward()
27.     optimizer.step()
28.
```

```
29.    with torch.no_grad():
30.        _, query_pred = torch.max(query_prob, dim=-1)
31.        accuracy = torch.mean(query_pred.eq(query_ys).float())
32.    return accuracy.item(), loss.item()
```

[Line 1~9] train_maching 함수를 선언하고 매개변수로 전달받은 모델을 학습 모드로 전환합니다.

[Line 11~14] task_batch에 포함된 데이터를 support_xs, query_xs, support_ys, query_ys로 나누고 device를 적용합니다.

[Line 16] accuracy의 값을 0으로 초기화합니다.

[Line 18~19] few-shot classification에 대한 prediction을 계산합니다. 모델로부터 support 데이터 임베딩과 query 데이터 임베딩을 획득하고 앞서 선언한 get_probability 함수를 이용해 query가 어느 클래스에 속하는지에 대한 예측 (query_prob)까지 얻습니다.

[Line 21~23] 위에서 획득한 query_prob과 query_ys에 torch.Tensor.flatten()을 적용하고 손실값을 계산합니다.

[Line 25~27] 손실값을 기반으로 모델의 가중치를 업데이트합니다.

[Line 29~32] query_pred에 대한 정확도를 계산하고 손실값과 함께 반환합니다.

테스트 함수 정의

src/meta_sl/metric-based/matching_network.ipynb

```
01. def test_matching(
02.     num_ways: int,
03.     device: str,
04.     task_batch: Dict[str, List[torch.Tensor]],
05.     model: MatchingNet,
06.     criterion: nn.CrossEntropyLoss,
07. ) -> Tuple[float, float]:
08.     model.eval()
09.
10.     support_xs = task_batch["train"][0].to(device=device)
11.     support_ys = task_batch["train"][1].to(device=device)
12.     query_xs = task_batch["test"][0].to(device=device)
13.     query_ys = task_batch["test"][1].to(device=device)
14.
```

```
15.        accuracy = torch.tensor(0.0, device=device)
16.
17.        support_emb, query_emb = model(support_xs, query_xs)
18.        query_prob = get_probability(support_emb, query_emb, support_ys, num_ways)
19.
20.        query_prob_flat = query_prob.flatten(start_dim=0, end_dim=1)
21.        query_ys_flat = query_ys.flatten()
22.        loss = criterion(query_prob_flat, query_ys_flat)
23.
24.        with torch.no_grad():
25.            _, query_pred = torch.max(query_prob, dim=-1)
26.            accuracy = torch.mean(query_pred.eq(query_ys).float())
27.        return accuracy.item(), loss.item()
```

[Line 1~8] test_maching 함수를 선언하고 매개변수로 전달받은 모델을 테스트 모드로 전환합니다.

[Line 10~13] task_batch에 포함된 데이터를 support_xs, query_xs, support_ys, query_ys로 나누고 device를 적용합니다.

[Line 15] accuracy의 값을 0으로 초기화합니다.

[Line 17~18] few-shot classification에 대한 prediction을 계산합니다. 모델로부터 support 데이터 임베딩과 query 데이터 임베딩을 획득하고 앞서 선언한 get_probability 함수를 이용해 query가 어느 클래스에 속하는지에 대한 예측 (query_prob)까지 얻습니다.

[Line 20~22] 위에서 획득한 query_prob와 query_ys에 torch.Tensor.flatten()을 적용하고 손실값을 계산합니다.

[Line 24~27] query_pred에 대한 정확도를 계산하고 손실값과 함께 반환합니다.

학습과 테스트 실행

이제는 정의된 모델과 함수들을 사용할 작업만 남았습니다. 교차 엔트로피(cross entropy) 손실 함수와 Adam 옵티마이저을 사용합니다. args로 정리된 변수들은 지난 실습과 마찬가지로 사용자의 필요에 따라 변경할 수 있습니다.

```
01. config = {
02.     "folder_name": "dataset",
03.     "download": True,
04.     "num_shots": 5,
05.     "num_ways": 5,
06.     "output_folder": "saved_model",
07.     "task_batch_size": 32,
08.     "num_task_batch_train": 600,
09.     "num_task_batch_test": 200,
10.     "device": "cuda",
11. }
12. train_dataloader, val_dataloader, test_dataloader = get_dataloader(config)
13. model = MatchingNet(in_channels=1, num_ways=config["num_ways"], num_shots=config["num_shots"]).to(
14.     device=config["device"]
15. )
16. criterion = nn.CrossEntropyLoss()
17. optimizer = torch.optim.Adam(model.parameters(), lr=1e-3)
```

실행 결과

메인 함수의 실행 결과를 그림과 같이 보여드리면서 Matching 네트워크에 대한 설명을 마무리하겠습니다.

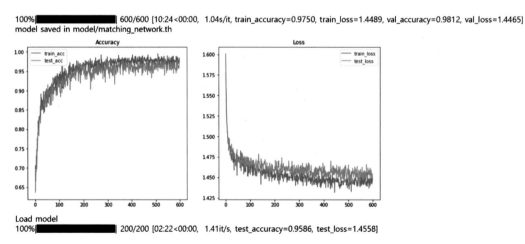

그림 2-40 출력 결과

2.4.4 Prototypical 네트워크

이번에 알아볼 또 다른 메트릭 메타러닝 알고리즘은 Prototypical 네트워크(Snell, et al., 2017)입니다. Matching 네트워크에 비해 Prototypical 네트워크는 이해하기는 비교적 쉬운 편에 속합니다. 천천히 Prototypical 네트워크에서는 어떤 방법을 제안했는지 살펴보겠습니다.

앞서 살펴본 Matching 네트워크의 문제점은 무엇일까요? Matching 네트워크는 좋은 메트릭 공간을 학습하고 원샷 학습을 수행할 때 좋은 성능을 보입니다. 하지만 클래스별로 1개 이상의 데이터가 주어지는 퓨샷 학습일 때 Matching 네트워크는 어떻게 동작할까요? 이 경우 Matching 네트워크는 Query set의 데이터가 각 클래스의 데이터 하나하나 독립적으로 비교를 할 것입니다. 이것이 때로는 과적합(overfitting)을 유발하여 학습을 어렵게 만드는 요인이 될 수 있습니다.

그렇다면 이러한 문제를 방지하기 위해 클래스 정보를 통합할 수도 있을까요? Prototypical 네트워크의 핵심 아이디어는 클래스의 정보를 통합하는 Prototype을 만들어 이를 활용하여 학습하는 것입니다. 구체적으로 Prototypical 네트워크에 대해 알아보겠습니다.

Prototypical 네트워크

Prototypical 네트워크를 이해하기 위해 우선 직관적으로 그림 2-41을 통해 Prototypical 네트워크를 이해해봅시다.

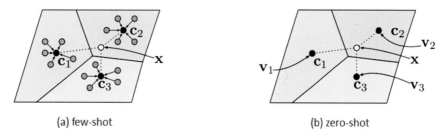

(a) few-shot   (b) zero-shot

그림 2-41 Prototypical 네트워크의 Few-shot 학습과 Zero-shot 학습

Prototypical 네트워크에서는 Support set 내의 각 클래스에 대해 prototype 표상(representation)을 학습합니다. 이 prototype은 단순히 같은 클래스의 각 데이터 임베딩을 평균하여 계산하게 됩니다. 그림 2-41의 (a) 그림을 봅시다. 이 경우 클래스가 총 3개가 있고 각 클래스별 5개의 데이터가 있으므로 3-way 5-shot 학습 예시라고 할 수 있습니다. 그림에서 직관적으로 알 수 있듯이 각 클래스별

데이터 임베딩을 평균 내어 prototype c_1, c_2, c_3를 구합니다. 그리고 Query set 데이터 x(흰색)가 들어왔을 때, 각 데이터 임베딩이 아니라 각 클래스의 prototype과 어떤 거리 함수(distance function)를 통해 메트릭 학습을 수행하게 됩니다.

Prototypical 네트워크의 또 하나의 강점은 제로샷 학습(zero-shot learning)에도 우수한 성능을 보인다는 것입니다. 퓨샷 학습은 몇 개의 훈련 데이터만을 보여주는 반면, 제로샷 학습이란 말 그대로 메타 테스트 때, 새로운 태스크의 데이터를 훈련 시 한 장도 보여주지 않고 바로 맞힐 수 있는 학습 방법을 의미합니다. 그림 2-41의 (b)는 prototypical 네트워크의 제로샷 학습 매커니즘을 보여줍니다. (a) 퓨샷 학습과 마찬가지로 각 클래스의 prototype을 구하지만 제로샷 학습에서는 어떤 메타 데이터(meta data)를 통해서 Query set 데이터 x(흰색)를 예측하게 됩니다. 여기서 메타 데이터란, 데이터에 대한 어떤 속성값 등을 의미합니다. 예를 들어 고양이 사진이 있다면, 제로샷 학습에서는 고양이 라벨을 알려주는 것이 아니라, 고양이의 속성(털의 유무, 꼬리의 유무 등)을 정의한 메타 데이터를 예측함으로써 성능을 측정하게 됩니다. 본 책에서는 prototypical 네트워크의 제로샷 실험은 따로 다루지 않을 것이므로, 관심 있는 독자께서는 해당 내용을 논문과 저자의 코드 등을 통해 자세히 알아보시기를 추천드립니다.

표 2-3 Prototypical 네트워크에서 사용되는 수식 및 의미

수식	의미
N	전체 태스크 분포 내의 데이터 샘플 개수
S	Support set 데이터 샘플
S_k	k번째 클래스에 대한 Support set의 데이터 샘플
Q	Query set 데이터 샘플
d	어떤 거리함수 $d{:}\mathbb{R}^M \times \mathbb{R}^M \to [0, +\infty)$
ϕ	신경망 학습 파라미터
$J(\phi)$	Prototypical 네트워크 목적함수(negative log-probability)
K	전체 태스크 분포 내 클래스 개수
N_C	에피소드(태스크) 별 클래스 개수($N_c \le K$)
N_S	클래스별 Support set 데이터 샘플 개수
N_Q	클래스별 Query set 데이터 샘플 개수
$\text{RANDOMSAMPLE}(S, N)$	S 집합에서 무작위 N개 샘플을 비복원추출
c_k	k번째 클래스에 대한 prototype

본격적으로 prototypical 네트워크를 알아보기 전에 본 논문의 표기와 혼동하지 않도록 미리 새롭게 정의한 수식 및 표기들이 많아 표 2-3에 정리해두었습니다. 해당 표를 잘 숙지하고 이후 내용을 살펴보겠습니다.

Prototypical 네트워크에서는 k번째의 클래스에 대한 Support set 샘플들을 활용하여 M차원의 prototype 표상을 평균 계산을 통해 계산하게 됩니다. 즉, ϕ로 파라미터화된 어떤 임베딩을 수행하는 신경망 $f_\phi{:}\mathbb{R}^D \rightarrow \mathbb{R}^M$를 통해 D차원의 데이터 샘플을 M차원 임베딩으로 매핑하게 됩니다. 임베딩된 벡터들은 각 클래스별로 평균을 취하여 prototype을 계산하게 되며, k번째 prototype c_k를 식 2.45와 같이 표현할 수 있습니다.

$$c_k = \frac{1}{|S_k|} \sum_{(\mathbf{x}_i,\, y_i) \in S_k} f_\phi(\mathbf{x}_i) \tag{2.45}$$

또한 우리는 표 2-3에서 정의한 어떤 거리함수 $d{:}\mathbb{R}^M \times \mathbb{R}^M \rightarrow [0,\, +\infty)$를 활용하여 prototypical 네트워크가 출력하는 확률분포 $p_\phi(y=k|x)$를 구할 수 있습니다. 여기서 해당 확률분포는 Query set의 샘플 x와 모든 prototype 간의 소프트맥스(softmax) 분포로, 식 2.46과 같이 정의합니다.

$$p_\phi(y=k|x) = \frac{\exp(-d(f_\phi(x),\, c_k))}{\sum_{k'} \exp(-d(f_\phi(x),\, c_{k'}))} \tag{2.46}$$

학습 손실함수 $J(\phi)$는 분류 문제에서 일반적으로 사용하는 교차 엔트로피 (혹은 negative log-likelihood)를 사용합니다.

$$J(\phi) = -\log p_\phi(y=k|x) \tag{2.46}$$

Prototypical 네트워크는 생각보다 간단합니다. 논문에서 복잡하게 여러 수식이 있어 약간 복잡하게 보일 수 있지만, 결국 핵심은 Support set을 통해 prototype 임베딩을 구하고 이 prototype들과 Query set을 통해 메트릭 학습을 수행한다는 것입니다. 조금 더 구체적으로 의사코드(pseudo code) 통해 prototypical 네트워크의 알고리즘을 살펴보겠습니다.

Prototypical 네트워크의 의사코드

```
function Prototypical_train(distribution over tasks p(𝒯),
                           number of classes per episode N_c)
  Randomly initialize θ
  while not done do
    Sample batch of tasks 𝒯_i ~ p(𝒯).
    for each 𝒯_i do
      Sample datapoints 𝒟={(x_1, y_1), ...(x_N, y_N)} from 𝒯_i, where each y_i ∈ {1, ···K}.
      for k in {1, ···K} do
        Select support datapoints S_k from 𝒟, with y_i=k.
        Compute prototype c_k from support datapoints in Equation 2.45.
      Sample query datapoints Q={x, y} from 𝒟.
      for k in {1, ···K} do
        Compute probability distribution p_φ(y=k|x) in Equation 2.46.
      Evaluate loss J(φ) using p_φ(y=k|x) in Equation 2.47.
      Update θ using J(φ).
```

prototypical 네트워크의 알고리즘이 어떻게 동작하는지 하나씩 살펴보겠습니다.

- ✓ **Input**: 클래스 $y_i \in \{1, \cdots, K\}$에 대한 전체 학습 데이터 $D=\{(x_1, y_1), \cdots, (x_N, y_N)\}$를 준비합니다. D_k는 클래스 $y_i=k$에 대한 샘플들을 의미합니다.

- ✓ **Output**: 무작위로 추출된 학습 에피소드에 대해 손실함수 J를 출력합니다.

1. $\{1, \cdots, K\}$에서 에피소드 태스크의 클래스 인덱스를 비복원추출합니다. 예를 들어 개, 고양이 등 이런 클래스를 N_C개 만큼 추출하는 과정입니다.

2. 클래스 $\{1, \cdots, N_C\}$에 대해 반복문을 시작합니다.

3. 먼저 k번째 반복문, 즉 k번째 클래스에 대한 Support set S_k를 N_S개만큼 비복원추출합니다. 마찬가지로 Query set Q_k도 S_k와 겹치지 않는 선에서 N_Q개만큼 비복원추출합니다.

4. Support set S_k에 있는 모든 데이터 샘플을 신경망 f_ϕ에 임베딩한 후 이를 활용하여 k번째 클래스에 대한 prototype $C_k \leftarrow \frac{1}{N_C} \sum_{(x_i, y_i) \in S_k} f_\phi(x_i)$를 계산합니다. N_C개의 모든 클래스에 대한 프로세스가 진행되고 반복문은 종료됩니다.

5. 손실함수 J를 계산하기 위해 먼저 손실함수 J를 0으로 초기화합니다.

6. 여기서 이중 반복문이 나옵니다. 상위 반복문은 에피소드 태스크에 대한 모든 클래스 $\{1, \cdots, N_C\}$를 의미합니다. 하위 반복문은 해당 클래스 k에 대한 Query set Q_k의 모든 데이터 (x, y)를 의미합니다. 그리고 우리는 이중 반

복문의 모든 케이스에 대해 손실함수 $\frac{1}{N_C N_Q}[d(f_\phi(\mathbf{x}), \mathbf{c}_k) + \log \sum_{k'} \exp(-d(f_\phi(\mathbf{x}), \mathbf{c}_k))]$를 계산하여 J에 누적합니다. 이 식은 어떻게 나온 것일까요? 우리는 앞서 식 2.46에서 prototypical 네트워크가 출력하는 확률분포 $p_\phi(y=k|x) = \frac{\exp(-d(f_\phi(x), c_k))}{\sum_{k'} \exp(-d(f_\phi(x), c_k))}$를 정의했습니다. 이에 앞에 교차 엔트로피 식을 만들기 위해 $-\log$를 취하면 위와 같은 식이 나오는 것을 아실 수 있을 것입니다.

이렇게 메트릭 메타러닝 마지막 알고리즘인 prototypical 네트워크에 대해 알아봤습니다. 다음 절에서는 구체적으로 prototypical 네트워크를 직접 코드로 구현해보며 조금 더 알고리즘을 이해해보도록 하겠습니다.

2.4.5 실습: Prototypical 네트워크 구현

Prototypical 네트워크의 코드는 다음과 같습니다. 2.4.3절의 Matching 네트워크 실습에서와 마찬가지로 Omniglot 데이터셋에 대한 퓨샷 분류(few-shot classification)를 수행해보겠습니다.

모델 정의

먼저 모델을 정의해 봅시다.

src/meta_sl/metric-based/prototypical_network.ipynb

```
01. class PrototypicalNet(nn.Module):
02.     def __init__(self, in_channels: int, num_ways: int, num_shots: int) -> None:
03.         super(PrototypicalNet, self).__init__()
04.         self.in_channels = in_channels
05.         self.emb_size = 64
06.         self.num_ways = num_ways
07.         self.num_support = num_ways * num_shots
08.         self.num_query = self.num_support
09.
10.         self.embedding_net = nn.Sequential(
11.             self.convBlock(self.in_channels, self.emb_size, 3),  # 14
12.             self.convBlock(self.emb_size, self.emb_size, 3),  # 7
13.             self.convBlock(self.emb_size, self.emb_size, 3),  # 3
14.             self.convBlock(self.emb_size, self.emb_size, 3),  # 1
```

```
15.              nn.Flatten(start_dim=1),
16.              nn.Linear(self.emb_size, self.emb_size),
17.          )
18.
19.      @classmethod
20.      def convBlock(cls, in_channels: int, out_channels: int, kernel_size: int) -> nn.Sequential:
21.          return nn.Sequential(
22.              nn.Conv2d(in_channels, out_channels, kernel_size, padding=1),
23.              nn.BatchNorm2d(out_channels, momentum=1.0, track_running_stats=False),
24.              nn.ReLU(),
25.              nn.MaxPool2d(2),
26.          )
27.
28.      def get_prototypes(self, embeddings: torch.Tensor, targets: torch.Tensor) -> torch.Tensor:
29.          batch_size = embeddings.shape[0]
30.          indices = targets.unsqueeze(-1).expand_as(embeddings)
31.
32.          prototypes = embeddings.new_zeros((batch_size, self.num_ways, self.emb_size))
33.          prototypes.scatter_add_(1, indices, embeddings).div_(float(self.num_support) / self.num_ways)
34.          return prototypes
35.
36.      def forward(
37.          self, support_x: torch.Tensor, support_y: torch.Tensor, query_x: torch.Tensor
38.      ) -> torch.Tensor:
39.          batch_size = support_x.shape[0]
40.
41.          support_emb = self.embedding_net(support_x.flatten(start_dim=0, end_dim=1)).unflatten(
42.              dim=0, sizes=[batch_size, self.num_support]
43.          )
44.          query_emb = self.embedding_net(query_x.flatten(start_dim=0, end_dim=1)).unflatten(
45.              dim=0, sizes=[batch_size, self.num_query]
46.          )
47.          proto_emb = self.get_prototypes(support_emb, support_y)
48.
49.          distance = torch.sum((query_emb.unsqueeze(2) - proto_emb.unsqueeze(1)) ** 2, dim=-1)
50.          return distance
```

[Line 1~17] PrototypicalNet 클래스와 초기화 함수를 선언합니다. 생성자에서는 4개의 컨볼루션 블록으로 구성된 합성 곱 신경망(convolutional neural networks) 기반의 임베딩 네트워크를 선언합니다.

[Line 19~26] 합성곱 레이어와 배치 정규화, ReLU 활성함수, 그리고 최대 풀링으로 구성된 컨볼루션 블록을 반환합니다.

[Line 28~34] get_prototypes 함수는 위에서 선언한 네트워크를 통해 생성된 support 데이터의 임베딩과 해당 데이터의 라벨을 입력으로 받아 support set을 구성하는 클래스에 대한 prototype을 생성합니다. 이때 사용되는 torch. Tensor의 scatter_add_ 함수는 인덱스의 역할을 하는 텐서 하나를 입력으로 받아 자기 자신 안에 있는 값들을 더하여 반환하는 함수입니다. 간단히 하면 각 데이터의 라벨을 인덱스로 하여 같은 클래스의 임베딩을 합치고, 이를 클래스당 데이터의 수인 shot으로 나누어 클래스를 구성하는 임베딩들에 대한 평균을 구합니다.

[Line 36~50] forward 함수는 support 데이터와 query 데이터, 그리고 support 데이터의 라벨을 입력값으로 받아 각 데이터들에 대한 임베딩과 prototype을 생성합니다. 그리고 마지막에는 prototype과 query 데이터의 임베딩과 prototype 사이의 유클리드 거리(Euclidean distance)까지 계산하여 반환합니다.

학습/테스트 함수 정의

src/meta_sl/metric-based/prototypical_network.ipynb

```python
01. def train_proto(
02.     device: str,
03.     task_batch: Dict[str, List[torch.Tensor]],
04.     model: PrototypicalNet,
05.     criterion: nn.CrossEntropyLoss,
06.     optimizer: torch.optim.Adam,
07. ) -> Tuple[float, float]:
08.     model.train()
09.
10.     support_xs = task_batch["train"][0].to(device=device)
11.     support_ys = task_batch["train"][1].to(device=device)
12.     query_xs = task_batch["test"][0].to(device=device)
13.     query_ys = task_batch["test"][1].to(device=device)
14.
15.     accuracy = torch.tensor(0.0, device=device)
16.
17.     distance = model(support_xs, support_ys, query_xs)
18.     distance_flat = distance.flatten(start_dim=0, end_dim=1)
19.     query_ys_flat = query_ys.flatten()
20.     loss = criterion(-distance_flat, query_ys_flat)
21.
22.     model.zero_grad()
23.     loss.backward()
```

```
24.       optimizer.step()
25.
26.       with torch.no_grad():
27.           _, query_pred = torch.min(distance, dim=-1)
28.           accuracy += torch.mean(query_pred.eq(query_ys).float())
29.       return accuracy.item(), loss.item()
30.
31. def test_proto(
32.       device: str,
33.       task_batch: Dict[str, List[torch.Tensor]],
34.       model: PrototypicalNet,
35.       criterion: nn.CrossEntropyLoss,
36. ) -> Tuple[float, float]:
37.       model.eval()
38.
39.       support_xs = task_batch["train"][0].to(device=device)
40.       support_ys = task_batch["train"][1].to(device=device)
41.       query_xs = task_batch["test"][0].to(device=device)
42.       query_ys = task_batch["test"][1].to(device=device)
43.
44.       accuracy = torch.tensor(0.0, device=device)
45.
46.       distance = model(support_xs, support_ys, query_xs)
47.       distance_flat = distance.flatten(start_dim=0, end_dim=1)
48.       query_ys_flat = query_ys.flatten()
49.       loss = criterion(-distance_flat, query_ys_flat)
50.
51.       with torch.no_grad():
52.           _, query_pred = torch.min(distance, dim=-1)
53.           accuracy += torch.mean(query_pred.eq(query_ys).float())
54.       return accuracy.item(), loss.item()
```

[Line 1~8] train_proto 함수를 선언하고 매개변수로 전달받은 모델을 학습 모드로 전환합니다.

[Line 10~13] task_batch에 포함된 데이터를 support_xs, query_xs, support_ys, query_ys로 나누고 device와 자료형(torch.float)을 적용합니다.

[Line 15] accuracy의 값을 0으로 초기화합니다.

[Line 17] few-shot classification에 대한 prediction을 위해, 모델로부터 각 클래스의 prototype과 query 데이터 임베딩 사이의 거리를 획득합니다.

[Line 18~20] 위에서 획득한 distance_flat과 query_ys에 torch.Tensor.flatten()을 적용하고 손실값을 계산합니다.

[Line 22~24] 손실값을 기반으로 모델의 가중치를 업데이트합니다.

[Line 26~29] query_pred에 대한 정확도를 계산하고 손실값과 함께 반환합니다.

[Line 31~37] test_proto 함수를 선언하고 매개변수로 전달받은 모델을 테스트 모드로 전환합니다.

[Line 39~42] task_batch에 포함된 데이터를 support_xs, query_xs, support_ys, query_ys로 나누고 device와 자료형(torch.float)을 적용합니다.

[Line 34] accuracy의 값을 0으로 초기화합니다.

[Line 46] few-shot classification에 대한 prediction을 위해, 모델로부터 각 클래스의 prototype과 query 데이터 임베딩 사이의 거리를 획득합니다.

[Line 47~49] 위에서 획득한 distance_flat와 query_ys에 torch.Tensor.flatten()을 적용하고 손실값을 계산합니다.

[Line 51~54] query_pred에 대한 정확도를 계산하고 손실값과 함께 반환합니다.

학습과 테스트 실행

교차 엔트로피(cross entropy) 손실 함수와 Adam 옵티마이저을 사용하는 main 함수까지 작성하여 구현을 완료했습니다. 5-way 5-shot이 아닌 다른 세팅을 사용하고 싶다면 args의 값들을 변경하여 적용할 수 있습니다.

src/meta_sl/metric-based/prototypical_network.ipynb

```
01. config = {
02.     "folder_name": "dataset",
03.     "download": True,
04.     "num_shots": 5,
05.     "num_ways": 5,
06.     "output_folder": "saved_model",
07.     "task_batch_size": 32,
08.     "num_task_batch_train": 600,
09.     "num_task_batch_test": 200,
10.     "device": "cuda",
11. }
```

```
12. train_dataloader, val_dataloader, test_dataloader = get_dataloader(config)
13. model = PrototypicalNet(in_channels=1, num_ways=config["num_ways"], num_shots=config["num_shots"]).to(
14.     device=config["device"]
15. )
16. criterion = nn.CrossEntropyLoss()
17. optimizer = torch.optim.Adam(model.parameters(), lr=1e-4)
```

실행 결과

마지막으로 예제 코드의 실행 결과를 그림과 같이 보여드리면서 Prototypical 네트워크에 대한 설명을 마무리하겠습니다.

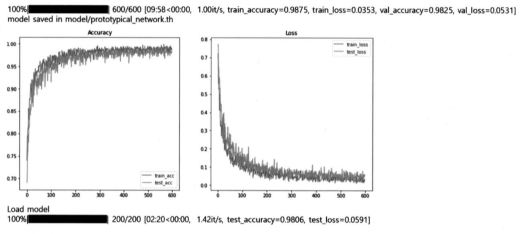

그림 2-42 출력 결과

2.5 메타러닝 알고리즘 속성과 장단점

드디어 2장의 마지막 절까지 왔습니다. 그동안 우리는 메타러닝 문제를 정의하고, 메타 지도학습의 세 접근 방법인 모델 기반 메타러닝, 최적화 기반 메타러닝, 메트릭 기반 메타러닝에 대해 알아봤습니다. 그렇다면 각 방법의 특성, 장단점은 무엇일까요?

2.5.1 메타러닝 알고리즘의 세 가지 속성

문제에 따라 메타러닝 알고리즘을 선택하거나 메타러닝 알고리즘의 장단점을 판단할 때 기준으로 삼을 수 있는 중요한 세 가지 속성인 표현력(expressive power), 일관성(consistency), 불확실성 인식(uncertainty awareness)을 살펴보겠습니다. 또한 우리가 지금까지 배웠던 모델기반 메타러닝, 최적화 기반 메타러닝, 메트릭 기반 메타러닝 접근 방법의 속성과 장단점을 간단히 논의해보겠습니다.

표현력

메타러닝 알고리즘을 판단하기 위한 속성 중 '표현력'은 신경망 f가 학습 프로세스를 나타내기 위한 범위에 대한 능력을 의미합니다. 설명이 조금 어려울 수 있으니, 예시를 들어봅시다. 예를 들어 우리가 개발한 어떤 메타러닝 알고리즘이 일정 수준 크기의 데이터셋으로만 학습이 가능하면 이 알고리즘은 표현력이 낮은 것입니다. 반면, 훨씬 더 큰 메타 트레이닝 데이터셋을 학습할 수 있는 메타러닝 알고리즘은 표현력이 높습니다. 즉, 표현력은 알고리즘의 확장성(scalability)과 매우 긴밀한 연관성이 있으며, 각 데이터셋의 각 도메인에 대해 얼마나 많은 범위를 다룰 수 있느냐가 중요합니다.

일관성

또 다른 속성인 '일관성'은 메타러닝 알고리즘이 생성한 학습 프로세스가 메타러닝 이후 기존 태스크의 속성과 관련 없는 또 다른 데이터셋이 들어왔을 때, 이 태스크를 풀 수 있느냐에 대한 속성입니다. 예를 들어, 일반적인 경사 하강법은 일관성이 매우 좋은 알고리즘입니다. 왜냐하면 학습 시 데이터가 무엇이든 간에, 테스트 시에 충분히 경사 하강법을 수행하면 테스트 태스크를 풀 수 있기 때문입니다. 즉, 메타러닝 알고리즘의 속성으로서 일관성을 판단하는 것은 메타 테스트 시, 메타 트레이닝 태스크와의 관련성을 최소화한 메타러닝 알고리즘의 능력을 보겠다는 것이며, O.O.D(out of distribution) 태스크를 다루는 것과도 밀접한 관련이 있습니다.

불확실성 인식

'불확실성 인식'은 메타러닝 알고리즘에 대해 학습 중 발생할 수 있는 모호함(ambiguity)을 추론할 수 있는 능력입니다. 이 속성은 베이지안 메타러닝(Bayesian meta-learning)이라는 이름의 메타러닝 하위 연구분야에서 많은 연구자들에 의해 연구되고 있습니다. 이 속성이 중요한 이유는 실제 데이터로 메타러닝을 수행할 시, 매우 적은 데이터만 주어질 때 생기는 여러 모호함 때문에 성능이 낮아지는 문제가 빈번하게 발생하기 때문입니다. 또한 능동 학습(active learning), 강화학습에서의 새로운 환경에 대한 불확실성 문제 등 다양한 이유를 찾을 수 있습니다.

2.5.2 메타러닝 알고리즘 비교

위에서 소개한 속성들을 토대로 기존에 우리가 배웠던 모델 기반 메타러닝, 최적화 기반 메타러닝, 메트릭 기반 메타러닝은 각각 어떤 속성이 있는지 살펴봅시다. 여기서 불확실성 인식 속성은 베이지안 메타러닝이라는 분야에 활용되는 개념이며 여기서는 제외하고 비교하겠습니다.

표 2-4 메타러닝 알고리즘별 속성

	모델 기반 메타러닝	최적화 기반 메타러닝	메트릭 기반 메타러닝
표현력	▪ 표현력 좋음	▪ 매우 큰 모델을 사용할 경우, 표현력 좋음	▪ 대부분 아키텍처에서 표현력 좋음
일관성	▪ 일관성 없음	▪ 일관성 좋음	▪ 특정 조건에서 일관성 좋음
장점	▪ 지도학습, 강화학습 등 다양한 알고리즘에 적용가능	▪ 메타러닝 시작에 좋은 inductive bias를 제공함 ▪ 태스크 데이터 개수 K를 늘려도 잘 동작함 ▪ 다양한 알고리즘 적용 가능	▪ 추가 학습 없이 전적으로 순방향 포워딩 가능 ▪ 빠른 연산 및 최적화 난이도가 낮음
단점	▪ 최적화가 쉽지 않음 ▪ 초기화에 좋은 inductive bias 없음 ▪ 가끔씩 데이터 비효율성이 큼	▪ 2차 최적화(second-order optimization) 필요 ▪ 연산, 메모리 등 많은 컴퓨터 자원 소모	▪ 태스크 데이터 개수 K를 늘리면 동작하지 않음 ▪ 분류 문제에 국한됨

표 2-4는 앞서 배웠던 세 가지 메타러닝 알고리즘별 속성을 보여줍니다. 우선 모델 기반 메타러닝부터 살펴보겠습니다. 모델 기반 메타러닝은 기본적으로 블랙 박스 접근 방법으로서 순환 신경망 계열의 아키텍처를 많이 사용합니다. 순환 신경망은 기본적으로 Universal function approximator로 알려져 있기 때문에 모델 기반 메타러닝의 표현력은 개념적으로는 좋다고 할 수 있습니다. 다만 아키텍처에 우리가 어떤 가정을 부과할 경우, 순환 신경망은 구조적 복잡성 때문에 데이터에 따라 새로운 태스크에 대한 추가 학습이 항상 잘된다는 보장이 없습니다. 그래서 일관성은 좋지 않습니다. 모델

기반 메타러닝의 장점은 지도학습, 강화학습 등 다양한 알고리즘에 적용 가능하다는 것입니다. 다만 단점으로 어떤 초기화가 이 구성에서 좋은 inductive bias를 찾기 어렵고 순환 신경망 자체가 최적화가 쉽지 않으며, 가끔씩 데이터 비효율성도 보입니다.

다음은 최적화 기반 메타러닝 속성을 살펴보겠습니다. 표현력의 경우, 순환 신경망을 잘 사용하진 않지만 비교적 큰 깊은 신경망을 사용한다면 표현력이 좋다고 생각할 수 있습니다. 그리고 최적화 기반 메타러닝은 좋은 초기화를 찾는 것이므로 최악의 경우 경사 하강법으로 추가 학습을 계속할 수 있습니다. 따라서 일관성은 매우 좋다고 할 수 있습니다. 최적화 기반 메타러닝의 장점으로는 좋은 초기화를 찾는 것이 목적이므로 메타러닝 시작에 좋은 inductive bias를 제공한다는 점과 태스크 내 데이터 개수 K를 늘려도 잘 동작한다는 것입니다. 또한 앞서 설명한 대로 'Model-Agnostic'이므로 다양한 모델에 적용 가능한 알고리즘입니다. 다만 단점으로는 기본적으로 2차 최적화(second-order optimization)가 필요하며 이에 따른 많은 연산, 메모리 소요가 따릅니다.

마지막으로 메트릭 기반 메타러닝 속성을 살펴보겠습니다. 메트릭 기반 메타러닝의 표현력은 대부분 아키텍처에서 좋다고 할 수 있습니다. 일관성 역시 데이터의 많은 정보를 잃어버리지 않는 좋은 임베딩을 학습할 수 있으면 좋다고 할 수 있습니다. 특히, 메트릭 기반 메타러닝의 장점으로는 다른 방법에 비해 추가 학습이 필요 없이 순방향 포워딩만으로 테스트를 할 수 있다는 점입니다. 또한 상대적으로 빠른 연산이 가능하고 최적화 난이도가 낮습니다. 반면에 단점으로는 태스크 데이터 내 개수 K를 늘릴 경우 잘 동작하지 않습니다. 이것은 이론적으로 설명하기 쉽진 않고, 전적으로 연구자들의 실험에서 발견되는 단점이라 할 수 있습니다. 또한 지도학습의 분류 문제에 국한되며, 그 밖의 문제에 적용하기 쉽지 않다는 단점이 존재합니다.

이렇게 우리는 메타 지도학습을 모두 살펴봤습니다. 생각보다 쉽지 않은 내용이지만 2장의 내용과 여러 추가 참고 문헌도 함께 보시면서 메타 지도학습의 이해를 한층 넓혀 가시길 바랍니다. 다음 3장은 메타 강화학습을 다루기 위해 미리 강화학습 분야에 대해 살펴보겠습니다.

03장

강화학습 개요

우리는 2장까지 메타러닝의 개념과 메타 지도학습의 여러 알고리즘들까지 자세하게 살펴봤습니다. 메타 지도학습은 분류 문제, 회귀 문제 등의 지도학습 문제에서 새로운 태스크를 빠르게 풀 수 있는 방법이었으며, 크게 모델 기반 메타러닝, 최적화 기반 메타러닝, 메트릭 기반 메타러닝으로 나눌 수 있었습니다. 이제 우리는 드디어 메타 강화학습에 대해서도 알아볼 것입니다. 메타 지도학습에서 다루었던 메타러닝의 개념을 잘 이해하셨으면 메타 강화학습도 크게 어렵지 않습니다. 다만 강화학습에 대해서 어느 정도 잘 알고 있어야 메타 강화학습 알고리즘들을 잘 이해할 수 있습니다. 3장에서는 메타 강화학습을 조금 더 잘 이해하기 위해 필요한 여러 강화학습 지식들을 설명하겠습니다. 강화학습 자체가 하나의 커다란 분야이므로 많은 내용을 한 번에 모두 다루기는 어렵기 때문입니다.

머신러닝에서 왜 강화학습이 중요할까요? 많은 이유들이 있겠지만 강화학습은 순차적 의사 결정(sequential decision making) 문제를 다룬다는 점에서 매우 중요합니다.

그림 3-1 객체 분류(object classification)와 객체 조작(object manipulation) (출처: Stanford CS330)

그림 3-1은 객체 분류 문제(object classification)와 객체 조작 문제(object manipulation)를 직관적으로 보여줍니다. 객체 분류 문제는 견종을 분류하는 간단한 문제이고, 객체 조작 문제는 아기가 장난감 객체를 이리저리 조작하는 문제를 보여줍니다.

📖 용어정리

확률 이론 및 통계학에서 각 랜덤 변수(random variable)가 다른 랜덤 변수들과 같은 확률 분포에 있고, 모두 상호 독립적인(mutually independent) 경우, 이 랜덤 변수 집합은 독립적이고 동일하다고 표현하며 다른 말로 i.i.d(independent and identically distributed)하다고 설명합니다. (출처: Wikipedia)

객체 분류 문제는 지도학습으로 해결할 수 있습니다. 지도학습에서는 데이터셋이 독립 동일 분포(i.i.d., independent and identically distributed)를 가정합니다. 또한, 지도학습은 데이터에 잘 정제된 라벨이 포함되고, 성능 평가 지표가 매우 잘 정리되어 있다는 장점이 있습니다.

한편, 객체 조작 문제는 순차적 의사 결정 문제에 해당하며, 강화학습을 고려해볼 수 있습니다. 강화학습은 지도학습과 다르게 독립 동일 분포를 가정하지 않으며, 어떤 행동을 했을 때, 이 행동이 다음 상태에 영향을 미치게 됩니다. 또한, 강화학습은 어떻게 데이터를 모으고 구성하며, 라벨은 무엇인지, 성능 평가 지표가 어떻게 되는지 등을 지도학습에 비해 정의하기가 쉽지 않습니다.

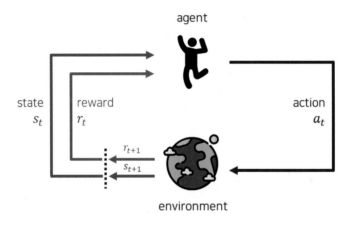

그림 3-2 마르코프 결정 프로세스하의 에이전트와 환경의 상호작용(출처: Sutton, et al., Reinforcement Learning, An Introduction second edition 변형)

강화학습은 기본적으로 학습 주체인 에이전트(Agent)와 환경(environment)이 주어집니다. 그림 3-2에서 알 수 있듯이 에이전트는 환경과 지속적으로 상호작용하며, 학습을 수행하게 됩니다. 에이전트는 학습하는 어떤 신경망 모델로 표현 가능하며, 환경은 마르코프 결정 과정으로 표현할 수 있습니다.

강화학습을 잘 이해하기 위해서는 위에서 언급한 마르코프 결정 과정뿐만 아니라 정책, 가치 함수, 탐험과 활용 등 여러 이론적 개념을 잘 이해할 필요가 있습니다. 앞으로 3.1절부터는 강화학습을 잘 이해하기 위한 이론적 개념들을 차근차근 소개하겠습니다. 이론적 개념들을 간단히 소개한 후에는 메타 강화학습에 활용될 구체적인 강화학습 알고리즘인 TRPO, PPO, SAC를 소개하겠습니다.

3.1절에서는 직관적으로 강화학습 이론을 이해하기 위해, 강화학습의 주요 개념인 마르코프 결정 과정과 정책(Policies), 가치함수(Value function)에 대해 알아봅니다. 우리의 목표는 메타 강화학습을 이해하는 것이므로 강화학습에 대해 깊은 이론적 지식이나 이론적 배경을 상세히 설명하지는 않습니다.

3.1.1 마르코프 결정 과정

강화학습에서 에이전트는 환경과 상호작용을 하며 학습합니다. 앞서 설명한 대로 에이전트는 어떤 학습을 하는 주체이며, 신경망 모델로 표현 가능하며 환경은 마르코프 결정 과정(Markov Decision Processes)으로 표현 가능합니다. 여기서 '마르코프'라는 용어가 사용된 이유는 마르코프 결정 과정이 마르코프 속성을 가지기 때문입니다.

> 📖 노트 _ 마르코프 속성(Markov Property)
>
> 마르코프 속성은 현재에 대한 조건부로 과거와 미래가 서로 독립인 속성을 의미합니다. 즉, 이 속성을 가지는 마르코프 결정 과정은 현재 상태만을 가지고 미래를 예측할 수 있습니다.
>
> $$p(s_{t+1} \mid s_t) = p(s_{t+1} \mid s_1, \cdots, s_t)$$
>
> 위 수식은 마르코프 속성을 잘 보여줍니다. 일반적으로 다음 상태 s_{t+1}을 예측하기 위해서는 과거의 모든 상태 s_1, $\cdots$, s_t를 보아야 하지만 마르코프 속성을 가지는 마르코프 결정 프로세스에서는 현재 상태 s_t만으로도 다음 상태 s_{t+1}를 예측할 수 있습니다.

마르코프 결정 과정은 에이전트가 학습할 어떤 환경을 수학적으로 표현한 것이며, 식 3.1과 같은 튜플(tuple)로 표현할 수 있습니다.

$$M = \{S, A, \mathbb{P}, r\} \tag{3.1}$$

마르코프 결정 프로세스의 각 요소들을 쉽게 이해하기 위해 그림 3-3과 같은 강화학습 문제 예시를 함께 보겠습니다. 에이전트는 어떤 신경망으로 표현되어 있고, 에이전트는 호랑이를 만났을 때 어느 쪽으로 피할지 판단하여 행동을 해야 하는 간단한 문제입니다.

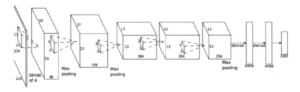

그림 3-3 강화학습 문제 예시 (출처: Stanford CS285)

마르코프 결정 프로세스에서 S는 상태 공간(state space)이며 에이전트가 마주하는 어떤 상태, 상황들의 집합이라고 생각하시면 됩니다. 예를 들어 t 시점에서의 특정 상태 $s_t \in S$는 그림 3-3에서 호랑이를 마주한 상황이 상태이며, 시각적인 호랑이 이미지의 픽셀들이라고 생각할 수 있습니다. 엄밀히 말해서 이는 정확한 상태 정의는 아니며, 관측이라고 표현하는 것이 맞습니다. 다음 노트를 참고하시고, 여기서는 편의상 이를 '상태'라고 통일하여 표현합니다.

> 📙 **노트 _ 상태(state)와 관측(observation)**
>
> 엄밀히 말했을 때 상태 s_t와 관측 o_t은 서로 다른 개념입니다. 일반적으로 상태는 마르코프 속성을 따르는 마르코비안 상태(Markovian state)라고 표현할 수 있으며, 관측은 마르코비안 상태에서 나오는 어떤 관측을 의미합니다.
>
> 예를 들어 그림 3-3과 같이 우리가 어떤 호랑이가 걷고 있는 것을 보고 있다고 생각해봅시다. 이때 우리가 현재 시점 t에서 시각적으로 보는 픽셀로 구성된 호랑이 이미지는 관측 o_t이라고 할 수 있습니다. 하지만 실제 세계에서는 호랑이의 위치(position)나 속도(velocity) 등과 같은 물리적 속성이 존재할 것입니다. 그런 정확한 물리적 속성들을 상태 s_t라고 부릅니다. 보통 상태는 완전 관측(fully observed)이라고 표현하고, 관측은 부분 관측(partially observed)이라고 표현합니다.
>
> 더 엄밀히 정의하기 위해서는 마르코프 결정 과정의 더 일반화된 개념인 POMDPs(Partially Observable Markov Decision Processes)를 이해할 필요가 있습니다. 하지만 여기서는 더 깊게 나아가지 않고, 상태와 관측을 모두 포함하여 상태라는 용어로 통일하고 수식도 s_t만을 사용하겠습니다.

A는 행동 공간(action space)이며, 에이전트가 취할 어떤 행동들의 집합을 의미합니다. 예를 들어 t 시점에서의 특정 행동 $a_t \in A$은 그림 3-3에서 호랑이를 마주한 상태가 주어졌을 때 옆으로 피할 어떤 행동을 의미합니다. 행동은 이산적 행동(discrete action)과 연속적 행동(continuous action)으로 나뉠 수 있으며, 만약 이산적으로 좌, 우로 행동을 정의한다면 이산적 행동이고, 행동이 연속적인 어떤 좌우로 움직이는 에이전트의 몸의 행동 요소들을 실숫값이 포함된 벡터로 표현한다면 연속적 행동이라고 할 수 있습니다.

$\mathbb{P}$는 변환 확률(transition probability)이며, 다른 표현으로 다이내믹스 함수(dynamics function)라고도 불립니다. 변환 확률은 조건부 확률로도 표현할 수 있는데, $p(s_{t+1}|s_t, a_t)$와 같이 표현합니다. 해당 수식을 보면 직관적으로 알 수 있듯이 변환 확률은 어떤 t 시점의 상태 s_t가 주어지고 어떤 행동 a_t을 했을 때, 다음 $t+1$ 시점의 상태 s_{t+1}로 전이되는 확률을 의미합니다. 예를 들어 그림 3-3에서 왼쪽으로 가는 이산적 행동을 취했다고 생각해봅시다. 하지만 에이전트가 100% 왼쪽으로 갈 수 있는 것은 아닙니다. 우리가 사는 세계는 확률적(stochastic)이기 때문에 실제로 어떤 걸림돌 때문에 미끄러져서 넘어질 수도 있고 바람이 세게 불어 원하는 상태까지 가지 못할 수도 있습니다. 그런 요소들을 모델링한 것이 변환 확률이라고 생각할 수 있습니다.

r은 보상 함수(reward function)를 의미합니다. 보상 함수는 강화학습의 핵심 개념이며, 어떤 상태에서 어떤 행동을 취했을 때 환경으로부터 받는 스칼라 값의 보상을 의미합니다. 예를 들어 그림 3-3에서 호랑이를 잘 피하면 플러스 보상을 받을 수 있고, 잘 피하지 못했다면 마이너스 보상을 받을 수 있습니다.

여기까지 간단하게 마르코프 결정 과정의 개념에 대해 알아봤습니다. 다음으로는 또 하나의 강화학습 핵심 개념인 정책과 강화학습의 목표에 대해 알아보도록 하겠습니다.

3.1.2 정책과 강화학습의 목표

정책은 에이전트가 학습할 어떤 행동 함수를 의미합니다. 즉, 정책은 행동과 밀접한 관련이 있습니다. 정책은 기본적으로 $\pi(a|s)$라는 기호로 표현하며, 어떤 상태에서 어떤 행동으로 매핑해주는 함수입니다.

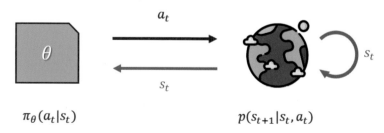

그림 3-4 정책이 반영된 강화학습 문제 (출처: Stanford CS285 변형)

우리는 신경망을 사용하는 강화학습을 가정하므로 앞으로 정책을 θ로 파라미터화된 $\pi_\theta(a|s)$로 표기하겠습니다. 그림 3-4는 구체적으로 정책 네트워크 $\pi_\theta(a|s)$를 명시한 그림입니다. 즉, 신경망 $\pi_\theta(a|s)$는 t 시점의 어떤 상태 s_t에서 어떤 행동 a_t로 매핑해주는 역할을 하며, 에이전트의 파라미터 θ를 학습함으로써, 더 좋은 행동을 출력할 수 있게 됩니다.

$$a = \pi_\theta(s) \tag{3.2}$$

$$\pi_\theta(a|s) = p(a_t = a | s_t = s) \tag{3.3}$$

정책은 크게 결정적 정책(deterministic policy)과 확률적 정책(stochastic policy)으로 나뉘게 됩니다. 결정적 정책은 식 3.2와 같이 어떤 상태 s가 주어졌을 때 결정적으로 어떤 행동 a을 취하게 되는 정책을 의미합니다. 확률적 정책은 식 3.3과 같이 어떤 상태 s가 주어졌을 때 어떤 확률적 행동 a을 취하게 되는 정책을 의미합니다. 추후 설명할 TRPO와 SAC 알고리즘들은 모두 확률적 정책을 사용합니다.

강화학습의 목표는 무엇일까요? 당연하게도 학습을 통해 좋은 정책을 찾는 것이 강화학습의 목표가 됩니다. 조금 더 자세히 이해를 하기 위해 trajectory라는 개념을 소개하겠습니다. 여기서 trajectory란 쉽게 말해서 첫 시점 t에서 끝 시점 T까지의 상태와 행동의 순차적인 나열을 의미하며 $\tau = (s_1, a_1, ..., s_T, a_T)$와 같이 표기합니다. 그렇다면 우리는 trajectory에 대한 확률 분포를 식 3.4와 같이 쓸 수 있습니다.

$$p_\theta(\tau) = p(s_1) \prod_{t=1}^{T} \pi_\theta(a_t | s_t) p(s_{t+1} | s_t, a_t) \tag{3.4}$$

강화학습의 목표는 식 3.4에서 정의한 trajectory의 확률분포 $p_\theta(\tau)$를 최적화하는 학습 파라미터 θ를 찾는 것입니다. $p_\theta(\tau)$는 첫 번째 시작하는 상태의 확률인 $p(s_1)$에 순차적으로 $t=1$ 시점에서 $t=T$ 시점까지 모든 시점에 대한 정책 $\pi_\theta(a_t | s_t)$와 변환 확률 $p(s_{t+1} | s_t, a_t)$을 곱하여 계산할 수 있습니다. 이를 간단하게 Π를 사용하여 $p(s_1) \prod_{t=1}^{T} \pi_\theta(a_t|s_t) p(s_{t+1}|s_t, a_t)$와 같이 표현할 수 있습니다. 그렇다면 이 trajectory 확률 분포 $p_\theta(\tau)$를 최적화하는 강화학습의 목적함수는 무엇일까요?

$$\theta^* = \underset{\theta}{\mathrm{argmax}}\, \mathbb{E}_{\tau \sim p_\theta(\tau)} \left[\sum_t r(s_t, a_t) \right] \tag{3.5}$$

강화학습의 목적함수는 식 3.5와 같이 현재 시점 t를 기준으로 미래의 모든 보상의 합이 최대화되는 어떤 최적의 파라미터 θ^*를 찾는 것이며, 이것이 최적의 정책(optimal policy)을 찾는 것이라 할 수 있습니다. 식 3.4에 명시적으로 드러나진 않았지만 각 시점의 s_t, a_t가 주어지면 에이전트는 환경으로부터 보상 함수를 통해 $r(s_t, a_t)$를 받습니다. 강화학습은 현재 시점 t에서 많은 보상이 있는 쪽으로 행동하는 것이 아니라 식 3.5와 같이 미래의 모든 보상의 합이 최대화되는 쪽으로 현재 시점 t에서 어떤 행동을 선택하게 됩니다. 정리하면, 여러 샘플링된 trajectory에 대한 모든 미래의 보상의 합의 기댓값 $\mathbb{E}_{\tau \sim p_\theta(\tau)}[\sum_t r(s_t, a_t)]$이 최대화되는 θ^*를 학습하고 그에 따른 최적의 정책 $\pi_{\theta^*}(a_t|s_t)$에 의해 행동을 출력하게 됩니다.

3.1.3 가치 함수

지금까지 우리는 강화학습의 기본 개념인 마르코프 결정 과정과 정책(Polices)에 대해 알아봤습니다. 이번 절에서는 강화학습에서 또 다른 핵심 개념인 가치 함수(value function)에 대해 알아보겠습니다. 가치 함수는 강화학습 알고리즘을 설계하는 데 매우 유용하게 쓰일 수 있는 개념이며, 개념적으로 강화학습의 목표와 밀접하게 연관되어 있습니다. 가치 함수는 크게 Q 함수와 상태 가치 함수로 나눌 수 있습니다.

Q 함수

Q 함수(Q function, state-action value function)는 $Q^\pi(s_t, a_t)$라고 표기하며, 현재 시점의 상태 s_t와 행동 a_t의 쌍 (s_t, a_t)이 얼마나 가치가 있는지를 판단하는 척도입니다. Q 함수는 식 3.6과 같이 정의합니다.

$$Q^\pi(s_t, a_t) = \sum_{t'=t}^{T} \mathbb{E}_{\pi_\theta}[r(s_{t'}, a_{t'})|s_t, a_t] \qquad (3.6)$$

이 Q 함수로 $Q^\pi(s_t, a_t)$는 현재 시점 t에서 시작하여 에이전트의 정책 π_θ하에서 현재 상태 s_t와 현재 행동 a_t이 주어졌을 때, 이 정책을 활용하여 구한 끝 시점 T까지의 모든 보상의 합의 기댓값으로 표현합니다.

상태 가치 함수

Q 함수와 유사하지만, 현재 시점의 상태 s_t와 행동 a_t 쌍 (s_t, a_t)이 아닌 상태 s_t 하나에 대해 얼마나 가치가 있는지를 판단하는 척도도 있습니다. 이를 상태 가치 함수(state value function)라고 하며, $V^\pi(s_t)$로 표기합니다. 상태 가치 함수는 식 3.7과 같이 정의합니다.

$$V^\pi(s_t) = \sum_{t'=t}^{T} \mathbb{E}_{\pi_\theta}[r(s_{t'}, a_{t'})|s_t]$$

(3.7)

이 상태 가치 함수 $V^\pi(s_t)$는 현재 시점 t에서 시작하여 에이전트의 정책 π_θ하에서 현재 상태 s_t가 주어졌을 때, 이 정책을 활용하여 구한 끝 시점 T까지의 모든 보상의 합의 기댓값으로 표현합니다. Q 함수와 상태 가치 함수는 매우 유사하지만 명확히 다른 점은 Q 함수는 상태 s_t와 행동 a_t 페어가 조건부로 주어지는 반면, 상태 가치 함수는 상태 s_t만 주어진다는 점입니다.

$$V^\pi(s_t) = \mathbb{E}_{a_t \sim \pi_\theta(a_t|s_t)}[Q^\pi(s_t, a_t)]$$

(3.8)

상태 가치 함수는 Q 함수로 표현할 수도 있습니다. 식 3.8과 같이 정책 $\pi_\theta(a_t|s_t)$로부터 샘플링한 모든 행동 a_t에 대한 Q 함수 $Q^\pi(s_t, a_t)$의 기댓값으로 상태 가치함수를 표현할 수 있습니다.

감가율

우리는 간단하게 Q 함수와 상태 가치 함수의 개념에 대해 살펴봤습니다. 조금 더 나아가 실질적으로 가치 함수 계산에 많이 사용하는 감가율(discount factor)이라는 개념에 대해 간단히 소개하겠습니다.

앞서 설명한 식 3.6의 Q 함수, 식 3.7의 상태 가치 함수 식을 다시 살펴봅시다. 앞서 우리는 편의상 가치 함수에 대해 유한한 에피소드 케이스에 대해 정의했습니다. 즉, 시작점 $t=1$에서 끝 지점 $t=T$가 있다고 가정하여 가치 함수를 계산하는 식들을 봤습니다. 하지만 만약 무한한 에피소드 케이스 $t=\infty$에 대해 강화학습 문제를 풀려면 어떻게 해야 할까요? 이 경우 위의 식들을 그대로 쓰면 문제가 발생합니다. 직관적으로 생각해보면 알 수 있듯이 매 스텝 주어지는 보상을 계속 합하게 되면, 가치 함수는 무한히 커지게 되며 이는 학습을 어렵게 만드는 요인이 될 수 있습니다. 간단하게 이런 문제를 해결할 수 있는 방법이 감가율을 사용하는 방법입니다. Q 함수의 케이스에 대해서만 살펴보겠습니다.

$$Q^\pi(s_t, a_t) = \sum_{t'=t}^{\infty} \mathbb{E}_{\pi_\theta} [\gamma^{t'-t} r(s_{t'}, a_{t'}) | s_t, a_t] \tag{3.9}$$

감가율은 보통 $\gamma \in [0, 1)$로 표기하며, 0과 1 사이의 어떤 값입니다. 보통은 0.9 내지는 0.99를 사용하며 현재 시점 t에서 미래로 갈수록 보상의 가치를 감소시킵니다. 식 3.9는 Q 함수에 대해 무한한 에피소드 케이스에서 계산하는 식을 보여줍니다. 시작하는 현재 시점인 t 시점에는 보상 기댓값 $\mathbb{E}_{\pi_\theta}[\gamma^0 r(s_{t'}, a_{t'}) | s_t, a_t]$을 반영하고, 다음 시점인 $t+1$ 시점에는 약간은 감소된 $\mathbb{E}_{\pi_\theta}[\gamma^1 r(s_{t'}, a_{t'}) | s_t, a_t]$을 반영합니다. 마찬가지로, 감가율은 미래로 갈수록 해당 시점 보상의 기댓값을 감소시키며 가치 함수가 무한히 커지지 않도록 방지해줍니다.

이 외에도 감가율을 적용하는 것에는 생물학적 현재의 선호도 반영, 미래에 대한 불확실성 반영 등 많은 이유가 있습니다. 따라서 보통 강화학습에서는 무한한 에피소드의 케이스가 아닌 유한한 에피소드 케이스라도 감가율을 적용하는 경우가 많습니다.

가치 함수 활용

이러한 가치 함수들을 강화학습 알고리즘에 어떻게 적용할 수 있을까요? 다양한 방법들이 있지만 여기서는 간단한 두 가지 방법만 언급하고 넘어가겠습니다.

첫 번째 방법은 우리가 어떤 정책 π하에서 Q 함수 $Q^\pi(s, a)$를 알고 있다면, 정책 π을 더 좋은 방향으로 발전시킬 수 있습니다. 간단하게 식 3.10과 같이 $Q^\pi(s, a)$ 중 가장 큰 값을 가지는 쪽의 행동 a에 확률 1을 할당하는 것입니다. 이렇게 업데이트된 정책 $\pi'(a|s)$는 최소한 기존의 정책 π가 어떤 정책이든 이보다 좋다는 것이 증명되어 있습니다.

$$\pi'(a^*|s) = 1, \text{ if } a^* = \underset{a}{\text{argmax }} Q^\pi(s, a) \tag{3.10}$$

두 번째 방법은 더 좋은 행동 a의 확률이 높아지도록 학습하는 방법입니다. 만약 우리가 어떤 Q 함수 $Q^\pi(s, a)$가 상태 가치 함수 $V_\pi(s)$보다 크다는 것을 알고 있다면, 행동 a은 Q 함수의 기댓값에 의한 행동보다 더 좋은 행동일 것입니다. 이는 식 3.8의 상태 가치 함수와 Q 함수의 관계식을 통해 직관적으로 알 수 있습니다. 따라서 $Q^\pi(s, a) < V_\pi(s)$를 만족할 시, 우리는 $\pi(a|s)$에 대한 확률이 더 높아지도록 신경망의 경사하강법 방법 등을 이용하여 업데이트할 수 있습니다.

설명한 두 가지 아이디어는 강화학습 분야에 매우 중요한 아이디어로 여러 알고리즘을 이해하는 핵심 아이디어들이라 할 수 있습니다. 이에 대해 조금 더 이해하기 위해서는 벨만 방정식(Bellman equation) 개념을 통한 정책 반복법(policy iteration), 가치 반복법(value iteration) 등에 대해 알 필요가 있지만, 해당 개념들에 대해서는 분량상 생략합니다. 하지만 강화학습이 처음이신 분들은 해당 개념을 기타 자료를 통하여 반드시 공부해 보시기를 추천합니다.

앞 절에서는 마르코프 결정 과정, 정책, 가치 함수 등, 강화학습의 매우 중요한 개념들을 다루어 봤습니다. 이번 절에서는 강화학습의 또 다른 중요한 개념인 탐험과 활용에 대해 알아보고자 합니다. 강화학습의 목적은 미래의 보상 합의 기댓값을 최대화하는 것입니다. 즉, 쉽게 말해서 높은 보상 합의 기댓값을 주는 쪽으로 정책을 학습하는 것입니다. 그렇다고 매번 높은 보상 합의 기댓값을 주는 정책만 찾는다면 어떻게 될까요? 그렇게 되면 에이전트는 마르코프 결정 과정으로 정의된 환경의 많은 상태들을 경험하지 못하고 경험한 곳에서만 동작할 것입니다. 에이전트는 때로는 높은 보상 합의 기댓값이 아닌 한 번도 가보지 않은 상태를 경험해보아야 합니다. 그래야 더 좋은 정책을 찾을 가능성이 생기기 때문입니다.

그림 3-5 탐험과 활용을 이해하기 위한 배달 음식 선택 예시

그림 3-5 예시를 통해 조금 더 쉽게 비유해보겠습니다. 예를 들어 가상의 인물 철수가 배달 음식을 시켜 먹는 상황을 가정해봅시다. 그림 3-5는 철수가 배달 음식을 시켜 먹을 때 간단하게 4가지 식당 후보가 있고 이 중에서 어떤 식당을 고르는 것이 좋은 정책인지 판단하려고 합니다. 기존에 철수가 자주 시켜 먹었던 곳은 앞의 세 음식점 스쿨푸드, 도미노 피자, 혼밥 대왕이며, 네 번째 홍콩반점은 한 번도 시켜서 먹어보지 않았다고 가정하겠습니다.

기존의 철수의 경험에 의하면 도미노 피자가 가장 괜찮았다고 생각했고 도미노 피자를 주문할 수 있습니다. 즉, 이를 강화학습에 비유하면 보상의 합의 기댓값이 가장 높은 선택을 한다고 생각할 수 있습니다. 이를 '활용(exploitation)'이라고 합니다.

하지만 이렇게 단순한 원리로 매번 음식점을 선택하는 것은 좋은 선택이라고 할 수 없습니다. 때로는 한 번도 시켜보지 않은 음식점을 선택해보기도 하고, 상대적으로 덜 괜찮은 곳을 선택해보아야 새로운 메뉴를 경험하고 더 좋은 보상을 얻을 가능성을 얻게 됩니다. 철수는 이를 원리를 생각하여 홍콩반점을 처음으로 선택하여 홍콩반점 음식을 주문할 수 있습니다. 이를 강화학습에서는 '탐험(exploration)'이라고 합니다. 결론적으로, 홍콩반점 음식도 주문해본 철수는 경험에 의하여 도미노 피자보다 홍콩반점이 더 맛있었다는 것을 알게 됩니다. 이처럼 새로운 상태를 탐험하는 것은 굉장히 중요합니다.

강화학습에서 구체적인 탐험 알고리즘은 ϵ-greedy 정책, 톰슨 샘플링(Thompson sampling), 정보이론 기반 탐험 등 매우 많습니다. 여기서는 간단하게 ϵ-greedy 정책만 살펴보고 넘어가겠습니다.

ϵ-greedy 정책은 강화학습에서 매우 간단한 탐험 방법 중 하나입니다. 핵심 아이디어는 $1-\epsilon$의 확률로 '활용'을 하고, ϵ의 확률로는 '탐험'을 하는 것입니다. ϵ-greedy 정책을 간소화하면 식 3.11과 같습니다.

$$\pi(a_t|s_t) = \begin{cases} 1-\epsilon & \text{if } a_t = \underset{a_t}{\text{argmax}}\, Q(s_t,\, a_t) \\[2ex] \dfrac{\epsilon}{|A|-1} & \text{otherwise} \end{cases} \tag{3.11}$$

그림 3-5 예시를 통해 식 3.11의 ϵ-greedy 정책의 확률을 한번 계산해보겠습니다. ϵ은 0.1로 가정하고, $Q(s_t,\, a_t)$는 도미노피자가 가장 높다고 가정하겠습니다. 총 행동의 수는 네 가지이므로 $|A|=4$가 됩니다. 그렇다면, 철수는 $1-\epsilon$, 즉 0.9의 확률로 도미노 피자를 선택하며 '활용'하고, 나머지 세 가지 음식점에 대해서는 각각 $\dfrac{\epsilon}{|A|-1}$, 즉 약 0.03의 확률로 선택하게 됩니다. 다음 절에서는 정책 기반 강화학습과 가치 기반 강화학습에 대해 간략히 살펴보겠습니다.

3.3 강화학습 알고리즘의 종류

지난 절에서는 강화학습의 핵심 개념 중 하나인 탐험과 활용에 대해 알아봤습니다. 이번 절에서는 큰 갈래에서 강화학습의 다양한 알고리즘 종류들에 대해 알아보겠습니다.

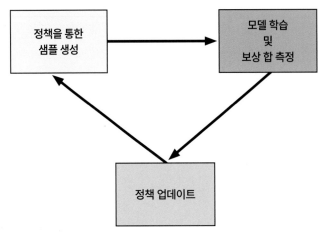

그림 3-6 강화학습 알고리즘의 일반적인 흐름도

그림 3-6은 일반적인 강화학습 알고리즘의 흐름도를 보여줍니다. 강화학습에서는 먼저 어떤 정책을 통해서 샘플을 생성합니다. 이때 생성하는 샘플은 앞서 살펴봤던 일련의 trajectory $\tau = (s_1, a_1, ..., s_T, a_T)$라고 생각할 수 있습니다. 이 샘플을 통해 우리는 어떤 모델을 학습하거나 혹은 보상의 합을 측정할 수 있습니다. 그리고 학습된 모델 혹은 측정한 보상의 합을 통해 정책을 업데이트합니다.

강화학습의 알고리즘들은 위 흐름도에서 모두 설명이 가능합니다. 대표적으로는 모델 기반 강화학습, 정책 기반 알고리즘, 가치 기반 알고리즘, 그리고 액터 크리틱 알고리즘이 있습니다.

모델 기반 강화학습은 생성한 샘플을 통해 변환 확률(transition probability)을 모델링한 Dynamics 모델(혹은 transition 모델)을 학습하고 이를 활용한 정책 업데이트를 수행합니다. 이 책에서는 따로 모델 기반 강화학습은 메타 강화학습에 활용하지 않는 관계로 자세히 다루지 않습니다.

앞으로 나머지 정책 기반, 가치 기반, 액터 크리틱 알고리즘들에 대해 간단히 살펴볼 것입니다. 우선 이 세 가지 알고리즘을 간단히 알아보기 전에 이를 이해하기 위해 필요한 개념 중 하나인 on-policy 와 off-policy 개념에 대해서 간략히 알아보겠습니다.

3.3.1 On-policy와 Off-policy

On-policy와 Off-policy는 학습하고자 하는 정책과 실제로 데이터를 만들어내는 정책이 동일한지 여부에 따라 나뉘는 개념입니다. 만약 학습(업데이트)되는 정책과 데이터를 만들어내는 정책이 같다면 On-policy입니다. 반대로, 업데이트되는 정책과 데이터를 만들어내는 정책이 달라도 되는 경우는 Off-policy입니다.

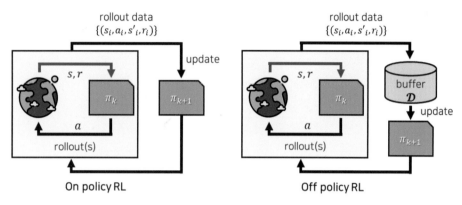

그림 3-7 On policy 강화학습과 Off-policy 강화학습(UC Berkeley, CS285 변형)

그림 3-7을 통해 On-policy 강화학습과 Off-policy 강화학습을 쉽게 이해할 수 있습니다. 왼쪽 그림인 On-policy부터 보겠습니다. 먼저 정책 π_k를 통해 에이전트는 환경과 상호작용을 하며, 데이터 (s_i, a_i, s_i', r_i) 여러 개를 만들어냅니다. 그리고 이 데이터를 이용하여 정책 π_k를 정책 π_{k+1}로 업데이트합니다. 즉, 여기서는 데이터를 만들어낸 정책과 업데이트되는 정책이 같다고 할 수 있습니다. 이후 이 과정을 계속 반복하게 됩니다.

반면에, 오른쪽 그림인 Off-policy를 보겠습니다. Off-policy 강화학습에서도 마찬가지로 정책 π_k를 활용하여 데이터 (s_i, a_i, s_i', r_i)를 여러 개 만들어냅니다. 그리고 리플레이 메모리 역할을 하는 일종의 버퍼(buffer)를 두고 데이터들을 여기에 모읍니다. 이후 정책 π_k를 정책 π_{k+1}로 업데이트할 때는, 이 버퍼에서 데이터를 샘플링하여 학습을 합니다. 즉, 특정 프로세스에서 정책 π_k로 모은 데이터만을 가지고 π_{k+1}로 업데이트하는 On-policy와 달리, Off-policy에서는 버퍼에서 모아둔 데이터를 샘플링하기 때문에 $\pi_{k-1}, \pi_{k-2}, \dots$ 등 과거에 모아두었던 데이터까지 재활용을 할 수 있습니다. 한 가지 개념을 명확히 할 것은 Off-policy가 항상 버퍼를 사용하는 것은 아닙니다. 중요한 것은 현재 데이터를 만들어내는 정책과 업데이트되는 정책이 달라도 되는지 여부입니다.

그렇다면 On-policy 강화학습과 Off-policy 강화학습의 장점은 무엇일까요? 일반적으로 On-policy 강화학습은 학습 프로세스에서 가장 최근의 데이터를 활용해서 학습하기 때문에 비교적 학습이 안정적입니다. Off-policy 강화학습의 경우 과거의 경험들과 최근의 경험들을 모두 버퍼에 저장하고 샘플링하여 사용하기 때문에 과거의 경험들을 재사용함으로써 샘플 효율성이 높습니다.

3.3.2 정책 기반 알고리즘

정책 기반 알고리즘(policy-based algorithms)은 일반적으로 가치함수 개념 없이 정책만을 사용하여 학습하는 알고리즘을 일컫습니다. 그림 3-8은 정책 기반 강화학습 알고리즘의 일반적인 흐름도를 보여줍니다.

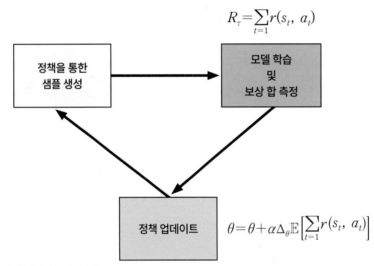

그림 3-8 정책 기반 강화학습 알고리즘 흐름도

정책 기반 알고리즘에서는 현재 정책을 통해 샘플들을 생성하고, 이 데이터를 통해 보상 합을 측정합니다. 이 측정된 값은 곧 강화학습의 직접적인 목적 함수의 값이 되며, 이를 직접 미분하여 정책 네트워크를 업데이트하게 됩니다. Policy gradient 계열의 대표 알고리즘인 REINFORCE 알고리즘(Sutton et al., 2000)이 여기에 해당됩니다.

일반적으로 정책 기반 강화학습은 좋은 수렴성(convergence)을 보이며, 고차원의 연속적 행동 공간을 다루는 문제에서 효과적으로 알려져 있습니다. 또한 확률적 정책(stochastic policies)을 배울 수 있습니다. 다만 정책을 학습할 때, 많은 타임스텝의 에피소드를 거쳐 얻은 목적 함수 값으로 업데이트를 하기 때문에 상대적으로 높은 분산(high variance)을 갖게 되며 이는 학습을 무겁고 어렵게 만드는 요인이 될 수 있습니다.

3.3.3 가치 기반 알고리즘

가치 기반 알고리즘(value-based algorithms)은 정책 기반 알고리즘과는 다르게 가치 함수를 사용하여 정책을 업데이트합니다. 그림 3-9는 가치 기반 강화학습 알고리즘의 일반적인 흐름도를 보여줍니다.

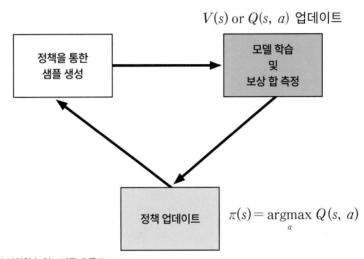

그림 3-9 가치 기반 강화학습 알고리즘 흐름도

가치 기반 강화학습에서는 현재 정책을 통해 샘플들을 생성하여 바로 정책을 업데이트하지 않고 상태 가치 함수 혹은 Q 함수를 학습합니다. 이후 이 가치 함수를 통하여 가치 함수가 높은 쪽으로 결정적으로 정책을 업데이트하게 됩니다. 대표적으로 DQN(Mnih et al., 2013)이 여기에 해당됩니다.

일반적으로 가치 기반 강화학습은 시간차 학습(temporal difference learning)을 활용하며, 타임스텝마다 실시간으로 업데이트할 수 있다는 장점이 있습니다. 따라서 정책 기반 강화학습과 비교할 때, 분산은 크지 않습니다. 다만 학습 과정에서 가치 함수를 업데이트하기 위한 라벨 역할을 하는 타깃(target)에 실제 가치 함수 값이 아닌 가치 함수의 예측 값이 들어가야 하는 부트스트래핑

(bootstrapping) 문제가 존재하여 편향(biased)되는 문제가 있으며, 이는 학습을 불안정하게 만드는 요인이 될 수 있습니다.

3.3.4 액터 크리틱 알고리즘

액터 크리틱 알고리즘(Actor–Critic algorithms)은 앞서 설명한 정책 기반 강화학습의 단점과 가치 기반 강화학습의 단점을 어느 정도 보완할 수 있도록 정책 신경망과 가치 함수 신경망을 함께 활용하여 학습합니다. 그림 3-10은 액터 크리틱 강화학습 알고리즘의 일반적인 흐름도를 보여줍니다.

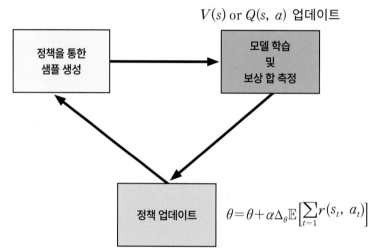

그림 3-10 액터 크리틱 강화학습 알고리즘 흐름도

액터 크리틱 강화학습은 그림 3-10과 같이 시간차 학습(temporal difference learning)을 활용하여 타입 스텝마다 실시간으로 가치함수를 학습하며 이를 활용하여 정책을 학습합니다. 따라서 일반적으로 액터 크리틱 강화학습은 정책 기반 강화학습의 높은 분산(high variance) 문제와 가치 기반 강화학습의 불안정한 학습 문제를 어느 정도 완화할 수 있다는 장점을 가지고 있습니다.

이번 3.3절에서 설명한 강화학습 알고리즘 종류 및 장단점에 대한 내용은 매우 일반적인 관점에서의 내용을 정리한 것입니다. 실제로 구체적인 알고리즘들을 특정 문제에 적용할 때는 다양한 문제가 발생하며, 여기서 언급한 각 알고리즘별 장단점이 모든 문제에 똑같이 작용하는 것은 아닐 수 있습니다. 강화학습이 처음이신 독자분께서는 더 많은 논문, 강의, 기타 자료들로 꾸준히 강화학습 전반에 대한 이해를 넓혀 가시길 바랍니다. 다음 절부터는 4장 메타 강화학습에 활용될 구체적인 알고리즘인 TRPO(Trust Region Policy Optimization)와 PPO(Proximal Policy Optimization), 그리고 SAC(Soft Actor Critic)에 대해서 알아보겠습니다.

3.4 TRPO(Trust Region Policy Optimization)

이번 절에서는 정책 기반 강화학습의 대표적인 알고리즘 중 하나인 TRPO(Schulman et al., 2015)를 소개하겠습니다. TRPO는 비교적 이해하기 어려운 강화학습 알고리즘 중 하나로 여러 어려운 수학적 개념들이 필요합니다. 추후 메타 강화학습의 여러 알고리즘에 TRPO가 쓰이므로 이번 절에서는 직관적으로 TRPO를 이해할 수 있는 최소한의 설명만이 진행될 예정입니다.

3.4.1 TRPO 아이디어

어떤 정책 π가 주어졌을 때 그 정책의 성능을 $\eta(\pi)$라고 합시다. 즉, $\eta(\pi) = \mathbb{E}_{s_0, a_0, \dots} \left[\sum_{t=0}^{\infty} \gamma^t r(s_t) \right]$ 라고 정의해보겠습니다. TRPO는 여기서 Kakade and Langford(2002)가 밝혀낸 식 3.12로부터 출발합니다. 여기서 $A_\pi(s_t, a_t)$는 어드밴티지 함수로서 Q 함수와 상태 가치함수의 차이인 $A_\pi(s_t, a_t) = Q_\pi(s_t, a_t) - V_\pi(s_t)$로 정의됩니다.

$$\eta(\tilde{\pi}) = \eta(\pi) + \mathbb{E}_{s_0, a_0, \dots, \sim \tilde{\pi}} \left[\sum_{t=0}^{\infty} \gamma^t A_\pi(s_t, a_t) \right] \tag{3.12}$$

위 식은 서로 다른 정책 π와 $\tilde{\pi}$에 대하여 각 정책의 성능 $\eta(\tilde{\pi})$와 $\eta(\pi)$의 관계식을 나타냅니다. 즉, 정책 $\tilde{\pi}$의 성능 $\eta(\tilde{\pi})$는 정책 π의 성능 $\eta(\pi)$에 감가된 어드밴티지의 합을 더한 것과 동일하다는 것입니다. 주의할 점은 각 어드밴티지 값은 정책 π에 대한 값이지만 어드밴티지의 기댓값을 구하기 위해 데이터를 만들어내는 정책은 $\tilde{\pi}$라는 것입니다.

여기서 우리는 위의 식을 시간축이 아닌 각 상태에 대한 방문 빈도(state visitation frequency)의 관점으로 바꿔볼 것입니다. 정책 π를 따를 때, 정규화되지 않은 감가된 상태 방문 빈도 $\rho_\pi(s)$를 식 3.13과 같이 정의합시다.

$$\rho_\pi(s) = P(s_0 = s) + \gamma P(s_1 = s) + \gamma^2 P(s_2 = s) + \cdots \tag{3.13}$$

$$\eta(\tilde{\pi}) = \eta(\pi) + \sum_s \sum_{t=0}^{\infty} \gamma^t P(s_t = s | \tilde{\pi}) \sum_a \tilde{\pi}(a|s) A_\pi(s, a)$$
$$= \eta(\pi) + \sum_s \rho_{\tilde{\pi}}(s) \sum_a \tilde{\pi}(a|s) A_\pi(s, a) \tag{3.14}$$

여기서 우리는 식 3.12를 식 3.14와 같이 시간 축이 아닌 상태 방문 빈도를 기준으로 바꿔 쓸 수 있습니다. 그런데 우리가 여기서 어떤 강화학습 알고리즘을 만들기 위해 정책 $\tilde{\pi}$를 업데이트되는 정책이라 생각하고, 정책 π를 현재 정책이라고 생각해봅시다. 이 경우에 식 3.14에 포함된 상태 방문 빈도 $\rho_{\tilde{\pi}}(s)$가 알고리즘 설계를 까다롭게 만듭니다. 그 이유는 업데이트되는 정책 $\tilde{\pi}$에 대한 성능 $\eta(\tilde{\pi})$를 구하기 위해 업데이트 되는 정책 $\tilde{\pi}$에 대한 상태 방문 빈도 $\rho_{\tilde{\pi}}(s)$를 사용해야 하기 때문입니다. 따라서 이런 문제를 해결하기 위해 식 3.15와 같은 로컬 근사식(local approximation)을 사용합니다.

$$L_\pi(\tilde{\pi}) = \eta(\pi) + \sum_s \rho_\pi(s) \sum_a \tilde{\pi}(a|s) A_\pi(s, a) \tag{3.15}$$

위 식 3.15 로컬 근사식은 $\rho_{\tilde{\pi}}(s)$을 정책 π에 대한 상태 방문 빈도 $\rho_\pi(s)$로 대체했습니다. 이렇게 할 수 있는 이유가 무엇일까요?

$$L_{\pi_{\theta_0}}(\pi_{\theta_0}) = \eta(\pi_{\theta_0}) \tag{3.16}$$

$$\nabla_\theta L_{\pi_{\theta_0}}(\pi_\theta)|_{\theta=\theta_0} = \nabla_\theta \eta(\pi_\theta)|_{\theta=\theta_0} \tag{3.17}$$

그 이유는 결국 우리는 θ라는 파라미터를 가진 정책 네트워크 π_θ를 사용할 것이므로 파라미터 θ에 대하여 처음 θ_0에 대해 식 3.16과 같이 각각의 목적함수 값이 같고, 식 3.17과 같이 목적함수에 대한 미분값이 같기 때문입니다. 즉, 함수 값과 그 미분 값이 θ_0 근처에서는 같다고 해석할 수 있기 때문에 $\rho_{\tilde{\pi}}(s)$ 대신 $\rho_\pi(s)$를 사용하여 식 3.15와 같은 로컬 근사식을 정의할 수 있었습니다.

그러나 정책의 변화의 정도가 너무 크면 이 가정은 유효하지 않습니다. 정책을 업데이트하는데 얼마만큼 업데이트해야 이 식이 유효한지는 아직 알 수 없기 때문입니다. 이 책에서 자세히 설명하진 않으나, 이런 문제를 보완하고자 기존 Kakade and Langford가 제안한 conservative policy iteration

(CPI) 알고리즘에서는 만약 정책이 일정 수준 이하로 매우 적게 변한다면, $\eta(\pi)$도 같이 개선이 될 수 있음을 보였습니다. 하지만 이 방법은 우리가 일반적으로 쓰는 정책인 확률적 정책(stochastic policy)이 아닌 혼합 정책(mixture policy)에 적합한 방법이었기 때문에 다양한 강화학습 문제에 적용하는 것에 한계가 있었습니다.

TRPO는 이러한 한계점을 극복하고자 확률적 정책에도 적용 가능하며, 정책이 업데이트되면서 보상의 기댓값이 감소하지 않는 점을 보장함과 동시에, 정책 변경이 유효한 범위 내에서만 정책을 업데이트하는 방법입니다. 다음 절에서 조금 더 자세히 살펴보겠습니다.

3.4.2 Surrogate 목적 함수와 제약 조건

Surrogate 목적함수를 통한 단조 성능 개선(Monotonic Improvement) 보장

TRPO에서는 기존의 Kakade and Langford가 제안한 conservative policy iteration에서 일반적인 확률적 정책에도 적용 가능한 새로운 하한(lower bound)을 유도합니다. 분량상 많은 부분을 생략했으나 결론적으로 현재 정책 π와 새로운 정책 $\tilde{\pi}$에 대한 메트릭의 일종인 KL-divergence를 활용하여 다음과 같은 수식들을 도출합니다.

$$D_{\text{KL}}^{\max}(\pi,\ \tilde{\pi}) = \max_s D_{KL}(\pi(\cdot|s)\|\tilde{\pi}(\cdot|s)) \tag{3.18}$$

$$\eta(\tilde{\pi}) \geq L_\pi(\tilde{\pi}) - C\, D_{\text{KL}}^{\max}(\pi,\ \tilde{\pi})\ \ \text{where}\ C = \frac{4\epsilon\gamma}{(1-\gamma)^2} \tag{3.19}$$

📖 노트 _ KL-divergence

두 분포 P와 Q의 유사성을 측정할 때 자주 사용되는 메트릭으로 $D_{\text{KL}}(P\|Q)$와 같이 쓰며, 두 분포가 서로 유사할수록 0에 가까워지며, 같은 분포에 대해선 0이 됩니다. KL-divergence는 기댓값의 형태로 풀어 쓸 수 있으며, 다음과 같습니다.

$$D_{\text{KL}}(P\|Q) = \mathbb{E}_{x\sim P}[-\log q(x)] - \mathbb{E}_{x\sim P}[-\log p(x)]$$
$$= \mathbb{E}_{x\sim P}\left[-\log\frac{p(x)}{q(x)}\right]$$

KL–divergence의 대표적인 특성은 다음 두 가지가 있습니다.

$$D_{\mathrm{KL}}(P\|Q) \geq 0$$

$$D_{\mathrm{KL}}(P\|Q) \neq D_{\mathrm{KL}}(Q\|P)$$

즉, 두 분포 P와 Q에 대한 KL–divergence는 항상 0보다 크거나 같으며, P와 Q의 순서가 달라질 경우 KL–divergence 값이 같을 것이라는 보장은 없습니다. 즉, KL–divergence는 두 분포의 유사성을 측정하는 좋은 도구이지만 엄밀히 말해서 거리 함수(distance function)는 아닙니다.

식 3.19는 $\eta(\tilde{\pi})$에 대하여 현재 정책 π와 새로운 정책 $\tilde{\pi}$이 너무 커지지 않는 선에서 안정적으로 정책을 업데이트할 수 있는 이론적 하한을 구한 것이라 볼 수 있으며, 여기서 ϵ은 $\max\limits_{s,\,a} |A_\pi(s,\,a)|$이며 γ는 감가율입니다.

이때 우리가 구한 하한식을 surrogate 목적함수라고 이름 짓고 $M_i(\pi) = L_{\pi_i}(\pi) - C\,D_{\mathrm{KL}}^{\max}(\pi_i,\,\pi)$로 정의합시다. 그렇다면 우리는 식 3.20이 성립한다는 것을 식 3.19를 통해 알 수 있습니다.

$$\eta(\pi_{i+1}) \geq M_i(\pi_{i+1})$$

$$\eta(\pi_i) = M_i(\pi_i) \tag{3.20}$$

$$\eta(\pi_{i+1}) - \eta(\pi_i) \geq M_i(\pi_{i+1}) - M_i(\pi_i)$$

다시 말해, 매번 업데이트마다 $M_i(\pi)$가 증가한다면 우리가 목표하는 실제 성능 η는 감소되지 않는다는 뜻입니다. 따라서 우리는 surrogate 목적함수 $M_i(\pi)$를 정책을 업데이트하기 위한 목적 함수로 사용할 수 있습니다.

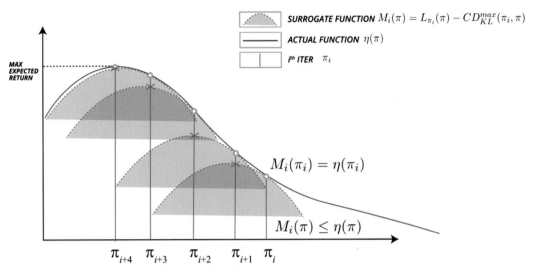

그림 3-11 TRPO의 surrogate loss를 이용한 정책 개선 방식

이를 바탕으로 최대 보상의 기댓값을 찾는 과정을 그림으로 나타내면 그림 3-11과 같습니다. 정책 π_i를 π_{i+1}로 개선시키는 과정에서 surrogate 목적함수 $M_i(\pi_i)$을 먼저 구하고, $M_i(\pi_i)$를 통해 π_{i+1}로 업데이트를 합니다. 업데이트 시 π_i에서 멀어지면 $\eta(\pi)$와 $M_i(\pi)$의 차이는 커지지만 $M_i(\pi)$ 내부에 이미 $D_{KL}^{\max}(\pi, \tilde{\pi})$이 포함되어 있기 때문에, $M_i(\pi)$의 최댓값을 만족하는 π_{i+1}는 실제 목표함수 $\eta(\pi)$가 상승하는 방향으로 전개되고 있음을 그림을 통해 직관적으로 확인할 수 있습니다. 이러한 형태의 알고리즘을 Minorization Maximization 알고리즘이라 부르기도 합니다.

Surrogate 목적함수를 통한 제약 조건이 있는 최적화(Constrained-Optimization)

강화학습은 기본적으로 에이전트과 환경과 상호작용하며 만들어내는 데이터를 통해 학습합니다. 즉, 강화학습은 trajectory 데이터를 샘플링할 수 있어야 합니다. 우리는 이제 위에서 살펴본 이론적 틀을 토대로 샘플링이 가능한 강화학습 알고리즘을 유도해낼 것입니다. 샘플링이 가능한 형태로 식을 바꾸기 전에 약간의 변형을 시도하겠습니다. 앞으로 우리는 θ라는 파라미터를 가지는 정책 π_θ을 가정하여 위에서 유도한 목적함수를 다시 써보겠습니다.

$$\text{maximize}_\theta \left[L_{\theta_{\text{old}}}(\theta) - CD_{\text{KL}}^{\max}(\theta_{\text{old}}, \theta) \right] \tag{3.20}$$

즉, 식 3.21은 θ_{old}에서 θ로 업데이트하는 하한식으로 surrogate 목적함수를 다시 쓴 것입니다. 여기서 페널티(penalty) 계수 C를 명시적으로 곱해주는 것이 아니라 식 3.22와 같이 KL divergence 자체에 제한(constraint)을 준다면 우리는 조금 더 강건한 방법으로 더 큰 스텝의 업데이트를 할 수 있습니다.

$$\text{maximize}_{\theta} L_{\theta_{\mathrm{old}}}(\theta) \ \text{ subject to } D_{\mathrm{KL}}^{\max}(\theta_{\mathrm{old}}, \theta) \leq \delta \tag{3.22}$$

즉, KL-divergence 관련 항인 $D_{\mathrm{KL}}^{\max}$가 일정 수준 δ보다 작아진다는 제한을 주는 것입니다. 하지만 이식을 그대로 사용하면 모든 상태 공간에 대해 KL-divergence 관련 항이 제한되는 것이므로 너무 많은 제한을 부과하여 다루기 힘들어질 수 있습니다. 따라서 샘플링을 통한 평균 KL-divergence를 고려하는 휴리스틱 근사 방법을 사용하여 다시 식 3.23으로 변형합니다.

$$\text{maximize}_{\theta} L_{\theta_{\mathrm{old}}}(\theta) \ \text{ subject to } \bar{D}_{\mathrm{KL}}^{\rho_{\theta_{\mathrm{old}}}}(\theta_{\mathrm{old}}, \theta) \leq \delta$$
$$\text{where } \bar{D}_{\mathrm{KL}}^{\rho_{\theta_{\mathrm{old}}}}(\theta_{\mathrm{old}}, \theta) = \mathbb{E}_{s \sim \rho}\left[D_{\mathrm{KL}}\left(\pi_{\theta_{\mathrm{old}}}(a|s) || \pi_{\theta}(a|s)\right)\right] \tag{3.23}$$

이제 위에서 유도한 평균 KL-divergence 제한을 준 surrogate 목적함수를 통해 구체적으로 샘플링가능한 강화학습 목적함수를 유도해봅시다. 식 3.23을 풀어서 다시 쓰면 식 3.24와 같습니다.

$$\text{maximize}_{\theta} \sum_{s} \rho_{\theta_{\mathrm{old}}}(s) \sum_{a} \pi_{\theta}(a|s) A_{\theta_{\mathrm{old}}}(s, a)$$
$$\text{subject to } \bar{D}_{\mathrm{KL}}^{\rho_{\theta_{\mathrm{old}}}}(\theta_{\mathrm{old}}, \theta) \leq \delta \tag{3.22}$$

위 식에서 샘플링이 가능하도록 만들기 위하여 세 가지 작업이 필요합니다. 첫째 맨 앞의 $\sum_{s} \rho_{\theta_{\mathrm{old}}}(s)[...]$ 항을 $\frac{1}{1-\gamma} \mathbb{E}_{s \sim \rho_{\theta_{\mathrm{old}}}}[\cdots]$으로 대체합니다. 맨 앞에 곱해지는 $\frac{1}{1-\gamma}$는 무한등비급수에 의해 유도된 계수이지만 우리가 최대화하고 싶은 θ와는 무관하므로 크게 신경 쓸 필요는 없습니다. 둘째, 어드밴티지 함수 $A_{\theta_{\mathrm{old}}}$는 Q 함수 $Q_{\theta_{\mathrm{old}}}$로 대체할 것입니다. 이 역시 $A_{\theta_{\mathrm{old}}} = Q_{\theta_{\mathrm{old}}} - V_{\theta_{\mathrm{old}}}$임으로 가치함수 $V_{\theta_{\mathrm{old}}}$가 일종의 상수항 역할을 하는 것이므로 생략해도 무방합니다. 마지막으로 내부항인 $\sum_{a} \pi_{\theta}(a|s) A_{\theta_{\mathrm{old}}}(s, a)$은 importance sampling 원리를 활용하여 $\mathbb{E}_{a \sim \pi_{\theta_{\mathrm{old}}}}\left[\frac{\pi_{\theta}(a|s)}{\pi_{\theta_{\mathrm{old}}}(a|s)} A_{\theta_{\mathrm{old}}}(s, a)\right]$로 대체합니다.

Importance sampling은 기댓값을 계산하고자하는 확률분포 P의 확률 밀도 함수(PDF: probability density function)는 알고 있지만 샘플을 생성하기 어려울 때, 샘플을 생성할 수 있는 확률분포 Q에서 샘플링하여 확률분포 P의 기댓값을 계산하는 방법을 말합니다. 이는 다음 식과 같이 계산할 수 있습니다.

$$\mathbb{E}_{x \sim P}[f(x)] = \int p(x)f(x)dx = \int \frac{p(x)}{q(x)}q(x)f(x)dx = \mathbb{E}_{x \sim Q}\left[\frac{p(x)}{q(x)}f(x)\right]$$

즉, TRPO에서 사용한 세번째 원리는 위 식의 $p(x)$는 $\pi_{\theta_{old}}(a|s)$에 대응되고 $q(x)$는 $\pi_\theta(a|s)$에 대응된다고 할 수 있습니다.

위와 같은 세 가지 작업을 모두 적용한 샘플링이 가능한 최적화 문제는 식 3.25와 같습니다.

$$\text{maximize}_\theta \mathbb{E}_{s \sim \rho_{\theta_{old}}, a \sim \pi_{\theta_{old}}}\left[\frac{\pi_\theta(a|s)}{\pi_{\theta_{old}}(a|s)}Q_{\theta_{old}}(s, a)\right]$$
$$\text{subject to } \mathbb{E}_{s \sim \rho_{\theta_{old}}}\left[D_{KL}(\pi_{\theta_{old}}(\cdot|s)||\pi_\theta(\cdot|s))\right] \leq \delta$$

(3.25)

TRPO에서는 제약조건을 사용하여 앞서 언급한 대로, KL-divergence를 사용해서 정책 네트워크의 파라미터 θ를 θ_{old}에 가까운 영역 위주로 line search를 하면서 과도한 스텝 사이즈 문제를 해결합니다. 여기서 TRPO는 다른 강화학습 알고리즘과 달리 제약조건을 사용한 최적화 문제를 풀기 때문에, 일반적인 신경망을 업데이트하는 데 사용하는 1차 경사하강법과는 다른 방식인 컬레 그라디언트법 (conjugate gradient method)을 사용합니다. 이는 다음 절에서 간략하게 다루겠습니다.

목적함수 $h(x)$를 최소화하는 x를 찾는 방법 중 하나로써, x_k를 기준으로 하강 방향 p_k를 구한 다음, $h(x_k + ap_k)$가 작게 나오는 스텝 사이즈 α를 정해서, $x_{k+1} = x_k + ap_k$로 x를 반복해서 업데이트하는 방법을 말합니다.

3.4.3 켤레 그라디언트법 기반 최적화

켤레 그라디언트법을 활용한 제약 조건이 있는 최적화

TRPO의 제약조건을 만족하면서 정책을 최적화하는 방법으로 원 논문에서는 Natural policy gradient (Kakade, 2002)의 아이디어를 활용하여 다음과 같은 두 단계의 방식을 제안합니다.

1. 목적함수는 1차식으로 근사하고 KL−divergence 제약식을 2차항으로 근사하여 탐색방향 계산

2. 해당 방향에 대해 line search로 이동거리 계산

첫번째 단계는 식 3.25에서 첫번째 항은 그대로 1차 미분을 하여 선형 근사(linear approximation)를 하고, KL divergence $D_{KL}\left(\pi_{\theta_{old}}(\cdot|s)||\pi_\theta(\cdot|s)\right)$는 $\frac{1}{2}(\theta_{old}-\theta)^T A(\theta_{old})(\theta_{old}-\theta)$과 같은 2차 근사 (quadratic approximation)를 수행하여 정책을 업데이트하는 것이 목적입니다. 여기서 2차항에 들어가는 행렬인 $A(\theta_{old})$은 $A(\theta_{old})_{ij} = \frac{\partial}{\partial\theta_i}\frac{\partial}{\partial\theta_j} D_{KL}\left(\pi_{\theta_{old}}(\cdot|s)||\pi_\theta(\cdot|s)\right)|_{\theta=\theta_{old}}$으로 정의합니다. 이러한 2차 근사는 대규모 차원의 상태에 대해서 기하급수적으로 많은 연산을 필요로 합니다. TRPO 에서는 연산 횟수를 줄이기 위해 상대적으로 적은 업데이트 스텝 내에 최적해로 수렴할 수 있고 행렬 $A(\theta_{old})$를 전부 구할 필요 없는 켤레 그라디언트법을 채택합니다.

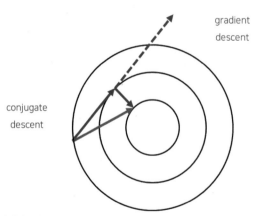

그림 3−12 경사 하강법과 켤레 그라디언트법의 차이

그림 3−12에서 켤레 그라디언트법과 단순 경사 하강법의 차이를 알 수 있습니다. 경사 하강법에서는 그라디언트 방향이 결정될 때, 목적함수 값이 가장 작은 부분에서는 본래 그라디언트와 수직이 되는

곳입니다. 따라서 계속 업데이트 과정이 진행될 때 직관적으로 지그재그로 학습이 되어 학습이 불안정해질 수 있습니다. 그러나 켤레 그라디언트법은 저렇게 지그재그로 스텝 업데이트가 진행되기보다는 한 스텝 안에 본래 그레디언트 방향과 수직한 방향으로도 스텝 업데이트가 진행되기 때문에, 경사하강법보다 적은 업데이트 횟수를 갖게 됩니다. 수식을 포함한 구체적인 켤레 그라디언트법은 분량상 본 책에서는 생략합니다.

TRPO는 강화학습 알고리즘 중 이론적으로 매우 어려운 알고리즘에 속합니다. 본 책에서도 큰 줄기를 설명했지만 분량상 중간중간 모든 논리적인 이론을 모두 담지는 못했습니다. 또한 본 책의 목적은 메타러닝을 다루는 것이므로 TRPO의 부분적 어려운 개념들을 아주 자세히 다루진 않았습니다. TRPO를 제대로 공부해보고 싶으신 분들은 반드시 원 논문을 읽어보시길 바랍니다. 다음으로는 메타 강화학습 알고리즘에 쓰일 또 다른 강화학습 알고리즘인 PPO에 대해 살펴보겠습니다.

3.5 PPO(Proximal Policy Optimzation)

강화학습에서 TRPO는 매우 이론적으로 접근한 방법이며 상당히 복잡하고 이해하기가 어렵습니다. 특히 TRPO의 surrogate 목적함수에 대해 2차 근사를 통해 최적화 문제를 푸는 방법이 다소 복잡합니다. 이번 절에서 설명할 PPO는 TRPO의 이러한 단점을 보완하여 1차 근사만으로 이 최적화 문제를 풀 수 있는 새로운 아이디어를 제안했으며, 실용적으로 꽤 잘 동작하며 널리 쓰이는 알고리즘입니다.

3.5.1 PPO 아이디어

비록 TRPO가 어려운 이론적 배경을 활용하여 단조 성능 개선을 보장하는 강력한 알고리즘이지만 아직 여러 가지 속성들에 대해 개선할 여지는 많았습니다. 강화학습 알고리즘은 확장성(scalability) 측면에서 큰 모델과 병렬적 처리(parallel implementation)가 가능한 구현이 가능해야 하며 데이터 효율성(data efficiency)도 중요합니다. 또한 하이퍼파라미터(hyperparameter)에 강건한 알고리즘을 만드는 것도 중요한 이슈입니다. 특히 TRPO의 surrogate 목적함수는 2차 근사를 통해 최적화를 하기 때문에 다소 복잡하며, 액터 크리틱(actor critic) 형태의 모델을 사용할 때, 정책 네트워크(policy network)와 가치 네트워크(value network)의 파라미터 공유(parameter sharing)를 사용하기 어렵습니다. 결론적으로 PPO는 위와 같은 속성들을 해결하고자 했으며, 이를 위해 clipped surrogate 목적함수를 통해 1차 근사하는 알고리즘입니다.

3.5.2 Clipped Surrogate 목적함수

먼저 TRPO의 surrogate 목적함수에서 시작해봅시다. TRPO의 surrogate 목적함수는 식 3.26과 같습니다. TRPO에서 기술한 수식들과 약간의 차이가 있지만 큰 틀에서 의미적으로 다르지 않습니다.

$$\text{maximize}_\theta \widehat{\mathbb{E}}_t \left[\frac{\pi_\theta(a|s)}{\pi_{\theta_{\text{old}}}(a|s)} \hat{A}_t \right]$$
$$\text{subject to } \widehat{\mathbb{E}}_t \left[\text{KL}(\pi_{\theta_{\text{old}}}(\cdot|s), \ \pi_\theta(\cdot|s)) \right] \leq \delta \tag{3.26}$$

위 식에서 TRPO는 앞의 항을 1차 선형 근사식으로 만들고 뒤의 KL-divergence 제한 조건을 준 항을 2차 근사식으로 만들어 켤레 그라디언트법으로 최적화를 수행했습니다. 여기서 우리의 목적은 TRPO가 추구했던 단조 성능 개선을 보장하면서도 최적화 문제를 1차 근사식으로만 풀 수 있는 알고리즘을 만들어내는 것입니다. 이를 위해 위 surrogate 목적함수에 대해 라그랑주 승수법(Lagrange multiplier method)을 적용하여 제약 조건이 없는 최적화 문제로 바꿀 수 있으며 식 3.27과 같이 적어보겠습니다.

$$\text{maximize}_\theta \widehat{\mathbb{E}}_t \left[\frac{\pi_\theta(a|s)}{\pi_{\theta_{\text{old}}}(a|s)} \hat{A}_t - \beta \text{KL}(\pi_{\theta_{\text{old}}}(\cdot|s), \ \pi_\theta(\cdot|s)) \right] \tag{3.27}$$

하지만 TRPO에서 위와 같이 페널티 항을 두는 것보다 제약 조건을 둬서 최적화 문제를 푼 이유가 있습니다. 이 식을 그대로 푸는 것은 β만을 조절하면서 SGD(stochastic gradient descent)와 같은 1차 근사를 해야 하는데, 이것만으로는 여러 다른 문제에 대해 최적화하는 것이 쉽지 않습니다. 심지어 단일 문제에서도 학습 과정 특성이 변함으로써 위 페널티 식만으로 1차근사를 하는 것은 목적을 달성하기가 쉽지 않습니다. 원 논문에서는 실제로 실험에서도 β만으로 1차 근사를 하는 것이 어려움을 보였으며 이는 surrogate 목적함수에 대해 추가적인 변형이 있어야 함을 시사합니다.

PPO에서는 이러한 문제를 해결하고자 clipped surrogate 목적함수를 제안합니다. 우선 $r_t(\theta)$를 현재 정책과 업데이트할 정책의 확률 비율(probability ratio)이라고 정의해봅시다. (i.e. $r_t(\theta) = \dfrac{\pi_\theta(a|s)}{\pi_{\theta_{old}}(a|s)}$) 즉, $r(\theta_{old}) = 1$입니다. 그렇다면 TRPO는 내부적으로 식 3.28을 최대화한다고 할 수 있을 것입니다. 여기서 목적함수에 명명된 CPI는 Kakade & Langford(2002)에서 제안되었던 conservative policy optimization을 참조한다는 뜻입니다.

$$L^{CPI}(\theta) = \widehat{\mathbb{E}}_t \left[\frac{\pi_\theta(a|s)}{\pi_{\theta_{old}}(a|s)} \hat{A}_t \right] = \widehat{\mathbb{E}}_t \left[r_t(\theta) \hat{A}_t \right] \tag{3.28}$$

당연히 어떤 제약조건 없이 위 식을 최대화하려고 하면 지나치게 정책이 크게 업데이트되는 문제가 발생합니다. PPO에서는 식 3.29와 같은 clipped surrogate 목적함수를 제안했습니다.

$$L^{CLIP}(\theta) = \widehat{\mathbb{E}}_t \left[\min\left(r_t(\theta) \hat{A}_t, \ \text{clip}\left(r_t(\theta), \ 1-\epsilon, \ 1+\epsilon \right) \hat{A}_t \right) \right] \tag{3.29}$$

위 식이 의미하는 바는 무엇일까요? 우선 $\min(\cdots)$ 안의 첫번째 항 $r_t(\theta)\hat{A}_t$은 L^{CPI}임을 알 수 있습니다. 두번째 항 $\text{clip}(r_t(\theta), \ 1-\epsilon, \ 1+\epsilon)\hat{A}_t$은 두 정책의 확률 비율 r_t가 $[1-\epsilon, \ 1+\epsilon])$의 interval 밖으로 나가지 못하도록 clipping한다는 뜻입니다. 딥러닝을 경험해보신 분들은 'gradient clipping' 이라는 용어를 들어보셨을 것입니다. 예를 들어 순환 신경망에서는 종종 **그라디언트** 폭주(gradient exploding) 문제가 일어나는데 이를 방지하기 위해 강제로 gradient 값을 특정 임곗값을 넘지 않도록 하는 것이 gradient clipping입니다. 마찬가지 원리로 여기서는 두 정책이 너무 많이 변하지 않도록 두 정책의 확률 비율 r_t를 일정 구간 안으로 clipping합니다. 여기서 ϵ은 보통 0.1 혹은 0.2로 사용합니다. 즉, 식 3.29의 새로운 PPO의 surrogate 목적함수를 보면 unclipped 항과 clipped 항의 min을 취함으로써, 이 목적함수는 L^{CPI}에 대한 하한이 된다고 해석할 수 있습니다.

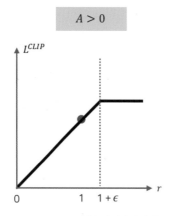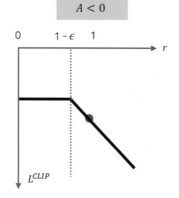

그림 3-13 Clipped surrogate 목적함수의 직관적 예시

그림 3-13을 통해 조금 더 쉽게 이해해보겠습니다. 빨간색 지점이 최적화를 시작하는 지점입니다. 왼쪽과 같이 어드밴티지 값이 0보다 클 경우, 에이전트는 업데이트할 정책 $\pi_\theta(a|s)$의 확률을 최대화하려고 할 것입니다. 즉, 정책의 확률 비율 $r_t(\theta) = \dfrac{\pi_\theta(a|s)}{\pi_{\theta_{old}}(a|s)}$가 커지도록 학습이 될 것입니다. 이때, 정책의 변화가 너무 커지지 않도록, 즉 $r_t(\theta)$가 $1+\epsilon$ 이상이 되지 않도록 clipping하여 안정적으로 학습이 가능하게 합니다.

반대로 오른쪽과 같이 어드밴티지 값이 0보다 작을 경우, 에이전트는 업데이트할 정책 $\pi_\theta(a|s)$의 확률을 최소화하려고 할 것입니다. 즉, 정책의 확률 비율 $r_t(\theta) = \dfrac{\pi_\theta(a|s)}{\pi_{\theta_{old}}(a|s)}$가 작아지도록 학습이 될 것입니다. 마찬가지로, 정책의 변화가 너무 커지지 않도록, 즉 $r_t(\theta)$가 $1-\epsilon$ 이하가 되지 않도록 clipping하여 안정적으로 학습이 가능하게 합니다.

> 📖 노트 _ Adaptive KL Penalty Coefficient
>
> PPO 원 논문에서는 clipped surrogate 목적함수 외에 KL-divergence에 페널티를 주는 방법도 제안했습니다. 이는 다음 수식과 같이 정의할 수 있습니다.
>
> $$L^{KLPEN}(\theta) = \widehat{\mathbb{E}}_t \left[\frac{\pi_\theta(a_t|s_t)}{\pi_{\theta_{old}}(a_t|s_t)} \hat{A}_t - \beta \mathrm{KL}\left[\pi_{\theta_{old}}(\cdot|s_t), \pi_\theta(\cdot|s_t) \right] \right]$$
>
> $d = \widehat{\mathbb{E}}_t \left[\mathrm{KL}\left[\pi_{\theta_{old}}(\cdot|s_t), \pi_\theta(\cdot|s_t) \right] \right]$ 계산
>
> – 만약 $d < d_{target} / 1.5$이면 $\beta \leftarrow \beta / 2$
>
> – 만약 $d > d_{target} \times 1.5$이면 $\beta \leftarrow \beta \times 2$

위 최적화 방법의 직관적인 해석은 다음과 같습니다. 만약 KL-divergence가 너무 작으면 정책이 많이 변하지 않았다는 의미이므로 이 페널티의 계수인 β를 2로 나누어 작게 만듭니다. 반대로 만약 KL-divergence가 너무 크다면 정책이 많이 변했다는 의미이므로 페널티를 크게 주기 위해 β에 2를 곱하여 크게 만듭니다.

여기서 업데이트된 β는 다음 정책 업데이트에 계속 사용됩니다. 이 방법이 clipped surrogate 목적함수에 비해 성능은 좋지 않아 선호되진 않지만 유의미한 베이스라인으로 많이 사용되고 있습니다.

3.5.3 PPO 알고리즘

위에서 살펴본 PPO의 아이디어를 구체적으로 어떻게 구현할 수 있을까요? 기본적으로 $L^{CLIP}(\theta)$ 또는 $L^{KLPEN}(\theta)$에 대한 코드를 작성하고 텐서플로(TensorFlow), 파이토치 등의 자동 미분 소프트웨어(automatic differentiation software)를 사용하여 SGD, Adam을 통해 1차 근사로 학습할 수 있습니다. 여기서 어드밴티지 함수의 분산을 줄이기 위하여 generalized advantage estimation (GAE) (Schulman et al., 2015) 등을 함께 사용할 수 있습니다. 한 가지 적절한 어드밴티지를 측정하는 방법은 식 3.30 또는 조금 더 일반화한 식 3.31과 같은 truncated GAE를 사용하는 방법입니다.

$$\hat{A}_t = -V(s_t) + r_t + \gamma r_t + \cdots + \gamma^{T-t+1} r_{T-1} + \gamma^{T-t} V(s_T) \tag{3.30}$$

$$\hat{A}_t = \delta_t + (\gamma\lambda)\delta_{t+1} + \cdots + \cdots + (\gamma\lambda)^{T-t+1}\delta_T$$
$$\text{where } \delta_t = r_t + \gamma V(s_{t+1}) - V(s_t) \tag{3.31}$$

여기서 T는 에피소드의 길이가 아닌 그보다 훨씬 작은 타임스텝 하이퍼파라미터이며 λ는 어드밴티지의 분산(variance)과 편향(bias)을 조절해주는 하이퍼파라미터입니다. 본 책에서 GAE에 대한 자세한 설명은 하지 않지만, 우선은 어드밴티지 함수의 분산을 줄여주는 하나의 방법이라고 이해하고 넘어가셔도 좋습니다.

PPO에서 또 하나의 중요한 점은 액터 크리틱(actor-critic) 아키텍처를 사용한다는 것입니다. 이때 정책 네트워크(policy network)와 가치 네트워크(value network)의 파라미터를 공유(parameter sharing)한다면 전체 목적함수는 다음과 같이 정의합니다.

$$L_t^{CLIP+VF+S}(\theta) = \widehat{\mathbb{E}}_t \left[L_t^{CLIP}(\theta) - c_1 L_t^{VF}(\theta) + c_2 S[\pi_\theta](s_t) \right] \tag{3.32}$$

여기서 c_1와 c_2는 각 목적함수 항의 계수이며, $L_t^{VF}(\theta)$는 가치 네트워크의 손실함수(squared-error loss)입니다(i.e. $L_t^{VF}(\theta)=\left(V^\theta(s_t)-V_t^{\text{target}}\right)^2$). $S[\pi_\theta](s_t)$는 탐험을 장려하는 정책에 대한 엔트로피 보너스 항을 추가한 것입니다. 뒤에서 살펴볼 SAC도 이와 유사한 아이디어에서 출발합니다. 지금까지 살펴본 아이디어를 통합하여 고정된 길이의 trajectory segment를 사용한 PPO 알고리즘 의사코드는 다음과 같습니다.

PPO의 의사코드

```
function PPO(initial policy parameters θ₀)
  for each iteration do
    for each actor do
      Run policy π_θₒₗd in environment T for timesteps.
      Compute advantage estimates Â₁, ..., Â_T
    Optimize surrogate L with respect to θ, with K epochs and minibatch size M ≤ NT
    Update policy parameter θₒₗd ← θ
```

다소 어려울 수 있는 정책기반 강화학습 알고리즘인 TRPO와 PPO를 알아봤습니다. 이제 마지막으로 soft actor critic (SAC)까지 알아보고 강화학습 파트를 마무리하겠습니다.

3.6 SAC(Soft Actor Critic)

강화학습에서 에이전트에 가장 중요한 문제 중 하나는 탐색(exploration)과 활용(exploitation)의 적절한 균형을 찾는 것입니다. 기본적으로 Policy Gradient 방법은 보상의 기댓값(expected return)을 늘리는 것에 집중하기 때문에, 상대적으로 활용에 집중한다고 해석할 수 있습니다. 그렇기 때문에 Policy Gradient 방법을 사용하는 에이전트들은 학습 초기 단계에만 탐색을 하고, 학습할수록 극댓값 (local maxima)에 빠지기 쉽습니다. SAC는 기존 에이전트들의 탐험으로 인한 문제점을 해결하기 위해 정보 이론에서 엔트로피라는 개념을 가져옵니다. 이 엔트로피를 이용하여 학습에 탐색을 융합시켜, 에이전트로 하여금 탐색과 활용의 균형을 잡을 수 있게 합니다.

3.6.1 엔트로피

엔트로피(entropy)는 정보이론에 기반한 개념으로, 일반적으로 어떠한 확률 분포의 무질서한 정도 또는 불확실성을 나타냅니다. 예를 들어, 동전이 앞뒤가 나올 확률이 똑같다면, 이 동전을 던졌을 때 결과를 예측하길 어려우므로 엔트로피가 높습니다. 그러나, 만약 동전이 조작되어서 앞면이 나올 확률이 매우 높다면, 동전의 결과를 예측하기 비교적 쉬우므로 엔트로피가 앞의 상황보다 비교적 낮습니다. 그림 3–14가 이를 그래프로 표현합니다.

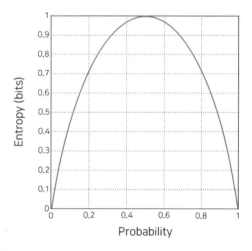

그림 3–14 동전 앞뒤가 나올 확률에 따른 엔트로피

📖 노트

엔트로피는 메시지의 평균 정보량으로 정의되기도 합니다. 동전을 던졌을 때의 결과를 메시지로 생각한다면 이 정의를 위의 예제와 연결할 수 있습니다. 만약 동전이 항상 앞면만 나온다면, 항상 같은 메시지만 관측되므로 평균 정보량이 0이 됩니다.

엔트로피는 통상적으로 H로 나타내며, 어떠한 확률 분포 P에 대해 엔트로피 $H(P)$를 다음과 같이 정의합니다.

$$H(P) = \mathbb{E}_{x \sim P}[-\log_b P(x)] \tag{3.33}$$

이 수식을 이용해서 위의 예제에서 동전의 앞뒤가 나올 확률이 동일할 경우의 엔트로피 값을 직접 계산할 수 있습니다. 동전은 두 개의 값만 존재하는 이산 확률 변수이므로, 엔트로피를 더 단순하게 표현할 수 있습니다.

$$H(P) = -\sum (p_i \log_b p_i)$$
$$= -p_{\text{front}} \log_b (p_{\text{front}}) - p_{\text{back}} \log_b (p_{\text{back}})$$

(3.34)

이 수식에 $\frac{1}{2}$의 값을 대입하면, 로그의 밑이 2일 때($b=2$) 엔트로피가 1인 것을 확인할 수 있습니다.

$$H(P) = -\frac{1}{2}\log_2 2^{-1} - \frac{1}{2}\log_2 2^{-1} = \frac{1}{2} + \frac{1}{2} = 1$$

(3.35)

> 📖 노트
>
> 엔트로피의 정의에서 로그의 밑에 따라 단위가 달라집니다. $b=2$를 사용할 경우 비트(bit) 또는 섀넌(Shannon)이라는 단위를 사용하고, $b=e$를 사용할 경우 내트(nat)라는 단위를 사용합니다.

3.6.2 최대 엔트로피 강화학습

이 정보이론의 개념을 강화학습에 가져와, SAC의 바탕이 되는 최대 엔트로피 강화학습(Maximum Entropy RL)에서는 엔트로피의 개념을 빌려 새로운 방식으로 가치 함수를 정의합니다. Policy Gradient에서는 확률적 정책(stochastic policy)을 사용하므로, 어떠한 정책에 대한 엔트로피를 계산할 수 있습니다. 상태 s_t에서 정책 π을 사용하는 에이전트의 정책 엔트로피 $H(\pi(\cdot|s_t))$는 다음과 같이 정의합니다.

$$H(\pi(\cdot|s_t)) = -\int_a \pi(a_t|s_t) \log \pi(a_t|s_t)$$

(3.36)

> 📖 노트
>
> 엔트로피는 논문에 따라 표기 방식이 조금씩 다릅니다. 우리는 SAC를 제시한 두 논문들이 쓰는 $H(\pi(\cdot|s_t))$를 그대로 쓰지만, 최대 엔트로피 강화학습의 이론을 다루는 다른 논문들에서는 $H_\pi[a_t|s_t]$ 등으로 표기됩니다.

정보이론과 동일하게, 정책의 엔트로피는 해당 정책의 무작위성을 나타내는 값입니다. 그러므로, 높은 엔트로피를 장려하는 것은 정책의 높은 무작위성을 장려하는 것과 같고, 이는 곧 에이전트의 탐색을 장려하는 것과 동일합니다. 에이전트가 정책의 엔트로피를 적절하게 유지한다면, 탐색을 증진시켜서 학습 속도를 빠르게 하고, 또 에이전트의 정책이 학습 초반에 잘못된 학습을 하는 것을 막을 수 있습니다.

이 아이디어를 바탕으로, 최대 엔트로피 강화학습은 엔트로피 값을 정규화 방식으로 사용해, 에이전트가 엔트로피에 비례한 보상을 추가로 획득하게 됩니다. 즉, 최대 엔트로피 강화학습의 목적함수 방정식에는 엔트로피 정규화 항이 추가됩니다. 이 정규화 항은 보상처럼 매 타임스텝 t에서 현재 상태 s_t에 대한 정책 π의 행동 분포 $\pi(\cdot|s_t)$를 통해 계산되어 목적함수에 더해집니다.

$$J(\pi) = \sum_{t=0}^{T} \mathbb{E}_{(s_t, a_t) \sim \rho_\pi}[r(s_t, a_t) + \alpha H(\pi(\cdot|s_t))] \tag{3.37}$$

위 수식에서 α는 에이전트가 엔트로피를 얼마나 중요시할지 조절할 수 있는 값으로, temperature라고 부릅니다. 이 변수가 높을수록 상대적으로 탐색을 장려하고, 낮을수록 탐색보다 활용을 장려하게 됩니다. 만약 α가 0이라면, 최대 엔트로피 강화학습을 기존 강화학습으로 복구할 수 있으므로, 최대 엔트로피 강화학습은 기존 강화학습을 아우르는 더 범용적인 시스템으로 볼 수 있습니다.

최대 엔트로피 강화학습에서 최적 정책은 결국 이 목적함수를 최대로 하는 정책이므로, 이 목적함수를 기반으로 최적 정책이 만족해야 할 수식을 정의할 수 있습니다.

$$\begin{aligned} \pi^* &= \arg\max_\pi J(\pi) \\ &= \arg\max_\pi \sum_t \mathbb{E}_{(s_t, a_t) \sim \rho_\pi}[r(s_t, a_t) + \alpha H(\pi(\cdot|s_t))] \end{aligned} \tag{3.38}$$

가치 함수

두 가치 함수 $V^\pi(s)$, $Q^\pi(s, a)$를 계산하는 수식 역시 최대 엔트로피 강화학습에서 엔트로피 항이 추가됩니다. 우선, 상태 가치 함수는 위의 목적함수 계산 방식처럼 매 타임 스텝마다 엔트로피를 더하는 방식으로 바뀝니다. 상태 가치 함수를 계산할 때는 가능한 정책 π에 따른 가능한 모든 trajectory $\tau = (s_1, a_1, ..., s_T, a_T)$의 기댓값을 구하며, 이때 매 타임스텝의 보상 $r_t = r(s_t, a_t)$에 엔트로피 항 $\alpha H(\pi(\cdot|s_t))$이 추가됩니다.

$$V_{\text{soft}}^{\pi}(s) = \mathbb{E}_{\tau \sim \pi,\, s_0 = s} \left[\sum_{t=0}^{\infty} \gamma^t \left(r_t + \alpha H(\pi(\cdot|s_t)) \right) \right] \tag{3.39}$$

행동 가치 함수 역시 똑같이 매 타임스텝 때 엔트로피를 더하는 방식으로 바뀌지만, 첫 번째 타임스텝은 이미 행동이 결정되었기 때문에 엔트로피 계산에서 제외됩니다.

$$Q_{\text{soft}}^{\pi}(s,\, a) = r_0 + \mathbb{E}_{\tau \sim \pi,\, s_0 = s,\, a_0 = a} \left[\sum_{t=0}^{\infty} \gamma^t \left(r_t + \alpha H(\pi(\cdot|s_t)) \right) \right] \tag{3.40}$$

기존 강화학습과 동일하게, 한 가치함수에서 다른 가치함수를 계산하는 것은 비교적 간단합니다. 예를 들어, $Q_{\text{soft}}^{\pi}(s,\, a)$를 이용해서 $V_{\text{soft}}^{\pi}(s)$를 계산하려면 상태 s에서 가능한 각 행동 a에 대한 가치의 기댓값에 상태 s의 정책 엔트로피를 더하면 됩니다.

$$\begin{aligned} V_{\text{soft}}^{\pi}(s) &= \mathbb{E}_{a \sim \pi} \left[Q_{\text{soft}}^{\pi}(s,\, a) \right] + \alpha H(\pi(\cdot|s)) \\ &= \mathbb{E}_{a \sim \pi} \left[Q_{\text{soft}}^{\pi}(s,\, a) - \alpha \log \pi(a_t|s_t) \right] \end{aligned} \tag{3.41}$$

반대로, $V_{\text{soft}}^{\pi}(s)$를 바탕으로 $Q_{\text{soft}}^{\pi}(s,\, a)$를 구할 수도 있습니다. 이 수식은 우리에게 익숙한 행동 가치 함수의 벨만 방정식입니다.

$$\begin{aligned} Q_{\text{soft}}^{\pi}(s,\, a) &= \mathbb{E}_{s' \sim P} \left[r(s,\, a) + \gamma \left(Q_{\text{soft}}^{\pi}(s',\, a') + \alpha H(\pi(\cdot|s')) \right) \right] \\ &= \mathbb{E}_{s' \sim P} \left[r(s,\, a) + \gamma V_{\text{soft}}^{\pi}(s') \right] \end{aligned} \tag{3.42}$$

소프트 정책 반복(Soft Policy Iteration)

이 벨만 방정식을 바탕으로, 우리는 최대 엔트로피 강화학습에서 정책 반복 알고리즘을 공식으로 표현할 수 있습니다. 정책 반복 알고리즘은 정책 평가(policy evaluation) 단계와 정책 개선(policy improvement) 단계로 이루어져 있습니다. 정책 평가 단계에는, 어떠한 정책 π에 대한 행동 가치 함수 Q^{π}를 계산하고, 정책 개선 단계에서는 이 행동 가치 함수 Q^{π}를 이용해서 더 나은 정책 π'를 구합니다. 이때, 각 단계를 수렴할 때까지 반복하면 에이전트가 학습한 행동 가치 함수 Q가 실제 행동 가치 함수 Q^{π}에 한없이 가까워질 뿐만 아니라, 이를 바탕으로 구한 새로운 정책 π'는 모든 상태에서 예전 정책보다 더 높은 가치를 가짐이 보장되어 있습니다. 그러므로 이를 무한히 반복하면, 그림 3-15처럼 결국 최적 정책에 수렴하게 된다는 것을 증명할 수 있습니다.

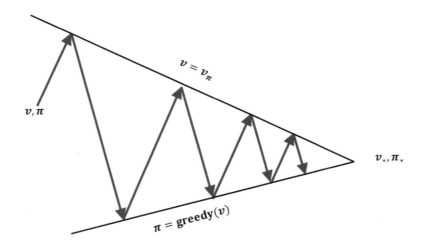

그림 3-15 정책 반복

 노트

정책 반복이 수렴한다는 보장은 오직 tabular setting에서만 적용됩니다. 이는 강화학습과 최대 엔트로피 강화학습에서도 동일합니다.

SAC를 제시한 논문은 최대 엔트로피 강화학습에서도 정책 반복 알고리즘이 최적 정책에 수렴함을 증명합니다. 우리는 이러한 정책 반복을 조금 더 복잡한 환경에 적용하기 위해서 행동 가치 함수 Q와 정책 π를 인공신경망으로 근사합니다.

정책 평가(Policy Evaluation)

어떠한 정책 π이 있을 때, 이 정책의 행동 가치 함수는 다음 벨만 방정식을 따릅니다.

$$Q^{\pi}(s,\ a)=\mathbb{E}_{s'\sim P}[r(s,\ a)+\gamma V^{\pi}(s')] \tag{3.43}$$

이 벨만 방정식을 기반으로 정책을 업데이트하는 Bellman backup operator $\mathcal{T}^{\pi}$를 정의할 수 있습니다.

$$\mathcal{T}^{\pi}Q(s_t,\ a_t)=r(s_t,\ a_t)+\gamma\mathbb{E}_{s_{t+1}\sim p}[V(s_{t+1})] \tag{3.44}$$

이때, 상태 가치 함수는 방정식 (3.45)과 같이 행동 가치 함수 $Q(s_t,\ a_t)$를 이용하여 정의할 수 있었습니다.

$$V(s_t) = \mathbb{E}_{a_t \sim \pi}[Q(s_t,\ a_t) - \log \pi(a_t,\ s_t)] \tag{3.45}$$

이 수식을 이용해서 우리는 $Q(s_t,\ a_t)$의 값으로 $\mathcal{T}^\pi Q(s_t,\ a_t)$을 계산할 수 있고, 이 $\mathcal{T}^\pi$를 계속해서 적용하면, tabular setting에서 Q 함수가 실제 Q 값 Q^π에 무한히 근접한다는 것을 증명할 수 있습니다.

이 정책 평가를 더 복잡한 환경에 적용하려면, Q 함수를 인공 신경망 Q_θ으로 근사해야 합니다. 이 신경망을 학습하기 위해서 목적 함수 J_Q를 정의하여 soft Bellman residual을 최소화하도록 학습시킵니다. 이 목적 함수는 신경망의 출력 $Q(s_t,\ a_t)$와 행동 a_t를 한 후 얻은 보상과 다음 상태의 가치 $V_\theta(s_{t+1})$를 더한 값을 비교해서 계산합니다. 이때 상태 가치 함수 $V_{\bar\theta}$는 인공신경망 $Q_{\bar\theta}$을 통해 계산합니다.

$$J_Q(\theta) = \mathbb{E}_{(s_t,\ a_t) \sim D}\left[\frac{1}{2}(Q_\theta(s_t,\ a_t) - (r(s_t,\ a_t) + \gamma \mathbb{E}_{s_{t+1} \sim p}[V_{\bar\theta}(s_{t+1} s_{t+1})]))^2\right] \tag{3.46}$$

이 목적함수를 기반으로 역전파하는 그라디언트를 다음과 같이 계산할 수 있습니다.

$$\hat{\nabla}_\theta J_Q(\theta) = \nabla_\theta Q_\theta(s_t,\ a_t)(Q_\theta(s_t,\ a_t) - (r(s_t,\ a_t) + \gamma(Q_{\bar\theta}(s_{t+1},\ a_{t+1}) - \alpha \log(\pi_\phi(a_{t+1}|s_{t+1}))))) \tag{3.47}$$

📖 노트

Bellman residual에서 target을 계산할 때 인공신경망을 Q_θ로 표기하지 않고 $Q_{\bar\theta}$로 표기했는데, 이는 target network를 나타냅니다. 이 target network는 DQN 알고리즘에서 처음 쓰인 기법으로, 인공신경망의 업데이트 속도를 늦춰서 학습을 안정화시키는 효과를 줍니다. 이 target network의 weight는 다음 수식으로 업데이트됩니다.

$$\bar\theta = \tau\theta + (1-\tau)\bar\theta$$

이때, $\bar\theta$의 업데이트 속도는 τ로 조정할 수 있습니다.

정책 개선(Policy Improvement)

Tabular setting에서 결정적 정책을 찾고 싶다면, 새로운 정책 π_{new}은 단순히 Q^πold 함수를 통해 greedy하게 행동을 선택함으로써 구할 수 있습니다. 하지만, 확률적 정책을 찾고 싶다면, 위의 수식처럼 단순히 가치 함수 기반 최적의 행동을 선택하는 것이 불가능하므로, 다른 업데이트 방식을 사용해야 합니다.

에이전트가 선택할 수 있는 모든 정책의 집합을 Π으로 표현할 수 있습니다. 이 집합 Π는 정책을 신경망으로 근사할 경우 신경망의 크기에 따라 집합의 크기 역시 달라질 수 있습니다. 그러므로, 정책 개선을 할 때 새로운 정책 π_{new}은 반드시 Π에 있다는 것을 확인해야 정책 개선이 가능합니다.

이 문제를 해결하기 위해, 새로운 정책 π_{new}은 KL-divergence을 이용해서 가능한 모든 정책 $\pi' \in \Pi$ 중 개선된 타깃 정책에 가장 가까운 것을 선택합니다. 이 타깃 정책은 위의 정책 평가 단계에서 얻은 Q^π 함수의 지수를 정규화하여 사용합니다. $\int \exp\left(\dfrac{1}{\alpha} Q^\pi_{old}(s,\, a)\right) da$를 $Z^\pi_{old}(s_t)$라고 할 때, 이 모든 정보를 종합하면 다음 수식으로 나타낼 수 있습니다.

$$\pi_{\text{new}} = \arg\min_{\pi' \in \Pi} D_{\text{KL}}\left(\pi'(\cdot|s_t) || \frac{\exp\left(\dfrac{1}{\alpha} Q^\pi_{old}(s_t,\, \cdot)\right)}{Z^\pi_{old}(s_t)}\right) \tag{3.48}$$

Tabular setting에서는 이 정책 개선 알고리즘으로 찾은 새로운 정책 π_{new}는 기존 정책 π_{old}보다 뛰어난 것을 증명할 수 있습니다. 그러나 복잡한 환경에서는 Q-함수처럼 π 또한 정책 신경망으로 대체해야 합니다. 정책을 신경망으로 근사하는 방법은 여러 가지 있는데, SAC에서 정책 신경망은 정규분포 (Gaussian distribution)의 평균과 표준편차를 출력해서 이 정책의 확률 분포를 정의하고, 이 분포에서 행동을 샘플링해서 행동을 선택합니다.

Q 함수와 마찬가지로, 이 정책 신경망을 학습하기 위해서는 정책 목적함수 J_π을 정의해야 합니다. 이는 위의 정책 개선 알고리즘에 기반해서 정의할 수 있습니다.

$$J_\pi(\phi) = \mathbb{E}_{s_t \sim D}\left[\mathbb{E}_{a_t \sim \pi_\phi}\left[\alpha \log(\pi_\phi(a_t|s_t)) - Q_\phi(s_t,\, a_t)\right]\right] \tag{3.49}$$

SAC는 이 목적함수 $J_\pi(\phi)$를 최소화하기 위해 reparametrization trick을 사용합니다. 목적함수를 재정의하기 위해 구형 정규분포에서 샘플링한 ϵ_t과 상태 s_t를 입력받고 행동 a_t를 출력하는 새로운 함수 f_ϕ를 정의합니다.

$$a_t = f_\phi(\epsilon_t; s_t) \tag{3.50}$$

이 reparameterization trick을 바탕으로 목적함수를 다시 쓰고, 이를 바탕으로 이 목적함수의 gradient 또한 계산할 수 있습니다.

$$J_\pi(\phi) = \mathbb{E}_{s_t \sim D, \epsilon_t \sim N}[\alpha \log \pi_\phi(f_\phi(\epsilon_t; s_t)|s_t) - Q_\theta(s_t, f_\phi(\epsilon_t, s_t))]$$
$$\tilde{\nabla}_\phi J_\pi(\phi) = \nabla_\phi \alpha \log(\pi_\phi(a_t|s_t)) + (\nabla_{a_t} \alpha \log(\pi(a_t|s_t)) - \nabla_{a_t} Q(s_t, a_t)) \nabla_\phi f_\phi(\epsilon_t, s_t) \tag{3.51}$$

3.6.3 가치함수 및 정책 학습

SAC는 Actor-Critic 알고리즘이므로 Actor 역할을 하는 정책 π_Q와 Critic 역할을 하는 행동 가치 함수 Q_θ 둘을 동시에 학습합니다.

📖 노트

SAC가 제시된 첫번째 논문 〈Soft Actor-Critic: Off-Policy Maximum Entropy Deep Reinforcement Learning with a Stochastic Actor〉에서는 상태 가치 함수 V_ψ 역시 학습해서 사용했습니다. 그러나, SAC를 보완한 두번째 논문 〈Soft Actor-Critic Algorithms and Applications〉은 이 가치 함수를 제외했습니다. 이 둘 중 가치 함수를 제외한 두 번째 버전이 더 많이 쓰이므로, 이 책 역시 상태 가치 함수를 다루지 않습니다.

행동 가치 함수 학습

SAC는 효율적인 학습을 위해 경험을 리플레이 버퍼(replay buffer)에 축적하고 여기서 데이터를 샘플링하여 사용합니다. 즉, SAC는 Off-policy 강화학습 알고리즘입니다. 이 리플레이 버퍼를 이용해서 행동 가치 함수에 대한 벨만 방정식의 기댓값을 샘플링으로 근사할 수 있습니다. 이때, 보상 r과 다음 상태 s'는 경험에서 그대로 가져오지만, 다음 행동 $\tilde{a}'$은 현재 정책의 확률분포에서 다시 샘플링합니다.

$$Q^{\pi}(s, a) \approx r + \gamma(Q^{\pi}(s', \tilde{a}') - \alpha \log \pi(\tilde{a}'|s')), \ \tilde{a}' \sim \pi(\cdot|s') \tag{3.52}$$

SAC는 두 개의 행동 가치 함수 Q_{ϕ_1}, Q_{ϕ_2}를 학습하고, 또 두 Q값 중 낮은 값을 사용하는 'clipped double-Q trick'을 사용합니다. 그러므로, 행동 가치 함수의 목표 값 y는 다음과 같이 정의됩니다.

$$y(r, \ s', \ d) = r + \gamma(1-d)\left(\min_{j=1,2} Q_{\phi_{\text{target}}, j}(s', \ \tilde{a}') - \alpha \log \pi_{\theta}(\tilde{a}'|s')\right) \tag{3.53}$$

여기서 d는 행동 a 이후의 에피소드가 끝났는지를 나타내는 상수이며, 끝났으면 1, 끝나지 않았으면 0을 할당합니다. 이 상수 역시 리플레이 버퍼에 저장돼 있습니다. 이 목푯값을 바탕으로 식 3.54와 같이 SAC의 손실함수를 다시 쓸 수 있습니다. 각각의 행동 가치 함수의 손실 값은 현재 행동 가치 함수의 값과 이 목푯값을 통해 계산합니다.

$$L(\phi_i, \ D) = \mathbb{E}_{(s, a, r, s', d) \sim D}\left[(Q_{\phi_i}(s, \ a) - y(r, \ s', \ d))^2\right] \tag{3.54}$$

정책 학습

SAC에서 정책 학습은 위에서 계산한 대로 KL-divergence을 줄이는 방식으로 진행됩니다.

$$\pi_{\text{new}} = \arg\min_{\pi' \in \Pi} D_{KL}\left(\pi'(\cdot|s_t) || \frac{\exp\left(\dfrac{1}{\alpha}Q^{\pi_{old}}(s_t, \ \cdot)\right)}{Z^{\pi_{old}}(s_t)}\right) \tag{3.55}$$
$$= \arg\min_{\pi' \in \Pi} D_{KL}(\pi'(\cdot|s_t) || \exp(Q^{\pi_{old}}(s_t, \ \cdot) - \log Z^{\pi_{old}}(s_t)))$$

이 정의를 바탕으로 위처럼 reparameterization trick을 이용해서 목적함수 J_{π}를 구하고, 이 목적함수의 gradient 역시 계산할 수 있습니다. 정책 학습은 이 목적함수를 최소화하게 됩니다.

$$\tilde{\nabla}_{\phi}J_{\pi}(\phi) = \nabla_{\phi}\alpha \log(\pi_{\phi}(a_t|s_t)) + (\nabla_{a_t}\alpha \log(\pi(a_t|s_t)) - \nabla_{a_t}Q(s_t, \ a_t))\nabla_{\phi}f_{\phi}(\epsilon_t, \ s_t) \tag{3.56}$$

3.6.4 SAC 알고리즘

이것으로 SAC의 알고리즘을 정의할 수 있습니다. 다음 의사 코드에서 확인할 수 있듯이, SAC 학습은 경험 축적 단계와 학습 단계를 반복하는 방식으로 진행합니다. 경험 축적 단계에서는 에이전트가 현재 정책을 이용해서 행동을 샘플링해서 환경과 상호 작용하고, 이를 리플레이 버퍼 D에 저장합니다. 학습 단계에서는 이 리플레이 버퍼에서 경험을 샘플링해서 행동 가치 함수들과 정책 함수를 학습합니다.

Soft Actor-Critic의 의사코드

```
function Soft_Actor_Critic(initial target network weights θ₁ and θ₂,
                           initial policy weights φ)
  for each iteration do
    for each environment step do
      Sample action aₜ from the policy πφ(aₜ|sₜ).
      Sample transition sₜ₊₁ from the environment policy p(sₜ₊₁|sₜ,aₜ).
      Store the transition {(sₜ,aₜ,r(sₜ,aₜ)),sₜ₊₁} in the replay pool D
    for each gradient step do
      Update the Q-function parameters, policy weights, target network weights,
      and adjust temperature
```

$$\theta_i \leftarrow \theta_i - \lambda_Q \hat{\nabla}_{\theta_i} J_Q(\theta_i) \text{ for } i \in \{1,\ 2\}$$
$$\phi \leftarrow \phi - \lambda_\pi \hat{\nabla}_\phi J_\pi(\phi)$$
$$\alpha \leftarrow \alpha - \lambda \hat{\nabla}_\alpha J(\alpha)$$
$$\bar{\theta}_i \leftarrow \tau \theta_i + (1-\tau)\bar{\theta}_i \text{ for } i \in \{1,\ 2\}$$

여기까지 처음이신 독자분들은 다소 어려울 수 있는 강화학습 내용에 대해 알아봤습니다. 한 챕터에 강화학습 기초부터 TRPO, SAC까지의 모든 내용을 담기는 매우 어렵기 때문에 생략된 내용도 많고 이해가 어려운 부분도 많았으리라 생각합니다. 하지만 너무 걱정하지 마시고 다른 자료와 함께 천천히 강화학습 공부를 즐기며 도전해보시길 바랍니다. 또한 이 모든 내용들이 완전히 이해되지 않더라도 다음 장에 나올 메타 강화학습을 공부하는 데 큰 지장은 없습니다. 그럼 본격적으로 4장에서 메타 강화학습을 알아보겠습니다.

04장

메타 강화학습

4장에서는 메타 강화학습에 대한 전반적인 내용을 다룹니다. 메타 강화학습에서의 태스크가 무엇인지, 문제 정의는 어떻게 하는지 살펴볼 것이며 구체적으로 어떤 방법들이 있는지 살펴보도록 하겠습니다.

드디어 메타 강화학습 파트로 넘어왔습니다. 우리는 3장에서 마르코프 결정 과정, 정책, 가치함수, 탐험 등부터 TRPO, PPO, SAC와 같은 고급 알고리즘까지 강화학습에 대한 전반적인 내용을 다뤘습니다.

강화학습은 다른 방법에 비해 상대적으로 사람이 학습하는 방법과 유사하며, 때로는 사람이 예측하지 못한 재밌는 정책을 학습할 수도 있습니다. 하지만 강화학습의 큰 단점 중 하나는 학습이 매우 오래 걸린다는 것입니다. 왜냐하면 강화학습에서는 에이전트가 식 4.1과 같은 환경과 오랜 시간의 상호작용, 시행착오를 통해 얻은 보상의 합을 기반으로 학습하기 때문입니다. 반면, 사람은 어떤 태스크가 주어졌을 때 몇 번의 시행착오만으로도 빠르게 어떤 행동을 학습할 수 있습니다.

$$\theta^* = \mathbb{E}_{\pi_\theta(s,\, a)} \sum_{t=0}^{\infty} \gamma^t r(s_t,\, a_t) \tag{4.1}$$

사람처럼 강화학습에서도 새로운 태스크에 대해 빠르게 학습할 수 있는 방법은 없을까요? 메타러닝이 그것을 가능하게 합니다. 구체적으로 메타러닝을 강화학습에 적용하는 분야를 메타 강화학습(meta reinforcement learning)이라고 합니다. 예를 들어 만약 우리가 집안일을 잘하는 에이전트를 만들고 싶으면 어떻게 해야 할까요? 그림 4-1은 집안일을 잘하는 에이전트를 만들기 위한 재미있는 메타 강화학습 문제 세팅을 보여줍니다.

$\mathcal{M}_1$ $\mathcal{M}_2$ $\mathcal{M}_3$ $\mathcal{M}_{\text{test}}$

그림 4-1 메타 강화학습을 위한 태스크 예시 (출처: ICML 2019 Meta-learning tutorial)

즉, 예시와 같이 주전자를 가져다 주는 태스크 M_1, 물건을 옮기는 태스크 M_2, 빨래를 정리하는 태스크 M_3 등의 태스크 분포를 정하여 메타러닝을 진행하고, 청소하는 새로운 태스크 M_{test}가 주어졌을 때 빠르게 학습하는 에이전트를 상상해볼 수 있습니다.

우리는 2장 '메타 지도학습'에서 태스크를 수식과 함께 정의했습니다. 강화학습에서는 태스크를 강화학습 특성에 따라 약간 다르게 정의합니다. 이번 장에서는 메타 강화학습에서의 태스크 정의를 간단히 소개하고 메타 강화학습의 목적에 대해 논의하겠습니다.

메타 강화학습의 알고리즘에는 어떤 것들이 있을까요? 메타 지도학습과 마찬가지로 메타 강화학습 역시 크게 3가지 카테고리 1) 순환 정책 메타 강화학습, 2) 최적화 기반 메타 강화학습, 3) 컨텍스트 기반 메타 강화학습으로 분류합니다. 3가지 메타 강화학습 개념 및 구체적인 알고리즘들 또한 상세히 알아볼 것입니다.

4.1.1 태스크 개념 소개

메타 지도학습에서는 태스크를 식 4.2와 같이 정의했습니다. 즉, 데이터에 대한 확률분포 $p(x)$, 데이터 라벨의 확률 분포 $p(y|x)$, 손실 함수 $\mathcal{L}$가 정의되면 하나의 태스크가 정의됩니다.

$$T=\{p(x),\ p(y|x),\ \mathcal{L}\} \tag{4.2}$$

사실 지도학습 및 강화학습을 모두 아우르도록 더 일반적으로 태스크를 정의할 수도 있습니다. 하지만 우리는 메타러닝을 조금 더 쉽게 이해하기 위해 태스크의 수학적 정의를 지도학습과 강화학습을 분리하여 정의해보겠습니다. 강화학습의 태스크 정의는 다음 식 4.3과 같이 정의할 수 있습니다.

$$M=\{S,\ A,\ p(s_0),\ p(s'|s,\ a),\ r(s,\ a)\} \tag{4.3}$$

여기서 S는 상태 공간(state space)이고 A는 행동 공간(action space)입니다. $p(s_0)$는 초기 상태 분포(initial state distribution)이고, $p(s'|s,\ a)$는 dynamics 함수(dynamics function) 혹은 변환 확률(transition probability)이며, $r(s,\ a)$는 보상 함수(reward function)입니다. 위의 모든 개념은 3장 강화학습 파트에서 다루었던 마르코프 결정 과정에 포함되는 개념들입니다. 즉, 강화학습에서는 하나의 마르코프 결정 과정이 정의되면 우리는 이것을 태스크라고 부릅니다.

$$M_1,\ M_2,\ ...,\ M_n \sim p(M) \tag{4.4}$$

강화학습에서는 태스크가 곧 마르코프 결정 과정, 즉 MDP이기 때문에 MDP M_i를 샘플링할 수 있는 태스크 분포 $p(M)$을 정의할 수 있습니다. 식 4.4와 같이 태스크 분포 $p(M)$으로부터 n개의 태스크를 샘플링할 수 있습니다. 그렇다면 메타 강화학습에서 태스크를 샘플링한다는 것은 어떤 의미일까요? 태스크는 식 4.3의 MDP 요소 중에서 어떤 하나의 요소만 바뀌어도 서로 다른 태스크라고 말할 수 있습니다.

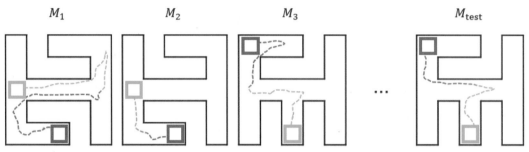

그림 4-2 미로 내비게이션 태스크 예시

예를 들어 상태 공간 S나 초기 상태 분포를 바꾸는 태스크 분포 예시인 미로 내비게이션(maze navigation) 문제를 생각해볼 수 있습니다. 그림 4-2는 미로 내비게이션 태스크들의 예시를 보여줍니다. 각 태스크에서 파란색 박스인 에이전트는 목표 지점인 빨간 박스를 내비게이션을 통해 찾아야 합니다. 이때 에이전트가 관찰하는 상태 공간이 샘플링 시 M_1, M_2, M_3와 같이 바뀌며, 이 태스크들을 충분히 샘플링하여 메타러닝을 진행합니다. 그 후 메타 테스트 시, 새로운 상태 집합인 미로 M_{test}가 나왔을 때, 에이전트는 몇 번의 시행착오만으로 빠르게 목표 지점을 찾을 수 있어야 합니다.

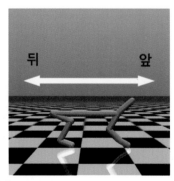

그림 4-3 MuJoCo half-cheetah 태스크 예시

또 다른 예시로 보상 함수 $r(s, a)$를 바꾸는 태스크 분포를 생각해보겠습니다. 그림 4-3은 다음 절에서 설명하고 우리가 직접 실험도 해볼 MuJoCo의 HalfCheetahVel 환경 예시입니다. 이 태스크 분포에서는 샘플링 시 목표한 방향과 속도에 따라 보상 함수가 바뀌며, 에이전트 Cheetah는 그 방향과 속도에 맞게 달려야 하는 문제를 다루고 있습니다. 이 환경은 실제 우리가 알고리즘을 통해 실험을 할 환경이며, 구체적인 보상 함수 계산은 다음 절에서 자세히 소개하겠습니다. 예를 들어 MDP M_1은 순방향(forward)으로 0.5m/s로 달릴 때 가장 많은 보상이 계산되며, MDP M_3은 역방향(backward)으로 0.2m/s로 달릴 때 가장 많은 보상이 계산됩니다. 이렇게 서로 다른 보상 함수에 대한 태스크를 충분히 샘플링해 메타러닝을 진행한 후, 메타 테스트 시에 새로운 역방향(backward)으로 0.7m/s로 달려야 하는 태스크 M_{test}이 주어졌을 때 이를 빠르게 학습할 수 있어야 합니다.

강화학습에서의 태스크 개념에 대해 알아봤습니다. 다음 절에서는 메타 강화학습의 문제 정의에 대해 간단히 알아보겠습니다. 그다음으로는 구체적으로 우리가 실험할 OpenAI gym MuJoCo 라이브러리에서의 구체적인 태스크인 HalfCheetahVel, HalfCheetahDir에 대해 자세히 소개하도록 하겠습니다. 그 이후에는 메타 강화학습의 세 가지 카테고리인 1) 순환 정책 메타 강화학습, 2) 최적화 기반 메타 강화학습, 3) 컨텍스트 기반 메타 강화학습에 대해 자세히 알아보겠습니다.

4.1.2 메타 강화학습 문제 정의

우리는 메타 지도학습 문제에서 태스크를 정의하는 방법에 대해 배웠습니다. 예를 들어 그림 4-4와 같이 메타 트레인 데이터셋이 주어졌을 때, 우리는 메타러닝을 다음 식 4.5와 같이 진행할 수 있습니다.

$$\theta^* = \operatorname*{argmin}_{\theta} \sum_{i=1}^{n} \mathcal{L}(\phi_i, D_i^{\text{test}}), \text{ where } \phi_i = f_\theta(D_i^{\text{train}}) \tag{4.5}$$

즉, 내부 단계(inner-loop)에서는 Support set이라고도 불리는 (D_i^{train})을 이용하여 모델 f_θ를 통해 각 i번째 태스크 적응 $\phi_i = f_\theta(D_i^{\text{train}})$하는 과정을 거치며, 외부 단계(outer-loop)에서는 Query set이라고도 불리는 D_i^{test}을 이용하여 n개의 태스크에 대한 손실 함수 $\sum_{i=1}^{n} \mathcal{L}(\phi_i, D_i^{\text{test}})$을 최소화하는 최적의 메타 파라미터 θ^*를 찾는 것이 메타 지도학습의 메타러닝 목표였습니다.

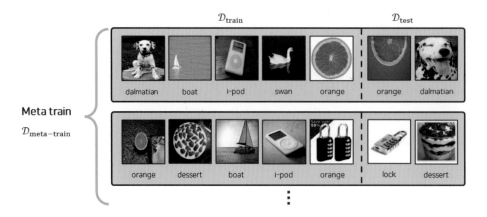

그림 4-4 메타 지도학습에서의 메타 트레이닝 데이터셋

그렇다면 메타 강화학습의 경우는 어떨까요? 메타 강화학습도 메타 지도학습과 크게 다르지 않습니다. 예를 들어 그림 4-5와 같은 강화학습 태스크 분포가 주어졌을 때, 식 4.6과 같이 메타 강화학습 문제를 정의할 수 있습니다.

$$\theta^* = \underset{\theta}{\arg\max} \sum_{i=1}^{n} \mathbb{E}_{\pi_{\phi_i(\tau)}}[R(\tau)], \ \text{where} \ \phi_i = f_\theta(M_i) \tag{4.6}$$

메타 강화학습에서도 내부 단계에서 각각의 태스크인 MDP M_i에 대해 태스크 적응 $\phi_i = f_\theta(M_i)$을 수행하며, 외부 단계에서는 이를 통합하여 n개의 각 태스크의 보상합에 대한 기댓값을 최대화하는 최적의 메타 파라미터 θ^*를 찾고자 합니다.

그림 4-5 메타 강화학습의 태스크 분포 예시(출처: Stanford CS330)

다음 절에서는 이론 개념은 잠깐 쉬어가며, 실제 우리가 각 메타 강화학습을 구현해볼 MuJoCo를 설치하는 과정과 우리가 사용할 구체적인 메타러닝 환경에 대해 알아봅니다.

4.1.3 MuJoCo 및 Half-Cheetah 환경 개념 소개

MuJoCo

MuJoCo는 다관절 접촉 동역학(Muti-Joint dynamics with Contact)을 줄여 쓴 물리 시뮬레이션 엔진으로서 로봇 및 생체역학 등의 분야에서 대표적인 시뮬레이터로 활용되고 있습니다. 특히 보행 및 매니퓰레이션 태스크를 위한 강화학습 연구 분야에서는 MuJoCo에서의 시뮬레이션이 알고리즘 성능의 벤치마크로서 많은 논문에서 필수적으로 사용되었습니다. 이러한 대표성에도 불구하고 유료라이선스로 인하여 지속적으로 논란이 되던 MuJoCo는, 2021년 말 구글의 자회사 DeepMind에 인수되어 마침내 라이선스가 무료화됨에 따라 필수 벤치마크로서 더욱 확고하게 자리를 잡을 것으로 예상됩니다. MuJoCo 설치는 1장에서 따로 통합하여 진행했으므로 이번 장에서는 MuJoCo 환경에 대한 설명만을 진행하겠습니다.

HalfCheetah 메타강화학습 환경 소개

HalfCheetah는 MuJoCo의 보행(locomotion) 환경들 중 대표적인 기본 환경으로서 4족보행 동물인 치타를 그 모티브로 하고 있습니다. 하지만 기본 환경인 만큼 치타의 움직임이 평면을 이동하는 3차원 공간이 아닌, 그림 4-6과 같은 앞뒤 횡이동의 2차원 공간으로 제한된 비교적 단순화된 환경입니다.

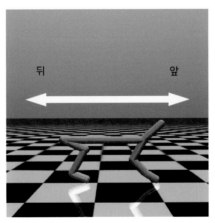

그림 4-6 MuJoCo HalfCheetah 환경(OpenAI gym)

강화학습은 환경의 현재 상태에 따라 행동을 결정하는 프레임워크에서 이루어진다고 앞서 이야기했습니다. 강화학습 환경으로서의 HalfCheetah 역시 상태공간과 행동공간이 정의되어 있습니다. 먼저 상태공간은 치타의 위치(m)와 속도(m/s)를 각각 x, y, z 축에 대하여 표현하는 6차원과, 앞뒤 다리의 6개의 관절 각각에 대한 각도(rad)와 각속도(rad/s)를 표현하는 12차원이 더해져 총 18차원으로 구성됩니다. 한편 행동 공간은 앞뒤 다리의 6개 관절에 가해지는 토크(Nm)를 표현하는 6차원으로 구성됩니다.

HalfCheetah 환경의 목표는 치타를 잘 달리게 하는 것입니다. 앞선 상태 공간과 행동 공간의 정의를 생각하면, 치타의 위치와 관절에 대한 물리적 상태를 바탕으로 각관절의 토크를 적절하게 선택하는 문제라고 볼 수 있습니다. 그렇다면 이제 '잘 달린다'는 것의 정량적인 정의가 필요한데 HalfCheetah의 보상함수가 그 역할을 합니다. 기본적인 보행환경의 보상함수는 'progress'와 'control_cost'로 구성되어 있습니다. Progress는 얼마나 앞으로 빠르게 걷는지를 의미하며 수식으론 위치의 시간에 따른 변화율, 즉 속도(식 4.7)가 됩니다

$$progress_t = (\text{위치}_t - \text{위치}_{t-1})/\Delta_t \tag{4.7}$$

progress만으로 충분해 보일 수 있지만, 단순히 빠른 속도만을 목표로 하면 튀어 오르거나 구르거나 하는 부자연스럽고 과장된 움직임을 학습할 가능성도 있습니다. 이 때문에 보행환경에서는 생물의 보행이 효율적으로 진화한 행동이라는 것을 가정하고 있으며 이를 모방하여 보행에 들어가는 에너지의 효율성을 내포하는 'control_cost'을 평가기준에 추가했습니다. 수식으로는 각 관절에 가해지는 토크의 제곱합(식 4.8)이 됩니다.

$$control\_cost_t = \sum_i^{\text{관절}} (\text{관절}i\text{의 토크}_t)^2 \tag{4.8}$$

이를 종합하면, '잘 걷는다'는 것은 속도가 클수록 그리고 소모되는 에너지가 적을수록 높은 평가를 주도록 정의할 수 있으며, 결과적으로 총 보상은 식 4.9가 됩니다.

$$reward_t = progress_t - control\_cost_t \tag{4.9}$$

지금까지 보행이라는 한 가지 태스크에 대한 HalfCheetah에서 정의된 보상을 평가기준으로서 설명했습니다. 다음 장부터 다룰 메타강화학습에서는 여기서 한 단계 더 나아가 '어떻게' 보행하는지를 각각 다른 목표로서 구분하여 평가하고자 하며, 목표 방향을 다루는 HalfCheetahDir(direction)과 목표속도를 다루는 HalfCheetahVel(velocity)의 두 가지를 메타강화학습 알고리즘의 테스트 환경으로 사용할 예정입니다. 이러한 맥락에서 메타강화학습 환경에서는 progress를 확장한 'run_cost'를 보상의 구성요소로서 새롭게 정의합니다. (식 4.10)

$$reward_t = run\_cost_t - control\_cost_t \tag{4.10}$$

먼저 HalfCheetahDir은 기존의 보행보상에 앞뒤 방향 두 가지가 서로 다른 목표로 추가된 환경입니다. 기존의 보행보상은 앞으로 빠르게 달릴수록 커졌던 반면, 여기서는 뒤로 빠르게 달릴수록 커지는 목표가 추가된 것입니다. 이러한 앞뒤 목표 방향에 따른 목표보상은 식 4.11로 정의됩니다.

$$\text{(HalfCheetahDir)} \qquad run\_cost_t = goal\_dir \times progress_t$$
$$= \begin{cases} run\_cost_t = 1 \times progress, \text{ 앞: 방향계수} = 1 \\ run\_cost_t = -1 \times progress_t, \text{ 뒤: 방향계수} = -1 \end{cases} \tag{4.11}$$

이는 goal_dir이 1일 때 앞으로 빠르게 갈수록 run_cost가 커지는 반면, goal_dir이 −1일 때 뒤로 빠르게 갈수록 run_cost가 커지는 것을 의미합니다. 위 수식과 같이 goal_dir을 progress에 곱해주는 것을 run_cost로 정의하면, 간단히 goal_dir을 1과 −1 중에 선택함으로써 HalfCheetahDir 환경의 태스크를 변경할 수 있게 됩니다.

반면 HalfCheetahVel는 앞 방향으로의 속도가 빠를수록 좋은 기존의 보행보상을 얻고 앞 방향으로의 목표속도에 가까울수록 높을 보상을 얻도록 수정한 환경입니다. progress의 정의가 앞 방향에 대한 속도였으므로, 서로 다른 goal_vel에 따른 run_cost는 식 4.12로 정의됩니다.

$$\text{(HalfCheetahVel)} \qquad run\_cost_t = -|progress - goal\_vel_t| \tag{4.12}$$

이는 목표 속도를 의미하는 goal_vel과 비교하여 현재 속도가 얼마나 목표에 근접한지를 뜻하며, 앞의 붙은 음수부호는 가까울수록 큰 run_cost 보상을 받는다는 것을 의미합니다. 목표관련 계수가 1과

−1 둘 중 하나로 카테고리 변수인 HalfCheetahDir과 달리 HalfCheetahVel은 실수의 연속 변수라는 차이가 있으나, 마찬가지로 원하는 goal_vel를 선택함으로써 간단히 환경의 태스크를 변경할 수 있습니다. 이를 요약하면 그림 4-7과 같습니다.

HalfCheetahDir 환경

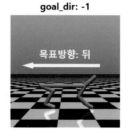

HalfCheetahVel 환경

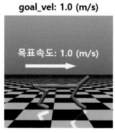 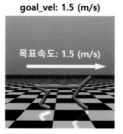

그림 4-7 HalfCheetahDir 환경과 HalfCheetahVel 환경 예시

순환 정책 메타 강화학습

4.2.1 GRU

앞서 2장에서 메타 지도학습의 모델 기반 메타러닝을 배울 때 순환 신경망 계열인 LSTM을 간략히 살펴봤습니다. 이번 장에서 다룰 RL^{2}의 원 논문에서는 또 다른 아키텍처인 GRU(Gated Recurrent Unit)을 사용합니다. 사실 어떤 아키텍처를 사용해도 큰 차이점은 없으나, 여기서 간단히 GRU의 개념을 살펴보고 넘어가겠습니다.

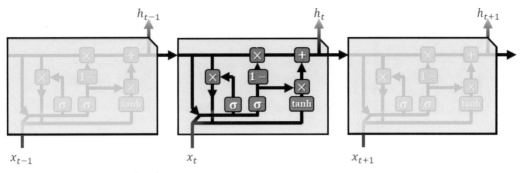

그림 **4-8** Gated Recurrent Unit(GRU) 구조

GRU(Cho et al., 2014)는 조경현 교수님께서 제안한 순환 신경망 모델로서, LSTM와 함께 자주 쓰이는 모델입니다. GRU 역시 LSTM과 마찬가지로 기존의 순환 신경망은 입력의 시퀀스가 길어질 때 학습이 잘 되지 않는 문제 그라디언트 소실 문제를 해결합니다. GRU의 LSTM과 큰 차이점은 GRU는 LSTM의 forget gate와 input gate를 하나의 update gate로 통합했습니다. 또한 cell state와 은닉 상태(hidden state)를 통합하여 결과적으로 기존의 LSTM보다 더 단순한 아키텍처를 제안했습니다.

여기서도 LSTM과 마찬가지로 GRU의 구체적인 내부 동작 프로세스를 자세히 설명하지는 않습니다. GRU를 처음 공부하시는 분들은 인터넷에 여러 좋은 자료가 많이 있으니 한번 찾아보시기를 권합니다. 순환 정책 기반 메타 강화학습은 여기서 살펴본 GRU와 같은 순환 신경망을 주로 이용하여 메타 러닝을 수행합니다. 구체적으로 순환 정책 메타 강화학습의 아이디어가 무엇인지 알아보겠습니다.

4.2.2 순환 정책 메타 강화학습

이번 절에서는 메타 강화학습의 첫번째 카테고리인 순환 정책 메타 강화학습(Recurrent policies meta reinforcement learning)에 대해 알아보겠습니다. 독자 여러분께서 메타 지도학습의 모델 기반 메타러닝을 잘 숙지하셨다면 순환 정책 메타 강화학습은 매우 쉽게 배울 수 있을 것입니다. 순환 정책 메타 강화학습 역시 메타 지도학습의 모델 기반 메타러닝과 마찬가지로 LSTM, GRU와 같은 순환 신경망을 사용하여 여러 태스크를 학습합니다.

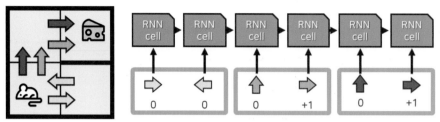

그림 4-9 간단한 순환 정책 메타 강화학습 예시

먼저 순환 정책 메타 강화학습을 재밌고 간단한 예시를 통해 이해해봅시다. 그림 4-9는 쥐로 표현되어 있는 에이전트가 치즈가 있는 상태로 가서 치즈를 먹으면 보상 1을 받고 그렇지 않은 상태에서는 보상 0을 주는 간단한 4개의 상태 격자점으로 이루어진 Gridworld 예제입니다. 에이전트는 상하좌우로 이산적 행동을 취할 수 있습니다. 추가적으로, 한 에피소드의 간격은 2로 정하겠습니다. 즉, 두 타임스텝이 지나면 한 에피소드가 종료되는 세팅이라고 생각하시면 됩니다. 에이전트는 LSTM이나 GRU와 같은 순환 신경망으로 이루어져 있다고 가정하겠습니다.

먼저 에이전트가 첫번째 에피소드의 첫 action과 같이 오른쪽으로 행동한다면 아무 양의 보상을 받지 못하는 상태로 갈 것입니다. 에이전트는 다시 왼쪽으로 행동하여 역시 아무 양의 보상을 받지 못하고 에피소드는 종료됩니다. 두번째 에피소드에서 에이전트는 먼저 오른쪽 위로 행동했습니다. 여기서 일반적인 순환 신경망으로 단일 강화학습을 하는 에이전트와 다른 매우 중요한 메타 강화학습의 속성은 순환 신경망의 은닉 상태(hidden state)가 초기화되지 않는다는 점입니다. 오른쪽, 왼쪽으로 한 번씩 이동한 첫번째 에피소드가 끝났지만 하나의 태스크, 즉 하나의 마르코프 결정 과정 내에서 은닉 상태는 초기화되지 않습니다.

은닉 상태가 초기화되지 않은 상태로 계속해서 다시 오른쪽으로 행동하여 이번에는 양의 보상 +1을 받고 두 번째 에피소드가 종료되었습니다. 이제 에이전트는 일종의 내부 메모리 역할을 하는 순환 신경망의 은닉 상태, 즉 내부 다이내믹스(internal dynamics)를 통해 조금씩 이 태스크에 대한 정보를 알아가고 있습니다. 이전과 마찬가지로 은닉 상태는 초기화되지 않고 다시 세 번째 에피소드를 시작할 때, 에이전트는 내부 다이내믹스에 암묵적으로 저장된 이전 경험들을 활용하여 위로 행동한 뒤 다시 오른쪽으로 행동하여 양의 보상 +1을 얻을 수 있습니다. 이것이 순환 정책 메타 강화학습의 기본 아이디어라고 할 수 있습니다.

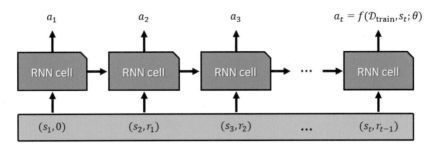

그림 4-10 순환 정책 메타 강화학습 기본 아이디어

조금 더 이론적으로 순환 정책 메타 강화학습에 대해 이해해보겠습니다. 특정 태스크에 대해서 정책 π로 k개의 trajectory를 롤아웃(roll-out)한 데이터를 $\mathcal{D}_{\text{train}}$이라고 합시다. 앞서 배웠던 대로 순환 정책 메타 강화학습의 기본 아이디어는 그림 4-10과 같이 순환 신경망 계열의 아키텍처들로 학습하는 것입니다. 각각의 구체적인 알고리즘마다 조금씩 다를 수는 있으나 기본적으로 순환 신경망 에이전트는 매 타임스텝마다 상태와 보상 정보, 그리고 이전 스텝의 은닉 상태를 받아 행동을 출력하게 됩니다.

$$\theta^* = \operatorname*{argmax}_{\theta} \sum_{i=1}^{n} \mathbb{E}_{\pi_{\phi_i(\tau)}}[R(\tau)] \quad \text{where} \quad \phi_i = f_\theta(M_i) \tag{4.13}$$

$$\phi_i = [h_i, \ \theta_\pi] \tag{4.14}$$

기본적으로 메타 강화학습은 식 4.13을 푸는 문제라고 할 수 있습니다. 즉, 태스크 분포 $p(T) = \{M_1, M_2, ..., M_n\}$에서 샘플링한 모든 태스크에 대해 보상합의 기댓값의 합 $\sum_{i=1}^{n} \mathbb{E}_{\pi_{\phi_i(\tau)}}[R(\tau)]$을 최대화하는 최적의 메타 파라미터 θ^*를 찾는 문제라고 할 수 있습니다. 여기서 ϕ_i는 메타러너 순환 신경망 f_θ가 i번째 태스크 M_i를 입력으로 받아 출력하는 태스크 파라미터입니다. 구체적으로 순환 정책 메타 강화학습에서의 ϕ_i는 식 4.14같이 i번째 은닉 상태 h_i와 메타러닝이 수행된 파라미터(meta-learned parameter) θ_π라고 볼 수 있습니다.

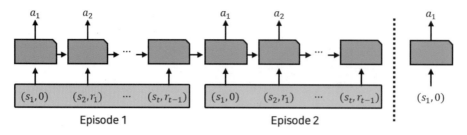

그림 4-11 순환 정책 메타 강화학습

순환 정책 기반 메타 강화학습을 다루는 구체적인 각 논문마다 약간씩 차이점이 있지만, 이 분야에서의 핵심 차이점은 앞서 설명했던 대로 순환 신경망의 은닉 상태에 대한 정보를 각 에피소드(e.g. 게임 1판)마다 유지한다는 것입니다. 단일 태스크에 대해 일반적인 Policy Gradient 알고리즘을 순환 신경망으로 학습할 경우 매 에피소드마다 업데이트를 진행하며 은닉 상태를 초기화합니다. 반면, 여러 태스크를 다루는 메타 강화학습에서는 하나의 태스크에 대해 여러 에피소드가 진행되며, 이때 은닉 상태는 초기화되지 않는다는 것이 큰 차이점입니다.

이렇게 순환 정책 메타 강화학습의 개요에 대해 알아봤습니다. 다음으로 순환 정책 메타 강화학습의 구체적인 알고리즘 중 하나인 RL^2에 대해 살펴보겠습니다.

4.2.3 RL^2

이번 절에서는 순환 정책 메타 강화학습의 구체적인 알고리즘인 RL^2(Fast Reinforcement Learning via Slow Reinforcement Learning)에 대해 알아보겠습니다. RL^2 알고리즘은 느린 강화학습을 통한 빠른 강화학습이라는 재밌는 뜻의 이름입니다. 도대체 이것이 무슨 뜻일까요?

RL^2에서 이 의미는 특정 태스크의 빠른(fast) RL 알고리즘은 다양한 태스크에 대해 범용적인 (general—purpose) 느린(slow) 강화학습 에이전트의 순환 신경망 가중치에 인코딩된다는 뜻입니다. 즉, 다양한 태스크를 학습하는 순환 신경망 기반의 느린 강화학습 에이전트가 메타러너(meta—learner)라고 해석할 수 있으며, 충분히 학습된 이 순환 신경망 기반 에이전트는 새로운 태스크에 대해 빠르게 강화학습을 할 수 있습니다. RL^2는 우리가 배운 순환 정책 메타 강화학습 분야의 특성을 가장 잘 보여주는 연구라고 할 수 있습니다.

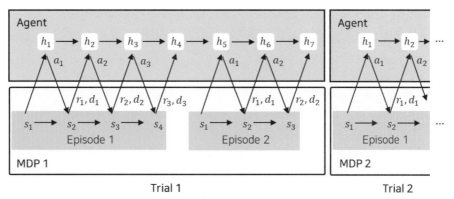

그림 4-12 RL^2 에이전트와 환경 간 학습 프로세스

그림 4-12는 RL^{2}의 기본 구조를 확인할 수 있습니다. 그림 4-12에서 알 수 있듯이 일반적인 하나의 태스크, 마르코프 결정 과정에 대해 순환 신경망 기반 강화학습 에이전트를 에피소드 단위로 학습시키는 것이 아니라 여러 태스크에 대해 연속적으로 학습하며, 하나의 태스크를 학습할 때 에피소드 단위가 아닌 Trial 단위로 학습합니다. 그림 4-12 예시에서는 2개의 에피소드를 1개의 Trial로 정의했지만, n개의 에피소드를 하나의 Trial로 정의할 수 있습니다.

조금 더 자세히 보겠습니다. 에이전트는 환경의 상태 s_t를 입력으로 받아 행동 a_t를 출력합니다. 이에 따라 환경은 보상 r_t와 다음 상태 s_{t+1}을 계산합니다. d_t는 일종의 플래그로써, 에피소드가 끝났는지 여부를 알려주는 이진 변수(binary variable)입니다. 즉, 해당 타임 스텝 t에서 에피소드가 끝나면 $d_t=1$, 끝나지 않았으면 $d_t=0$입니다. 해당 개념들을 활용해서 에이전트가 받는 입력을 정리하면, 다음 상태 s_{t+1}, 행동 a_t, 보상 r_t, 플래그 d_t를 연결한(concatenate) $[s_{t+1}, a_t, r_t, d_t]$을 에이전트가 입력으로 받습니다. 또한 에이전트는 순환 신경망 기반 에이전트이므로 은닉 상태(hidden state) h_t를 조건부로 다음 은닉 상태 h_{t+1}을 생성하고 다음 상태에서 다시 행동 a_{t+1}하게 됩니다.

또 하나의 중요한 점은 에이전트의 목적 함수입니다. 강화학습의 기본 원리대로 미래 보상합을 통해 업데이트되지만 RL^{2}에서는 에피소드 단위가 아닌 Trial 단위로 학습합니다. 즉, n번의 에피소드(1 Trial)가 지난 후에 학습이 이루어지며, 각 에피소드 간에는 은닉 상태는 보존되며, 1 Trial이 끝나고 새로운 Trial이 시작되는 다음 태스크가 주어질 때 은닉 상태는 초기화됩니다. 이렇게 느리지만 다양한 태스크(MDP)에 대해 충분한 학습함으로써, 순환 신경망 에이전트는 태스크 분포의 유의미한 정보들을 내적으로 통합하며, 새로운 태스크가 주어졌을 때 이 기반 지식을 통해서 빠르게 학습할 수 있습니다.

원 논문에서는 순환 신경망으로 GRU를 사용했습니다. RL^2를 직접 구현할 때는 LSTM, GRU 등 어떤 아키텍처를 사용해도 괜찮습니다. 강화학습 알고리즘으로는 앞서 우리가 배웠던 TRPO을 사용했으며, 분산을 줄이고 강건하게 학습하기 위해 GAE(Generalized Advantage Estimation)도 함께 사용했습니다.

RL^2는 기본적으로는 마르코프 결정 과정 문제를 다루고 있지만 부분적으로 관측하는 POMDP(Partially Observable Markov Decision Processes) 문제로도 확장할 수 있습니다. 우리가 풀어야 할 문제의 태스크 분포의 특성에 따라 세부사항은 달라질 수 있겠지만 RL^2는 비교적 쉬운 MAB(Multi-Armed Bandit) 문제부터 3D 미로찾기 등 복잡한 태스크에서도 광범위하게 적용할 수 있는 강력한 알고리즘입니다. 다만, 기본적으로 순환 신경망을 사용하므로 병렬처리에 어려움이 있으며, 은닉 상태 h_t가 매우 많은 정보를 계속 담을 수는 없으므로 어느 정도 성능의 한계는 존재합니다. 또한 On-policy 강화학습 알고리즘만 사용할 수 있다는 점도 한계점이라 할 수 있습니다.

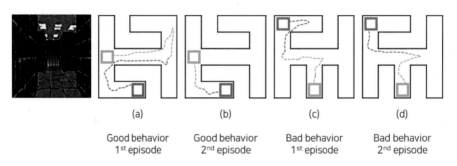

(a)	(b)	(c)	(d)
Good behavior 1st episode	Good behavior 2nd episode	Bad behavior 1st episode	Bad behavior 2nd episode

그림 4-13 3D maze 실험에서의 RL^2 에이전트 행동 시각화

그림 4-13은 RL^2의 원 논문 실험 중 3D maze 실험에서의 RL^2 에이전트 행동에 대한 시각화 결과입니다. 맨 오른쪽 그림은 에이전트가 바라보는 관측 상태(observation)들 중 하나를 샘플링한 것이며, 2D로 RL^2 에이전트의 행동 경로를 2D로 시각화했습니다. 여기서 에이전트는 파란색 박스이며 3D 환경에서 빨간색 박스로 이동해야 하는 태스크입니다. RL^2 에이전트가 첫 번째 에피소드에서 (a)와 같이 다른 곳을 탐험하다가 빨간색 네모에 도착하여 양의 보상을 얻습니다. 그다음 같은 태스크에서 은닉 상태가 초기화되지 않고 두 번째 에피소드 (b)를 진행했을 때, 기존의 은닉 상태의 암묵적 사전 정보를 잘 활용하여 바로 목표 지점까지 잘 가는 것을 볼 수 있습니다.

다만 종종 이를 실패하는 경우도 보여줍니다. 또 다른 태스크에서 (c)와 같이 첫 번째 에피소드를 진행했을 때 우연히 목표 지점까지 잘 도착했습니다. 그다음 같은 태스크에서 은닉 상태가 초기화되지 않고 두 번째 에피소드 (d)를 진행했을 때 기존의 은닉 상태이 암묵적 사전 정보를 잘 활용하지 못하고 최적의 정책을 수행하지 못하는 모습도 보여줍니다. 이는 RL^2 에이전트에 대해 아직 더 좋은 순환 정책 강화학습 알고리즘으로 개발할 개선의 여지가 있음을 의미합니다.

이렇게 RL^2 알고리즘에 대해 구체적으로 다루어 봤습니다. 다음 절에서는 직접 RL^2를 MuJoCo HalfCheetah 환경에서 직접 구현해보고 개념을 더 명확히 이해해보겠습니다.

4.2.4 실습: RL^2 구현

이번 절에서는 앞서 배운 RL2 구현을 살펴보겠습니다.

앞서 살펴봤듯이 메타 강화학습은 각 알고리즘별 전체 코드의 구조가 복잡하기 때문에 책에서는 RL^2 동작 원리의 핵심 부분들만 간략하게 설명하겠습니다. 구체적으로 자세히 모든 동작 원리를 이해하고 싶으신 독자분들께서는 직접 코드를 하나씩 살펴보시는 것을 추천드립니다.

실행 방법

다른 알고리즘들과 마찬가지로 **src/meta_rl/rl2** 폴더에서 다음 명령어를 실행하면 RL^2 에이전트를 바로 학습할 수 있습니다. 앞서 알고리즘들과 마찬가지로 디폴트 태스크는 HalfCheetahDir입니다.

```
$ python rl2_trainer.py
```

환경 설정

src/meta_rl/rl2/configs/experiment_config.yaml

```
01. # 실험 환경 설정
02.
03. # "dir" 또는 "vel" 중에 하나 선택 (str)
04. env_name: "dir"
05.
```

```
06. # 저장할 실험 이름 (str)
07. save_exp_name: "exp_1"
08.
09. # 저장할 파일 이름 (str or null)
10. save_file_name: null
11.
12. # 불러올 실험 이름 (str or null)
13. load_exp_name: null
14.
15. # 불러올 파일 이름 (str or null)
16. load_file_name: null
17.
18. # 불러올 체크포인트 숫자 (int)
19. load_ckpt_num: 0
20.
21. # GPU 인덱스 값 (int)
22. gpu_index: 0
23.
24. # 랜덤 시드 값 (int)
25. seed: 0
```

[Line 3~7] 학습을 수행할 실험 전반에 대한 설정변수에 대한 파일입니다. env_name은 환경을 선택하는 설정변수로서 기본값인 "dir"일 경우엔 HalfCheetahDir 환경의 실험을 할 수 있으며, "vel"로 변경할 경우엔 HalfCheetahVel 환경의 실험을 할 수 있습니다. save_exp_name은 실험에 대한 이름으로, src/meta_rl/rl2/results 폴더 내부에 학습 결과가 저장될 폴더명을 설정하는 변수입니다.

[Line 9~19] 학습모델을 저장 및 로드할 경우 파일 이름에 관련된 설정변수들입니다. 기존의 모델을 이어서 학습할 수 있습니다.

[Line 21~25] 컴퓨터에 GPU가 있을 경우 사용할 GPU 번호를 gpu_index로 지정할 수 있습니다. 학습한 결과를 재현하고 싶을 땐 seed를 동일하게 맞춰줄 수 있습니다.

rl2_trainer.py 파일

먼저 RL^2 알고리즘을 실행하는 rl2_trainer.py의 전체 코드를 보겠습니다.

```python
01. import os
02. from typing import Any, Dict, List
03.
04. import numpy as np
05. import torch
06. import yaml
07. from gym.envs.mujoco.half_cheetah import HalfCheetahEnv
08.
09. from meta_rl.envs import ENVS
10. from meta_rl.rl2.algorithm.meta_learner import MetaLearner
11. from meta_rl.rl2.algorithm.ppo import PPO
12.
13. if __name__ == "__main__":
14.     # 실험 환경 설정에 대한 하이퍼파라미터들 불러오기
15.     with open(os.path.join("configs", "experiment_config.yaml"), "r") as file:
16.         experiment_config: Dict[str, Any] = yaml.load(file, Loader=yaml.FullLoader)
17.
18.     # 목표 보상 설정에 대한 하이퍼파라미터들 불러오기
19.     with open(
20.         os.path.join("configs", experiment_config["env_name"] + "_target_config.yaml"),
21.         "r",
22.     ) as file:
23.         env_target_config: Dict[str, Any] = yaml.load(file, Loader=yaml.FullLoader)
24.
25.     # 멀티-태스크 환경과 샘플 태스크들 생성
26.     env: HalfCheetahEnv = ENVS["cheetah-" + experiment_config["env_name"]](
27.         num_tasks=env_target_config["train_tasks"] + env_target_config["test_tasks"],
28.     )
29.     tasks: List[int] = env.get_all_task_idx()
30.
31.     # 랜덤 시드 값 설정
32.     env.reset(seed=experiment_config["seed"])
33.     np.random.seed(experiment_config["seed"])
34.     torch.manual_seed(experiment_config["seed"])
35.
36.     observ_dim: int = env.observation_space.shape[0]
37.     action_dim: int = env.action_space.shape[0]
38.     trans_dim: int = observ_dim + action_dim + 2
```

```
39.     hidden_dim: int = env_target_config["hidden_dim"]
40.
41.     device: torch.device = (
42.         torch.device("cuda", index=experiment_config["gpu_index"])
43.         if torch.cuda.is_available()
44.         else torch.device("cpu")
45.     )
46.
47.     agent = PPO(
48.         trans_dim=trans_dim,
49.         action_dim=action_dim,
50.         hidden_dim=hidden_dim,
51.         device=device,
52.         **env_target_config["ppo_params"],
53.     )
54.
55.     meta_learner = MetaLearner(
56.         env=env,
57.         env_name=experiment_config["env_name"],
58.         agent=agent,
59.         trans_dim=trans_dim,
60.         action_dim=action_dim,
61.         hidden_dim=hidden_dim,
62.         train_tasks=list(tasks[: env_target_config["train_tasks"]]),
63.         test_tasks=list(tasks[-env_target_config["test_tasks"] :]),
64.         save_exp_name=experiment_config["save_exp_name"],
65.         save_file_name=experiment_config["save_file_name"],
66.         load_exp_name=experiment_config["load_exp_name"],
67.         load_file_name=experiment_config["load_file_name"],
68.         load_ckpt_num=experiment_config["load_ckpt_num"],
69.         device=device,
70.         **env_target_config["rl2_params"],
71.     )
72.
73.     # RL^2 학습 시작
74.     meta_learner.meta_train()
```

[Line 1~11] 필요한 라이브러리 및 타 폴더의 클래스를 임포트하는 코드입니다.

[Line 13~29] 목표 보상 함수에 대한 configuration 세팅과 기타 학습에 필요한 실험 configuration 세팅을 진행합니다. 그리고 멀티 태스크 환경을 생성하고 태스크 샘플링할 수 있도록 설정합니다. RL^2 알고리즘의 실험에서는 파라미터 초깃 값의 최적화가 잘 되었는지를 확인하기 위해 held out 태스크를 테스트 태스크로 학습 태스크와 분리하여 선언합니다.

[Line 31~45] 무작위 seed를 설정하고 observ_dim(상태 차원), action_dim(행동 차원), hidden_dim(은닉 변수 차원)을 각각 계산한 뒤, cuda GPU를 사용하기 위한 torch 라이브러리 device를 세팅합니다.

[Line 47~71] PPO 에이전트와 메타러너 객체를 각각 필요한 파라미터를 인자로 넘겨주어 생성합니다.

[Line 73~74] 메타러너 객체의 meta_train() 함수를 호출하여 RL2 알고리즘의 학습을 시작합니다.

meta_train() 함수

src/meta_rl/rl2 폴더의 rl2_trainer.py 코드를 살펴봤으니 해당 파일에서 실행된 meta_learner(메타러너) 객체의 meta_train() 함수를 살펴보겠습니다. 해당 함수는 src/meta_rl/rl2/algorithm 폴더의 meta_learner.py 파일에 선언되어 있으며, MetaLearner 클래스 내부 함수로 구현되어 있습니다. 책에서는 분량상 meta_learner.py 파일의 모든 코드를 설명하진 않으며, MetaLearner 클래스의 meta_train() 함수만 간단히 설명하겠습니다.

src/meta_rl/rl2/algorithm/meta_learner.py

```
01. def meta_train(self) -> None:
02.         # 메타-트레이닝
03.         total_start_time = time.time()
04.         for iteration in range(self.num_iterations):
05.             start_time = time.time()
06.
07.             print(f"=============== Iteration {iteration} ===============")
08.             # 메타-배치 태스크에 대한 경로를 수집
09.             indices = np.random.randint(len(self.train_tasks), size=self.meta_batch_size)
10.             for i, index in enumerate(indices):
11.                 self.env.reset_task(index)
12.                 self.agent.policy.is_deterministic = False
13.
14.                 print(f"[{i + 1}/{self.meta_batch_size}] collecting samples")
15.                 trajs: List[Dict[str, np.ndarray]] = self.sampler.obtain_samples(
16.                     max_samples=self.num_samples,
17.                 )
18.                 self.buffer.add_trajs(trajs)
```

```
19.
20.              batch = self.buffer.sample_batch()
21.
22.              # 정책과 가치함수를 PPO 알고리즘에서 학습
23.              print(f"Start the meta-gradient update of iteration {iteration}")
24.              log_values = self.agent.train_model(self.batch_size, batch)
25.
26.              # 메타-테스트 태스크에서 학습 성능 평가
27.              self.meta_test(iteration, total_start_time, start_time, log_values)
28.
29.              if self.is_early_stopping:
30.                  print(
31.                      f"\n=============================================== \n"
32.                      f"The last {self.num_stop_conditions} meta-testing results are {self.dq}. \n"
33.                      f"And early stopping condition is {self.is_early_stopping}. \n"
34.                      f"Therefore, meta-training is terminated.",
35.                  )
36.                  break
```

[Line 1~18] 매 iteration마다 train_tasks에 들어있는 모든 학습 태스크에 대한 롤아웃 데이터를 수집한 후 리플레이 버퍼에 저장합니다. 이때, hidden state가 transition과 함께 저장되는 점이 중요하며, 동일 태스크에서는 에피소드가 달라져도 에이전트의 hidden state가 초기화되지 않고 유지됩니다. 이에 대한 부분은 src/meta_rl/rl2/algorithm/sampler.py에 있으며 실제 코드와 주석을 참고하면 더욱 직관적으로 이해가 될 것입니다.

[Line 20~24] 버퍼에 저장해둔 전체 학습 태스크에 대한 모든 롤아웃 데이터를 불러와 PPO 에이전트의 train_model() 함수 호출을 통해 학습을 수행합니다.

[Line 26~36] meta_test() 함수 호출을 통해 테스트 태스크들에 대해 메타 테스트를 수행하며 early stopping 조건을 추가하여 is_early_stopping 변수가 True일 때 학습을 종료합니다. early_stopping 조건은 롤아웃을 진행한 후 에이전트의 보상합(return)이 각 환경별 목표하는 stop_goal 변수보다 커지면 학습을 종료합니다. 해당 코드는 위 코드에는 서술되어 있지 않아 위 설명을 토대로 추가적으로 원코드의 meta_test 함수를 확인하시기 바랍니다.

train_model() 함수

앞서 src/meta_rl/rl2/algorithm 폴더의 meta_learner.py 코드에서 살펴봤습니다. 해당 파일에서 실행된 PPO 에이전트 객체의 self.agent.train_model() 함수를 구체적으로 살펴보겠습니다. 해당 함수는 src/meta_rl/rl2/algorithm 폴더의 ppo.py 파일에 선언되어 있으며, PPO 클래스 내

부 함수로 구현되어 있습니다. 책에서는 분량상 **ppo.py** 파일의 모든 코드를 설명하진 않으며, PPO 클래스의 **train_model()** 함수만 간단히 설명하겠습니다.

```python
01. def train_model(self, batch_size: int, batch: Dict[str, torch.Tensor]) -> Dict[str, float]:
02.     # PPO 알고리즘에 따른 네트워크 학습
03.     trans = batch["trans"]
04.     pi_hiddens = batch["pi_hiddens"]
05.     v_hiddens = batch["v_hiddens"]
06.     actions = batch["actions"]
07.     returns = batch["returns"]
08.     advants = batch["advants"]
09.     log_probs = batch["log_probs"]
10.
11.     num_mini_batch = int(batch_size / self.mini_batch_size)
12.
13.     trans_batches = torch.chunk(trans, num_mini_batch)
14.     pi_hidden_batches = torch.chunk(pi_hiddens, num_mini_batch)
15.     v_hidden_batches = torch.chunk(v_hiddens, num_mini_batch)
16.     action_batches = torch.chunk(actions, num_mini_batch)
17.     return_batches = torch.chunk(returns, num_mini_batch)
18.     advant_batches = torch.chunk(advants, num_mini_batch)
19.     log_prob_batches = torch.chunk(log_probs, num_mini_batch)
20.
21.     sum_total_loss: float = 0
22.     sum_policy_loss: float = 0
23.     sum_value_loss: float = 0
24.
25.     for _ in range(self.num_epochs):
26.         sum_total_loss_mini_batch = 0
27.         sum_policy_loss_mini_batch = 0
28.         sum_value_loss_mini_batch = 0
29.
30.         for (
31.             trans_batch,
32.             pi_hidden_batch,
33.             v_hidden_batch,
34.             action_batch,
```

```
35.             return_batch,
36.             advant_batch,
37.             log_prob_batch,
38.         ) in zip(
39.             trans_batches,
40.             pi_hidden_batches,
41.             v_hidden_batches,
42.             action_batches,
43.             return_batches,
44.             advant_batches,
45.             log_prob_batches,
46.         ):
47.             # 상태 가치 함수 손실 계산
48.             value_batch, _ = self.vf(trans_batch, v_hidden_batch)
49.             value_loss = F.mse_loss(value_batch.view(-1, 1), return_batch)
50.
51.             # 정책 손실 계산
52.             new_log_prob_batch = self.policy.get_log_prob(
53.                 trans_batch,
54.                 pi_hidden_batch,
55.                 action_batch,
56.             )
57.             ratio = torch.exp(new_log_prob_batch.view(-1, 1) - log_prob_batch)
58.
59.             policy_loss = ratio * advant_batch
60.             clipped_loss = (
61.                 torch.clamp(ratio, 1 - self.clip_param, 1 + self.clip_param) * advant_batch
62.             )
63.
64.             policy_loss = -torch.min(policy_loss, clipped_loss).mean()
65.
66.             # 손실 합 계산
67.             total_loss = policy_loss + 0.5 * value_loss
68.             self.optimizer.zero_grad()
69.             total_loss.backward()
70.             self.optimizer.step()
71.
72.             sum_total_loss_mini_batch += total_loss
73.             sum_policy_loss_mini_batch += policy_loss
```

```
74.            sum_value_loss_mini_batch += value_loss
75.
76.        sum_total_loss += sum_total_loss_mini_batch / num_mini_batch
77.        sum_policy_loss += sum_policy_loss_mini_batch / num_mini_batch
78.        sum_value_loss += sum_value_loss_mini_batch / num_mini_batch
79.
80.    mean_total_loss = sum_total_loss / self.num_epochs
81.    mean_policy_loss = sum_policy_loss / self.num_epochs
82.    mean_value_loss = sum_value_loss / self.num_epochs
83.    return dict(
84.        total_loss=mean_total_loss.item(),
85.        policy_loss=mean_policy_loss.item(),
86.        value_loss=mean_value_loss.item(),
87.    )
```

[Line 1~19] 전달받은 롤아웃 배치를 학습을 위해 미니배치 크기로 나눠 줍니다.

[Line 47~49] 롤아웃 중 계산하고 저장한 각 스텝에서의 retrun 값을 입력 transition에 대한 정답으로 하여 value network를 학습하기 위해 MSE(mean squared error) loss를 계산합니다. 이때 value network가 GRU 아키텍처로 구성되어 있으므로, 롤아웃 중 저장한 각 스텝에서의 value network의 hidden state를 initial hidden state로서 GRU에 transition과 함께 입력으로 넣어줍니다.

[Line 51~64] 이전 log probability와 새롭게 업데이트된 정책의 log probability로 PPO 알고리즘의 surrogate loss를 계산합니다. 앞서 value network의 loss 계산과 마찬가지로 정책 또한 GRU 아키텍처를 사용하고 있으므로, 롤아웃 과정에서 선택한 action에 대한 새 정책의 log probability를 구하기 위해 롤아웃 과정에서 저장한 hidden state를 입력으로 사용합니다. 이렇게 계산된 loss는 안정된 학습을 위해 정책의 변화가 너무 크지 않도록 clip해줍니다.

[Line 67~70] 정책학습을 위한 policy loss와 value network 학습을 위한 value loss를 계수 0.5를 곱하여 더해주고 backpropagation을 통한 파라미터 업데이트를 수행합니다.

[Line 72~87] 각 미니배치 및 에포크별 학습과정을 트래킹하기 위해 loss들을 반환합니다.

meta_test() 함수

마지막으로 다시 src/meta_rl/rl2/algorithm 폴더의 meta_learner.py로 돌아와 해당 파일 내의 MetaLearner 클래스 내부 함수로 구현되어있는 meta_test 함수를 살펴보겠습니다. 텐서보드 값 지정 등 기타 코드는 분량상 생략했습니다.

```
01. def meta_test(
02.          self,
03.     iteration: int,
04.     total_start_time: float,
05.     start_time: float,
06.     log_values: Dict[str, float],
07. ) -> None:
08.     # 메타-테스트
09.     test_results = {}
10.     test_return: float = 0
11.     test_run_cost = np.zeros(self.max_step)
12.
13.     for index in self.test_tasks:
14.         self.env.reset_task(index)
15.         self.agent.policy.is_deterministic = True
16.
17.         trajs: List[Dict[str, np.ndarray]] = self.sampler.obtain_samples(max_samples=self.max_step)
18.         test_return += np.sum(trajs[0]["rewards"]).item()
19.
20.         if self.env_name == "vel":
21.             for i in range(self.max_step):
22.                 test_run_cost[i] += trajs[0]["infos"][i]
```

[Line 8~11] 테스트 결과, 보상합 및 HalfCheetaVel의 테스트 태스크의 step별 목표 속도와의 오차 값에 대한 변수들을 선언합니다. 여기서 test_results 딕셔너리는 테스트 결과에 관련된 변수를 포함하여 전반적인 학습과정의 로그를 모두 담아 텐서보드로 전달하는 역할을하는 변수이나, 이 과정은 생략했습니다.

[Line 13~18] 태스크 변수 선언 때 정해진 모든 테스트 태스크에 대하여 validation을 수행합니다. 각 task에서 수행한 롤아웃에서의 reward들이 합산되어 보상합이 계산되며, 위 코드에선 생략되었지만 모든 태스크에 대한 평균 보상합을 계산하여 텐서보드에 기록합니다.

[Line 20~22] HalfCheetahVel 태스크의 경우 좀 더 자세한 분석을 위해 에피소드당 각 step에서 타깃 속도와의 차이가 어떻게 되는지를 기록합니다. traj의 "infos"에는 4.1.3절에서 다룬 값인 progress에서 goal_vel을 뺀 값인 run_cost가 들어있습니다.

학습 과정 확인

학습 중 src/meta_rl/rl2/results/exp1/{CURRENT_TIME} 폴더로 들어가서 다음 텐서보드 커맨드를 입력하면 학습 과정을 확인할 수 있습니다.

```
$ tensorboard —logdir=.
```

그림 4-14는 HalfCheetahDir 환경에서의 RL^2 에이전트의 평균 보상합을 보여줍니다. 이터레이션이 지남에 따라 모든 학습 태스크에 대해 보상합이 증가하는 것을 확인할 수 있습니다.

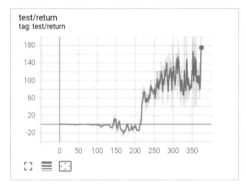

그림 4-14 HalfCheetahDir 메타 테스트 결과: 테스트 태스크 평균 보상합

또한, 그림 4-15를 통해 PPO 네트워크들의 손실 함수 값의 변화들을 살펴볼 수 있습니다.

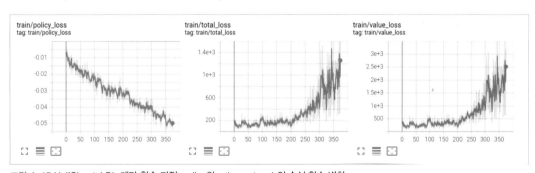

그림 4-15 HalfCheetahDir 메타 학습 과정: policy와 value network의 손실 함수 변화

그림 4-16, 그림 4-17, 그림 4-18은 HalfCheetahVel 환경에 대한 결과입니다. 학습이 진행됨에 따라 목표속도와의 오차가 줄어드는 것을 확인할 수 있습니다. 이를 좀 더 자세히 살펴본 그래프가 그림 4-18입니다. 30번째 이터레이션에서 목표속도와의 오차가 충분히 줄어드는 것을 확인할 수 있습니다.

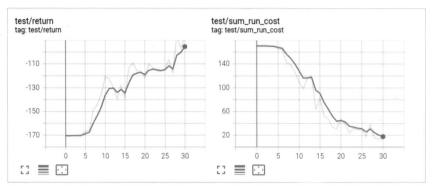

그림 4-16 HalfCheetahVel 메타 테스트 결과: 평균 보상합과 평균 run_cost합

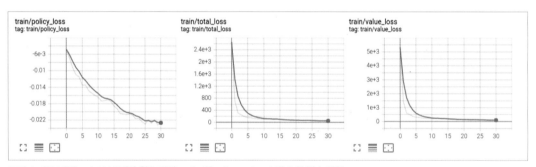

그림 4-17 HalfCheetahVel 메타 학습 과정: policy와 value network의 손실 함수 변화

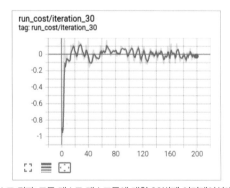

그림 4-18 HalfCheetahVel 메타 테스트 결과: 모든 테스트 태스크들에 대한 30번째 이터레이션에서의 시간 step에 따른 평균 run_cost

4.3 | 최적화 기반 메타 강화학습

4.3절에서는 메타 강화학습 두번째 카테고리인 최적화 기반 메타 강화학습에 대해 알아봅니다. 순환 정책 기반 메타 강화학습이 지도학습의 모델 기반 메타러닝의 아이디어와 크게 다르지 않았듯이, 최적화 기반 메타 강화학습 역시 지도학습의 최적화 기반 메타러닝과 크게 다르지 않습니다. 최적화 기반 강화학습에서는 다양한 태스크를 샘플링하여 메타러닝을 통해 더 좋은 학습 방법인 초기 파라미터 θ^*를 찾고자 하며, 앞서 지도학습에서 살펴봤던 대표적인 알고리즘인 MAML(Model-Agnostic Meta-Learning)이 이를 가능하게 합니다.

$$\theta^* = \underset{\theta}{\mathrm{argmax}} \sum_{i=1}^{n} \mathbb{E}_{\pi_{\phi_i(\tau)}}[R(\tau)] \quad \text{where } \phi_i = f_\theta(M_i) \tag{4.15}$$

$$f_\theta(M_i) = \theta + \alpha \nabla_\theta J_i(\theta) \tag{4.16}$$

RL^{2}와 마찬가지로 메타 강화학습은 식 4.15를 푸는 문제라고 할 수 있습니다. 이때 우리는 메타 강화학습을 태스크 분포에 대한 하나의 최적화 문제로 바라볼 수 있습니다. 만약 $f_\theta(M_i)$을 그 자체로 하나의 강화학습 알고리즘으로 바라볼 수 있을까요? 식 4.16과 같이 에이전트는 각각의 태스크, 마르코프 결정 과정에 대해 해당 환경과 상호작용(interaction)하여 $\nabla_\theta J_i(\theta)$을 구할 수 있습니다. 이는 내부 루프에서 샘플링한 각각의 태스크에 모두 적용할 수 있습니다.

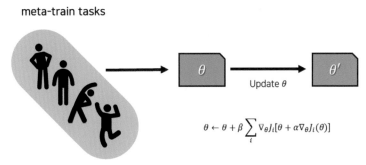

그림 4-19 최적화 기반 메타러닝 핵심 아이디어

그렇다면 우리는 이렇게 여러 개의 배치 태스크에서 구한 여러 태스크의 $\nabla_\theta J_i(\theta)$을 통합하여 메타 파라미터 θ를 최적화할 수 있습니다. 그림 4-19는 이러한 최적화 기반 메타 강화학습의 아이디어를 직관적으로 보여줍니다. 태스크 분포에서 여러 태스크를 샘플링하여 학습하는 신경망이 단일 강화학습 알고리즘으로 학습한 여러 정보들을 식 4.17과 같이 통합합니다. 이러한 최적화 관점의 메타 강화학습의 대표적인 방법이 MAML입니다.

$$\theta \leftarrow \beta \sum_i \nabla_\theta J_i[\theta + \alpha \nabla_\theta J_i(\theta)] \qquad (4.17)$$

메타 지도학습 파트에서도 언급했듯이 MAML의 "Model-Agnostic"이란 어떤 머신러닝 모델에 관계 없이 다 적용될 수 있다는 의미를 내포하고 있습니다. 즉, MAML은 지도학습뿐만 아니라 강화학습에서도 쓰일 수 있는 알고리즘입니다. 특별히 강화학습에서 쓰이는 MAML을 MAML-RL로 표현하겠습니다. 다음 절에서는 구체적으로 MAML-RL이 동작하는 과정을 소개하도록 하겠습니다.

4.3.1 MAML-RL

MAML은 경사하강법 최적화를 사용하는 어떤 머신러닝 모델에도 적용할 수 있는 알고리즘입니다. 특히 이번 절에서는 강화학습에 적용하는 MAML-RL을 살펴보겠습니다.

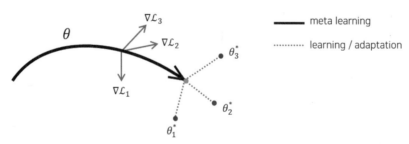

그림 4-20 Model-Agnostic Meta Learning 다이어그램

그림 4-20의 왼쪽에 있는 다이어그램은 MAML의 핵심 아이디어를 보여줍니다. 강화학습 예시에서도 마찬가지로 굵은 검은색 화살표는 메타러닝, 또는 메타 최적화를 의미하며 이는 외부 루프에서 진행됩니다. 회색 화살표는 서로 다른 태스크인 MDP M_1, M_2, M_3에 적응하는 과정을 의미하며, 이는 내부 루프에서 진행됩니다. 구체적으로 MAML 메타 강화학습 알고리즘 의사 코드(pseudo code)를 보면서 이 프로세스를 자세히 이해해보겠습니다.

강화학습을 위한 MAML의 의사코드

다음은 강화학습을 위한 MAML-RL 알고리즘의 의사 코드입니다.

```
function MAML_for_RL(distribution over tasks p(𝒯),
                     step size hyperparameters α and β)
  randomly initialize θ
  while not done do
    Sample batch of tasks 𝒯ᵢ ~ p(𝒯).
    for each 𝒯ᵢ do
      Sample K trajectories 𝒟={(x₁, a₁, ..., x_H)} using f_θ. in 𝒯ᵢ.
      Evaluate ∇_θ𝓛_𝒯ᵢ(f_θ) using 𝒟 and 𝓛_𝒯ᵢ in Equation 4.18.
      Compute adapted parameters with gradient descent:
                  θ'ᵢ = θ − α∇_θ𝓛_𝒯ᵢ(f_θ)
      Sample trajectories 𝒟'ᵢ={(x₁, a₁, ..., x_H)} from f_θ'ᵢ. in 𝒯ᵢ.
    Update θ←θ−β∇_θ∑_{𝒯ᵢ~p(𝒯)}𝓛_𝒯ᵢ(f_θ'ᵢ) using each 𝒟'ᵢ and 𝓛_𝒯ᵢ.
```

먼저 알고리즘 수행 전에는 태스크 분포 $p(T)$가 주어지며, 우리는 이 분포에서 각 태스크 MDP를 샘플링합니다. 그리고 외부 단계, 내부 단계 각각의 경사하강법에 대한 학습률(learning rate) α, β가 주어집니다. 강화학습의 학습 모델은 f_θ로 표기하겠습니다.

의사 코드의 설명은 다음과 같습니다.

1. 신경망 θ를 무작위 초기화합니다.

2. 외부 단계로 진입합니다. MAML 모델이 수렴할 때까지 외부 단계는 반복됩니다.

3. 외부 단계에서 태스크 분포로부터 배치 사이즈(batch size)만큼 태스크를 샘플링합니다. MAML-RL에서는 배치 사이즈만큼의 여러 MDP를 추출하는 과정입니다.

4. 내부 단계에 진입합니다. 3.에서 샘플링된 배치 사이즈 i번만큼 내부 단계가 반복됩니다.

5. 내부 단계 반복 프로세스마다 각 태스크에 대한 trajectory 데이터 $D=\{(x_1, a_1, ..., x_H)\}$를 에이전트의 정책 네트워크 f_θ를 통해 롤아웃합니다.

6. 롤아웃된 데이터를 활용하여 메타 파라미터 θ에 대한 손실 함수에 대해 미분 값 $\nabla_\theta L_{T_i}(f_\theta)$를 구하고 저장합니다. MAML-RL의 경우 손실 함수는 미래 보상의 합의 기댓값의 음수로 식 4.18과 같이 손실 함수를 정의할 수 있습니다.

$$L_{T_i}(f_\phi) = -\mathbb{E}_{x_t, a_t \sim f_\phi} \left[\sum_{t=1}^{H} R_i(x_t, a_t) \right] \tag{4.18}$$

7. 6.에서 구한 미분 값 $\nabla_\theta L_{T_i}(f_\theta)$를 활용하여 θ로부터 경사하강법을 수행하고, 해당 태스크를 학습한 θ_i'을 저장합니다.

8. 내부 단계 반복 프로세스마다 해당 태스크에 대한 새로운 trajectory 데이터 D'를 추가로 적응한 정책 네트워크 $f_{\theta_i'}$를 통해 다시 롤아웃합니다.

9. 내부 단계를 종료합니다.

10. 6.와 7.에서 구한 모든 태스크 정보들과 8.에서 샘플링한 trajectory 데이터 D'을 활용하여 경사하강법을 통해 메타 파라미터 θ를 학습합니다.

11. 외부 루프를 종료합니다.

4.3.2 실습: MAML-RL 구현

이번 절에서는 앞서 배운 MAML-RL 구현을 구체적으로 살펴보겠습니다. 지도학습에서의 MAML과 초기파라미터를 최적화한다는 이론적 원리는 같지만, 그 최적화 방법으로는 TRPO 강화학습 알고리즘을 사용하기 때문에 구현에서 다소 차이가 납니다.

앞서 살펴봤듯이 메타 강화학습은 각 알고리즘별 전체 코드의 구조가 복잡하기 때문에 책에서는 MAML 동작 원리의 핵심 부분들만 간략하게 설명하겠습니다. 구체적으로 자세히 모든 동작 원리를 이해하고 싶으신 독자분들께서는 직접 코드를 하나씩 살펴보시는 것을 추천드립니다.

실행 방법

다른 알고리즘들과 마찬가지로 src/meta-rl/maml 폴더에서 다음 명령어를 실행하면 MAML 에이전트를 바로 학습할 수 있습니다.

```
$ python maml_trainer.py
```

환경 설정

```yaml
01. # MAML 실험 환경 설정
02.
03. # "dir" 또는 "vel" 중에 하나 선택 (str)
04. env_name: "dir"
05.
06. # 저장할 실험 이름 (str)
07. save_exp_name: "exp_1"
08.
09. # 저장할 파일 이름 (str or null)
10. save_file_name: null
11.
12. # 불러올 실험 이름 (str or null)
13. load_exp_name: null
14.
15. # 불러올 파일 이름 (str or null)
16. load_file_name: null
17.
18. # 불러올 체크포인트 숫자 (int)
19. load_ckpt_num: 0
20.
21. # GPU 인덱스 값 (int)
22. gpu_index: 0
23.
24. # 랜덤 시드 값 (int)
25. seed: 0
```

[Line 3~7] 학습을 수행할 실험 전반에 대한 설정변수에 대한 파일입니다. env_name은 환경을 선택하는 설정변수로서 기본값인 "dir"일 경우엔 HalfCheetahDir 환경의 실험을 할 수 있으며, "vel"로 변경할 경우엔 HalfCheetahVel 환경의 실험을 할 수 있습니다. save_exp_name은 실험에 대한 이름으로, [maml]-[results] 내부에 학습 결과가 저장될 폴더명을 설정하는 변수입니다.

[Line 9~19] 학습모델을 저장 및 로드할 경우 파일 이름에 관련된 설정변수들입니다. 기존의 모델을 이어서 학습할 수 있습니다.

[Line 21~25] 컴퓨터에 GPU가 있을 경우 사용할 GPU 번호를 gpu_index로 지정할 수 있습니다. 학습한 결과를 재현하고 싶을 땐 seed를 동일하게 맞춰줄 수 있습니다.

maml_trainer.py 파일

먼저 maml 알고리즘을 실행하는 `maml_trainer.py`를 살펴보겠습니다. 다음은 해당 파일의 전체 코드입니다.

src/meta_rl/maml/maml_trainer.py

```python
01. import os
02. from typing import Any, Dict, List
03.
04. import numpy as np
05. import torch
06. import yaml
07. from gym.envs.mujoco.half_cheetah import HalfCheetahEnv
08.
09. from meta_rl.envs import ENVS
10. from meta_rl.maml.algorithm.meta_learner import MetaLearner
11. from meta_rl.maml.algorithm.trpo import TRPO
12.
13. if __name__ == "__main__":
14.     # 실험 환경 설정에 대한 하이퍼파라미터들 불러오기
15.     with open(os.path.join("configs", "experiment_config.yaml"), "r") as file:
16.         experiment_config: Dict[str, Any] = yaml.load(file, Loader=yaml.FullLoader)
17.
18.     # 목표 보상 설정에 대한 하이퍼파라미터들 불러오기
19.     with open(
20.         os.path.join("configs", experiment_config["env_name"] + "_target_config.yaml"),
21.         "r",
22.     ) as file:
23.         env_target_config: Dict[str, Any] = yaml.load(file, Loader=yaml.FullLoader)
24.
25.     # 멀티-태스크 환경과 샘플 태스크들 생성
26.     env: HalfCheetahEnv = ENVS["cheetah-" + experiment_config["env_name"]](
27.         num_tasks=env_target_config["train_tasks"] + env_target_config["test_tasks"],
28.     )
29.     tasks: List[int] = env.get_all_task_idx()
30.
31.     # 랜덤 시드 값 설정
32.     env.reset(seed=experiment_config["seed"])
```

```
33.    np.random.seed(experiment_config["seed"])
34.    torch.manual_seed(experiment_config["seed"])
35.
36.    observ_dim: int = env.observation_space.shape[0]
37.    action_dim: int = env.action_space.shape[0]
38.    policy_hidden_dim: int = env_target_config["policy_hidden_dim"]
39.    vf_hidden_dim: int = env_target_config["value_function_hidden_dim"]
40.
41.    device: torch.device = (
42.        torch.device("cuda", index=experiment_config["gpu_index"])
43.        if torch.cuda.is_available()
44.        else torch.device("cpu")
45.    )
46.
47.    agent = TRPO(
48.        observ_dim=observ_dim,
49.        action_dim=action_dim,
50.        policy_hidden_dim=policy_hidden_dim,
51.        vf_hidden_dim=vf_hidden_dim,
52.        device=device,
53.        **env_target_config["pg_params"],
54.    )
55.
56.    meta_learner = MetaLearner(
57.        env=env,
58.        env_name=experiment_config["env_name"],
59.        agent=agent,
60.        observ_dim=observ_dim,
61.        action_dim=action_dim,
62.        train_tasks=tasks[: env_target_config["train_tasks"]],
63.        test_tasks=tasks[-env_target_config["test_tasks"] :],
64.        save_exp_name=experiment_config["save_exp_name"],
65.        save_file_name=experiment_config["save_file_name"],
66.        load_exp_name=experiment_config["load_exp_name"],
67.        load_file_name=experiment_config["load_file_name"],
68.        load_ckpt_num=experiment_config["load_ckpt_num"],
69.        device=device,
70.        **env_target_config["maml_params"],
71.    )
```

```
72.
73.    # MAML 학습 시작
74.    meta_learner.meta_train()
```

[Line 1~11] 필요한 라이브러리 및 타 폴더의 클래스를 임포트하는 코드입니다.

[Line 14~29] 목표 보상 함수에 대한 configuration 세팅과 기타 학습에 필요한 실험 configuration 세팅을 진행합니다. 그리고 멀티 태스크 환경을 생성하고 태스크 샘플링할 수 있도록 설정합니다. MAML의 실험에서는 파라미터 초깃값의 최적화가 잘 되었는지를 확인하기 위해 held out 태스크를 테스트 태스크로 학습 태스크와 분리하여 선언합니다.

[Line 31~45] 무작위 seed를 설정하고 observ_dim(상태 차원), action_dim(행동 차원), hidden_dim(은닉 변수 차원)을 각각 계산한 뒤, cuda GPU를 사용하기 위한 torch 라이브러리 device를 세팅합니다.

[Line 47~71] TRPO 에이전트와 메타러너 객체를 각각 필요한 파라미터를 인자로 넘겨주어 생성합니다. 다만 내부 단계에서 구한 loss를 가지고 외부 단계에서 파라미터를 업데이트하는 MAML의 특성상, 이 TRPO에이전트는 자체적으로 모델을 업데이트하지 않는 대신 loss의 계산만을 수행합니다. 또한 계산된 loss를 사용하여 외부단계에서 모델을 업데이트할 때 사용할 TRPO 관련 메서드들을 포함하고 있습니다.

[Line 73~74] 메타러너 객체의 meta_train() 함수를 호출해 학습을 시작합니다.

meta_train() 함수

src/meta_rl/maml 폴더의 maml_trainer.py 코드를 살펴봤으니 해당 파일에서 실행된 메타러너 객체의 meta_train() 함수를 살펴보겠습니다. 해당 함수는 src/meta_rl/maml/algorithm 폴더의 meta_learner.py 파일에 선언되어 있으며, MetaLearner 클래스 내부 함수로 구현되어 있습니다. 책에서는 분량상 meta_learner.py 파일의 모든 코드를 설명하진 않으며, MetaLearner 클래스의 필수 함수들 위주로 간단히 설명하겠습니다.

src/meta_rl/maml/algorithm/meta_learner.py

```
01. def meta_train(self) -> None:
02.     # 메타-트레이닝
03.     total_start_time = time.time()
04.     for iteration in range(self.num_iterations):
05.         start_time = time.time()
06.
07.         print(f"\n=============== Iteration {iteration} ===============")
08.         # 메타-배치 태스크에 대한 데이터 수집
09.         indices = np.random.randint(len(self.train_tasks), size=self.meta_batch_size)
```

```
10.          self.collect_train_data(indices)
11.
12.          # 경사하강 기반의 메타-업데이트
13.          log_values = self.meta_update()
14.
15.          # 메타-테스트 태스크에서 학습성능 평가
16.          self.meta_test(iteration, total_start_time, start_time, log_values)
17.
18.          if self.is_early_stopping:
19.              print(
20.                  f"\n================================================\n"
21.                  f"The last {self.num_stop_conditions} meta-testing results are {self.dq}.\n"
22.                  f"And early stopping condition is {self.is_early_stopping}.\n"
23.                  f"Therefore, meta-training is terminated.",
24.              )
25.              break
```

[Line 4~10] 각 학습 이터레이션을 시작할 때마다 학습용 태스크 세트에서 num_sample_tasks 숫자만큼의 태스크를 랜덤하게 샘플링하여 태스크 배치를 만듭니다. 그리고 태스크마다 초기 정책을 바탕으로 롤아웃 및 정책 업데이트 후 다시 롤아웃하는 내부 루프 과정을 1회~다회 반복한 후 이러한 반복된 정책 업데이트 과정에서의 데이터를 버퍼에 모두 저장해 둡니다.

[Line 12~13] 버퍼에 저장된 모든 샘플 태스크들의 내부 단계 데이터들을 사용하여 외부 단계를 수행합니다.

[Line 15~25] meta_test() 함수 호출을 통해 메타 테스트를 수행하며 early stopping 조건을 추가하여 is_early_stopping 변수가 True일 때 학습을 종료합니다. early_stopping 조건은 경사하강법을 사용한 정책 업데이트를 진행한 후 에이전트의 보상합(return)이 각 환경별 목표하는 stop_goal 변수보다 커지게 되면 학습을 종료하게 됩니다.

collect_train_data() 함수

앞서 src/meta_rl/maml/algorithm 폴더의 meta_learner.py 코드에서 MAML 알고리즘의 전체 학습과정을 meta_train 함수를 통해 살펴봤습니다. 이제부턴 학습과정의 각 세부 단계에 대해서 다뤄보고자 하며 먼저 MAML의 내부 단계 데이터 수집과정에 해당하는 collect_train_data 함수를 살펴보겠습니다.

```
01. def collect_train_data(self, indices: np.ndarray, is_eval: bool = False) -> None:
02.     # 경사하강 기반 태스크 적응을 동반한 경로 데이터 수집
03.     backup_params = dict(self.agent.policy.named_parameters())
04.
05.     mode = "test" if is_eval else "train"
06.     print(f"Collecting samples for meta-{mode}")
07.     for cur_task, task_index in enumerate(tqdm(indices)):
08.
09.         self.env.reset_task(task_index)
10.
11.         # 내부 루프(inner loop)
12.         # 각각의 태스크에 대한 경사하강 기반의 태스크 적응
13.         for cur_adapt in range(self.num_adapt_epochs + 1):
14.
15.             # 메타-테스트에 대해서는 deterministic한 정책으로 경로 생성
16.             self.agent.policy.is_deterministic = (
17.                 True if cur_adapt == self.num_adapt_epochs and is_eval else False
18.             )
19.
20.             # 학습 경로의 수집과 정책의 적응을 반복 후 평가 경로를 수집
21.             trajs = self.sampler.obtain_samples(max_samples=self.num_samples)
22.             self.buffers.add_trajs(cur_task, cur_adapt, trajs)
23.
24.             if cur_adapt < self.num_adapt_epochs:
25.                 train_batch = self.buffers.get_trajs(cur_task, cur_adapt)
26.
27.                 # 정책의 태스크 적응
28.                 inner_loss = self.agent.policy_loss(train_batch)
29.                 self.inner_optimizer.zero_grad(set_to_none=True)
30.                 require_grad = cur_adapt < self.num_adapt_epochs - 1
31.                 inner_loss.backward(create_graph=require_grad)
32.
33.                 with torch.set_grad_enabled(require_grad):
34.                     self.inner_optimizer.step()
35.
36.         # 태스크 적응 이후의 정책 파라미터 저장
37.         self.buffers.add_params(
38.             cur_task,
```

```
39.                self.num_adapt_epochs,
40.                dict(self.agent.policy.named_parameters()),
41.            )
42.
43.        # 태스크 적응 이전의 정책으로 복원
44.        self.agent.update_model(self.agent.policy, backup_params)
45.        self.agent.policy.is_deterministic = False
```

[Line 3] 샘플링된 배치 태스크의 각 태스크마다 동일한 초기 정책으로 복구하여 롤아웃을 하기 위해서, 현재 정책의 백업 정책을 만들어 둡니다.

[Line 7~22] 배치 태스크의 순차대로 태스크를 선택하고, 초기 정책을 사용하여 현재 태스크에서의 롤아웃 데이터를 버퍼에 저장합니다.

[Line 17~25] 현재 태스크의 롤아웃 데이터를 사용하여 태스크에 맞게 정책을 업데이트합니다. 그리고선 업데이트된 태스크 정책으로 다시 롤아웃 및 정책을 업데이트하는 과정을 num_adapt_epochs의 횟수만큼 반복합니다. 마지막 에포크에선 업데이트 없이 롤아웃 데이터만을 저장합니다.

[Line 24~45] 각 태스크의 마지막으로 업데이트된 정책을 추후 외부 단계의 TRPO 알고리즘에서 사용하기 위해 버퍼에 저장합니다. 그리고 현재 정책을 백업해둔 초기정책으로 백업하여 다음 태스크의 내부 단계를 반복합니다.

meta_update() 함수

내부 단계에서의 데이터 및 파라미터가 버퍼에 모두 모아졌으면, 이제 외부 단계인 meta_update 함수를 살펴보겠습니다.

src/meta_rl/maml/algorithm/meta_learner.py

```
01. def meta_update(self) -> Dict[str, float]:
02.     # 외부 루프(outer loop)
03.     # Line search를 시작하기 위한 첫 경사하강 스텝 계산
04.     loss_before, kl_before, _ = self.meta_surrogate_loss(set_grad=True)
05.
06.     gradient = torch.autograd.grad(loss_before, self.agent.policy.parameters(), retain_graph=True)
07.     gradient = self.agent.flat_grad(gradient)
08.     Hvp = self.agent.hessian_vector_product(kl_before, self.agent.policy.parameters())
09.
10.     search_dir = self.agent.conjugate_gradient(Hvp, gradient)
11.     descent_step = self.agent.compute_descent_step(Hvp, search_dir, self.max_kl)
12.     loss_before.detach_()
```

```
13.
14.     # Line search 역추적을 통한 파라미터 업데이트
15.     backup_params = deepcopy(dict(self.agent.policy.named_parameters()))
16.     for i in range(self.backtrack_iters):
17.         ratio = self.backtrack_coeff**i
18.
19.         for params, step in zip(self.agent.policy.parameters(), descent_step):
20.             params.data.add_(step, alpha=-ratio)
21.
22.         loss_after, kl_after, policy_entropy = self.meta_surrogate_loss(set_grad=False)
23.
24.         # KL 제약조건을 만족할 경우 정책 업데이트
25.         is_improved = loss_after < loss_before
26.         is_constrained = kl_after <= self.max_kl
27.         print(f"{i}-Backtracks ¦ Loss {loss_after:.4f} < Loss_old {loss_before:.4f} : ", end="")
28.         print(f"{is_improved} ¦ KL {kl_after:.4f} <= maxKL {self.max_kl:.4f} : {is_constrained}")
29.
30.         if is_improved and is_constrained:
31.             print(f"Update meta-policy through {i+1} backtracking line search step(s)")
32.             break
33.
34.         self.agent.update_model(self.agent.policy, backup_params)
35.
36.         if i == self.backtrack_iters - 1:
37.             print("Keep current meta-policy skipping meta-update")
38.
39.     self.buffers.clear()
40.     return dict(
41.         loss_after=loss_after.item(),
42.         kl_after=kl_after.item(),
43.         policy_entropy=policy_entropy.item(),
44.     )
```

[Line 2~12] 버퍼에 저장된 배치 태스크의 롤아웃 데이터와 마지막 롤아웃에서의 정책 파라미터를 사용하여 앞서 3.4절 TRPO에서 설명한 surrogate loss를 계산하고 이를 바탕으로 켤레 그라디언트 방향으로 어느 정도 파라미터를 업데이트 할지를 계산합니다. 이 과정에서 TRPO 에이전트 내부의 메서드들을 클래스 메서드로서 사용합니다.

[Line 14~37] line search를 하기 앞서 현재의 정책에 대한 백업정책을 만들어 둡니다. 그리고선 ratio를 줄여가며 제약조건을 만족하는 업데이트를 찾을 때까지 line search를 반복합니다. 업데이트 한 파라미터가 제약조건을 만족할 경우 line search를 멈추고 일정 반복 이상 계속 만족을 못하면 백업해둔 이전 정책으로 현재 정책을 복구합니다.

[Line 39~44] line search가 끝이 나면 버퍼를 비우고 외부단계 업데이트의 결과로서 loss, KL, 엔트로피를 반환합니다.

meta_test() 함수

마지막으로 src/meta_rl/maml/algorithm/meta_learner.py 파일 내의 MetaLearner 클래스 내부 함수로 구현되어있는 meta_test 함수를 살펴보겠습니다. 텐서보드 값 지정 등 기타 코드는 분량상 생략했습니다.

```
                                          src/meta_rl/maml/algorithm/meta_learner.py
01. def meta_test(
02.     self,
03.     iteration: int,
04.     total_start_time: float,
05.     start_time: float,
06.     log_values: Dict[str, float],
07. ) -> None:
08.     # 메타-테스트
09.     results_summary = {}
10.     returns_before_grad = []
11.     returns_after_grad = []
12.     run_costs_before_grad = []
13.     run_costs_after_grad = []
14.
15.     results_summary["loss_after"] = log_values["loss_after"]
16.     results_summary["kl_after"] = log_values["kl_after"]
17.     results_summary["policy_entropy"] = log_values["policy_entropy"]
18.
19.     results_summary["total_time"] = time.time() - total_start_time
20.     results_summary["time_per_iter"] = time.time() - start_time
21.
22.     self.collect_train_data(np.array(self.test_tasks), is_eval=True)
23.
24.     for task in range(len(self.test_tasks)):
25.         batch_before_grad = self.buffers.get_trajs(task, 0)
26.         batch_after_grad = self.buffers.get_trajs(task, self.num_adapt_epochs)
27.
28.         rewards_before_grad = batch_before_grad["rewards"][: self.max_steps]
```

```
29.        rewards_after_grad = batch_after_grad["rewards"][: self.max_steps]
30.        returns_before_grad.append(torch.sum(rewards_before_grad).item())
31.        returns_after_grad.append(torch.sum(rewards_after_grad).item())
32.
33.        if self.env_name == "vel":
34.            run_costs_before_grad.append(
35.                batch_before_grad["infos"][: self.max_steps].cpu().numpy(),
36.            )
37.            run_costs_after_grad.append(
38.                batch_after_grad["infos"][: self.max_steps].cpu().numpy(),
39.            )
40.
41.    run_cost_before_grad = np.sum(run_costs_before_grad, axis=0)
42.    run_cost_after_grad = np.sum(run_costs_after_grad, axis=0)
43.
44.    self.buffers.clear()
```

[Line 8~20] HalfCheetahDir 혹은 HalfCheetahVel의 테스트 결과 및 경사하강법을 사용한 정책 업데이트를 하기 전, 한 후의 보상합 및 HalfCheetahVel의 테스트 태스크의 step별 목표 속도와의 오차 값에 대한 변수들을 선언합니다. 여기서 result_summary 딕셔너리는 meta_update 함수에서 수행된 외부 단계의 업데이트 결과와 관련된 변수를 포함하여 전반적인 학습과정의 로그를 모두 담는 역할을 합니다.

[Line 22~31] held out 테스트 세트에 속한 각각의 태스크에 대해 내부 단계만을 collect_train_data 함수를 사용하여 수행합니다. 이 과정에서 버퍼에 롤아웃 데이터가 저장되므로, 정책이 업데이트되기 전인 첫 롤아웃 데이터와 마지막으로 업데이트된 정책의 롤아웃 데이터를 버퍼에서 각각 가져와 업데이트 전후의 보상의 합을 구합니다.

[Line 33~39] HalfCheetahVel 태스크의 경우 좀 더 자세한 분석을 위해 에피소드당 각 step에서 타깃 속도와의 차이가 어떻게 되는지를 기록합니다. batch_before_grad와 batch_after_grad 딕셔너리의 "infos"에는 4.1.3절에서 다룬 값인 progress에서 goal_vel을 뺀 오차값인 run_cost가 각 step별로 들어가 있습니다. 이를 사용하여 모든 테스트 태스크에 대하여 각 step별 오차합을 계산하고, 위 코드엔 생략되어 있지만 텐서보드 출력시엔 오차합을 태스크 개수만큼 나누어 step별 평균오차를 시각화합니다.

학습 과정 확인

학습 중 src/meta_rl/maml/results/exp1/{CURRENT_TIME} 폴더로 들어가서 위 텐서보드 커맨드를 입력하면 학습 과정을 확인할 수 있습니다.

```
$ tensorboard —logdir=.
```

그림 4-21은 HalfCheetahDir 환경에서 학습에 따른 메타 테스트에 대한 MAML 에이전트의 정책 업데이트를 한 후의 보상합과 정책 업데이트를 하기 전의 보상합을 보여줍니다. 경사하강법을 통한 adaptation 시 그 이전보다 return 값이 커지는 것에서 학습이 잘된 것을 확인할 수 있습니다.

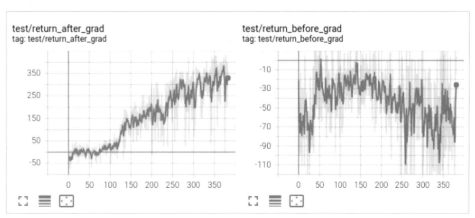

그림 4-21 HalfCheetahDir 메타 테스트 결과: 정책 업데이트 후 및 업데이트 전 보상합

그림 4-22는 메타 학습과정 중 로그를 기록한 것으로 손실함수와 엔트로피가 줄어드는 것을 볼 수 있습니다.

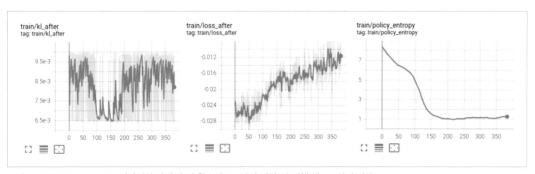

그림 4-22 HalfCheetahDir 메타러닝 과정: 손실 함수와 KL 값의 변화 및 정책 엔트로피의 변화

그림 4-23과 그림 4 24는 HalfCheetahVel 환경에 대한 결과로서 이번엔 학습이 진행될수록 메타 테스트에서 목표속도와의 오차가 줄어드는 것을 확인할 수 있습니다.

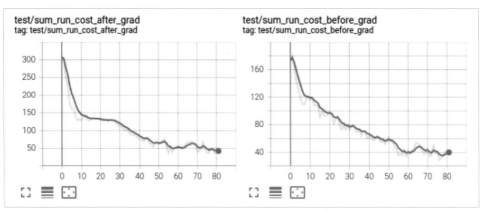

그림 4-23 HalfCheetahVel 메타 테스트: 정책 업데이트 후 및 업데이트 전 목표속도 run_cost 합

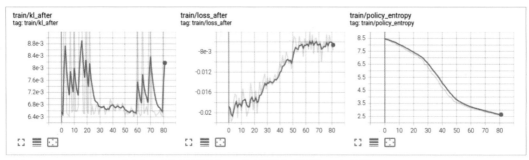

그림 4-24 HalfCheetahVel 메타러닝 과정: 손실 함수와 KL 값의 변화 및 정책 엔트로피의 변화

4.4 컨텍스트 기반 메타 강화학습

우리는 메타 강화학습의 두 가지 접근 방법인 순환 정책 메타 강화학습과 최적화 기반 메타 강화학습 알고리즘들을 알아봤습니다. 각 접근방법의 대표 알고리즘인 RL^2에서는 순환 신경망 내에서 실시간으로 변하는 내부 다이내믹스에 초점을 맞추었고, MAML의 경우 '학습', 즉 메타 파라미터 θ의 업데이트에 집중했습니다. 이 학습하는 방법을 배우는 것이 새로운 태스크에 대한 빠른 습득력을 배우는 것이라고 비유할 수 있습니다.

그림 4-25 골프공과 페탕크 쇠공을 들어올리는 운동 지능 관련 태스크 예시

하지만 어떤 새로운 태스크를 마주했을 때 이와 같은 습득의 과정이 매번 필요한 건 아닙니다. 그림 4-25와 같은 사람의 운동 지능을 예로 들어보겠습니다. 우리가 손으로 어떤 물건을 잡아서 일정 속도로 들어올리는 방법을 이미 알고 있다고 할 때, 골프공을 드는 일과 쇠공을 드는 일은 사실 서로 새롭게 습득해야 할 만큼 다르지 않습니다. 대신 우리는 공을 잡고 팔에 살짝 힘을 주어 공의 무게가 어느 정도인지 감을 잡으며, 이후엔 이미 알고 있는 방법을 그대로 활용하여 필요한 힘만 다르게 주어 서로 다른 공을 일정 속도로 들어올릴 수 있습니다.

다시 말해 유사한 범위의 태스크들은 이미 학습한 행동을 활용하여 단순한 추론만으로 수행할 수 있음을 의미합니다. 이번 절에서는 새로운 태스크 학습을 위해 정책의 도출과정에서 학습을 하는 대신 이와 같이 태스크가 무엇인지를 추론하는 '태스크 추론 관점에서 메타 강화학습'을 다뤄보겠습니다.

4.4.1 태스크 추론 관점에서의 메타 강화학습

특정 태스크에 대한 강화학습의 마르코프 결정 과정은 현재 상태와 행동에 다음 상태와 보상이 연결되는 일련의 그래프 모델로 표현이 가능합니다. 이를 그림으로 보면 그림 4-26의 왼쪽 그래프와 같으며, 각각의 회색 원은 마르코프 결정 과정의 구성요소에 해당합니다. 앞서 설명한 것과 같이 강화학습에서의 '동일 태스크'는 '상태전이확률과 보상함수가 동일한 마르코프 결정 과정'로 정의됩니다. 즉, 같은 행동 정책에 따른 상태 변화가 다르거나 높은 보상이 주어지는 조건이 다르다면 이는 다른 태스크를 의미합니다.

한편, 메타 강화학습은 서로 다른 여러 태스크에 대한 문제입니다. 태스크의 정의에 따라 이는 마르코프 결정 과정이 여러 개인 것을 의미하며, 태스크가 바뀌는 것은 곧 마르코프 결정 과정이 바뀌는 것을 의미합니다. 이를 마찬가지로 그래프로 표현해본다면, 주어진 태스크 변수 T에 따라 달라지는 조건 그래프로 표현이 가능하고 그림 4-26의 오른쪽과 같이 흰색 원에 있는 태스크 변수가 마르코프 결정 과정을 의미하는 회색 원들의 그래프를 결정하는 조건부 그래프로 나타낼 수 있습니다.

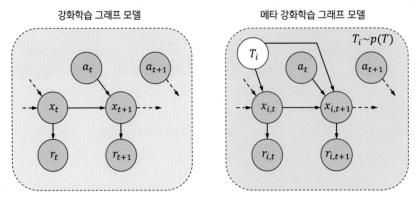

그림 4-26 강화학습의 그래프 모델(왼쪽)과 메타 강화학습의 그래프 모델(오른쪽) (출처: Berkeley CS285 변형)

주의해야 할 점은, 메타 강화학습이 풀고자 하는 문제가 임의의 태스크를 가정하고 있기 때문에 이 태스크 변수가 명시적으로 주어지지 않는다는 것입니다. 따라서 메타 강화학습 그래프 모델에서 태스크 변수 T는 은닉 변수(hidden variable)가 됩니다.

앞에서 이야기한 그림 4-25의 임의의 공을 등속으로 들어올리는 예시를 다시 한번 살펴봅시다. 이 문제의 경우 우리는 주어진 공의 무게를 모르는 상태입니다. 따라서 공을 쥐고 들어올리는 방법을 알고 있음에도, 눈앞의 공을 일정 속도로 들어올리기 위해선 어느 정도의 힘을 주어야 할지 알지 못합니다. 그렇기 때문에 여기에선 공의 무게가 태스크를 좌우하는 태스크 변수 T가 될 수 있습니다.

그렇다면 임의의 공에 대해 저울로 무게를 측정하지 않고서 어떻게 적절한 힘을 줄 수 있을까요? 여기서 사용되는 방식이 바로 '추론'입니다. 우리는 환경과의 상호작용으로 태스크를 추론할 수 있습니다. 예를 들어 공을 쥐고 살짝 힘주었을 때의 공의 움직임에 따라 직관적으로 무게를 유추할 수 있습니다. 물론 이때 사람이 유추하는 것은 정량적인 무게(예: 800g)가 아닙니다. 대신 "이 공은 골프공보다 무겁네? 하지만 볼링공보단 가벼운 것 같아."처럼 여러 무게의 물건에 대한 자신만의 추상적인 비교 공간 위에서 현재 주어진 공의 위치를 직관적으로 추론하게 됩니다. 이와 같이 추론된 여러 태스크들에 대한 추상적인 공간을 메타 강화학습에서는 잠재 태스크 공간(latent task space)이라고 합니다.

조금 더 개념을 확장해 봅시다. 앞서 우리는 환경과의 상호작용 정보에 근거하여 현재의 태스크를 추론한다고 했습니다. 사실 이러한 접근은 환경과의 상호작용 히스토리에 현재의 태스크가 내포되어 있다는 가정을 전제로 하고 있습니다. 따라서 주어진 데이터로부터 내재된 태스크 정보를 잘 이끌어내는 것이 태스크 추론 관점의 메타강화학습의 목적이며, 이와 같이 태스크를 유추할 수 있는 일련의 상호작용 데이터를 태스크 컨텍스트(task context), 혹은 컨텍스트(context)라고 정의하고 앞으로 c라고 쓰겠습니다. 또한 이 컨텍스트로부터 추론한 잠재 태스크 공간상의 추상적인 태스크를 잠재 컨텍스트 변수(latent context variable)라고 정의하며 앞으로는 간단히 z라고 쓰겠습니다. 지금까지 설명한 태스크 마르코프 결정 과정과 그 상호작용의 결과인 컨텍스트 c로부터의 z의 추론과정을 수식으로 쓰면 다음 식 4.19와 같습니다.

$$z_t^T \sim p(z_t^T | c_{1:t}^T) = p(z_t^T | s_{1:t}, a_{1:t}, r_{1:t}), \quad \text{where } T \sim p(T) \tag{4.19}$$

이는 분포를 따르는 어떤 태스크 T가 주어졌을 때, T의 지금까지의 컨텍스트 $c_{1:t}^T$로부터 현재의 잠재 컨텍스트 변수 z_t^T를 추론한 것을 의미합니다. 그리고 $c_{1:t}^T$를 마르코프 결정 과정에 맞추어 풀어 쓰면 $c_{1:t}^T = (s_{1:t}, a_{1:t}, r_{1:t})$가 되므로 이를 대입하여 위와 같은 식을 완성할 수 있습니다.

 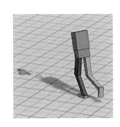 

z : 블록을 쌓을 위치 z : 로봇이 걸어갈 방향 z : 로봇이 하키퍽을
                                                            날려보낼 방향

그림 4-27 잠재 컨텍스트 변수 z의 다양한 예시 (출처: Berkeley CS285 변형)

앞서 예시로 든 그림 4-22의 임의의 공을 등속으로 드는 태스크의 경우 태스크 변수 z가 공의 무게를 내포하고 있습니다. 이렇게 z는 태스크에 따라 다양한 정보를 내포할 수 있으며 그림 4-27에 그 예시들을 볼 수 있습니다. 장난감 블록을 쌓는 태스크라면 z가 내포할 정보는 블록을 쌓을 위치일 것입니다. 만약 로봇이 임의의 방향으로 걸어가도록 하는 태스크라면 z는 방향정보일 것이며, 로봇 하키 게임을 하는 태스크라면 하키 퍽을 날려 보낼 방향 정보가 z가 될 수 있을 것입니다.

그렇다면 메타 강화학습을 추론관점에서 접근하는 것은 어떤 장점이 있을까요? 가장 먼저 강화학습의 학습효율성을 올릴 수 있습니다. 강화학습은 의사결정에 포커스를 맞춘 알고리즘이다 보니 순수한 정책 모델만으론 입력에 대한 표상(representation)을 학습하는 것이 다른 딥러닝 방법들에 비해 상대적으로 쉽지 않습니다. 그렇기 때문에 태스크가 복잡해질 경우 하나의 태스크에서도 매우 많은 데이터를 필요로 하며, 특히나 메타 강화학습과 같이 다중 태스크 문제의 경우 학습 공간이 더 넓어져 표상 학습이 매우 어려워집니다.

두번째로 태스크 추론관점의 메타 강화학습은, 이러한 복잡한 문제를 1) 태스크를 추론하는 문제와 2) 태스크가 주어졌을 때 최적의 정책을 구하는 두 가지 문제로 분리하여 상대적으로 간단한 문제로 만듭니다. 따라서 넓은 태스크 공간에 대해서도 일단 태스크를 특정 지을 수 있는 변수 z를 추론할 수 있다면, 정책 모델이 학습을 위해 필요로 하는 샘플 효율이 매우 올라가게 됩니다.

세번째는 태스크의 탐색이 용이하다는 점입니다. 명시적으로 추론된 태스크에 의존하여 정책을 수행하는 방법이기 때문에, 이 태스크의 추론과정에서 다양성을 추가하거나 보다 효율적인 태스크 추론을 시도하여 정책에 전달한다면 보다 풍부하고 전략적인 태스크 탐색이 가능해집니다.

네번째로 태스크의 일반화가 용이하다는 점입니다. 이는 추론 기반 접근의 목적이 사실상 잠재 태스크 공간을 만드는 것이기 때문이며, 충분히 잘 만들어진 태스크 공간 안에선 보간(interpolation)을 통한 태스크 일반화가 이론적으로 가능하기 때문입니다.

다섯 번째로 시각화가 편리합니다. 이전 챕터에서 살펴온 방식들과 달리 태스크 정보를 담고 있는 z를 명시적으로 사용하는 구조이기 때문에, 이를 t-SNE나 PCA와 같은 시각화 방법 및 차원 축소 방법을 사용하여 추론된 태스크들 사이의 관계를 그래프로 표현이 가능합니다. 이에 따라 메타 강화학습이 정말로 잘 학습되고 있는지를 학습과정에서도 쉽게 확인할 수 있습니다.

마지막으로 테스트 조건이 간편합니다. 추론 기반의 강화학습은 적응(adaptation) 과정을 정책 모델 파라미터의 업데이트가 아닌 이미 학습된 추론 모델의 포워드 연산만으로 태스크 추론을 수행합니다. 따라서 충분히 메타러너가 잘 학습된 경우, 새로운 태스크에 대해 MAML과 같이 모델의 경사 하강법 과정을 거칠 필요가 없으며, 학습한 정책 모델을 업데이트 없이 테스트에서 쉽게 활용 가능합니다.

지금까지 추론 기반의 메타강화학습이 무엇인지 살펴봤습니다. 이러한 추론 기반 모델을 학습하려면 구체적으로 어떤 방법을 사용하는 지와 이를 위해 알아야 하는 배경에 대해 다뤄보겠습니다.

4.4.2 컨텍스트 기반 정책

강화학습의 일반적인 목적은 하나의 태스크에 대해 최적의 정책을 구하는 것입니다. 정책은 상태가 주어졌을 때의 행동의 확률인 $\pi_\theta(a|s)$로 정의되며 θ는 이 정책 신경망 등을 사용한 파라미터를 의미합니다. 이러한 이유로 기존의 강화학습의 정의에서는 여러 태스크를 다루려면 $\pi_\theta(a|s)$, $\pi_\phi(a|s)$, $\pi_\psi(a|s)\cdots$와 같이 각각 다른 파라미터를 가진 여러 개의 정책 신경망들을 사용해야 합니다.

하지만 이렇게 서로 다른 여러 개의 정책 네트워크를 사용하는 것은 전체 파라미터가 그만큼 많아지는 것을 의미하며, 결국 학습에 필요한 데이터는 훨씬 많아지게 됩니다. 그렇지 않아도 비효율적인 강화학습의 학습과정이 더욱 어려워지는 것입니다. 특히 각각의 태스크가 서로 공통된 요소를 어느 정도 가지고 있는 경우라면 다중 정책은 더욱 비효율적인 접근일 수 있습니다.

그림 4-28 미래 가정용 로봇 강화학습 예시

그림 4-28과 같은 미래의 가정용 로봇을 예를 들어봅시다. 안에 있는 파스타 면을 꺼내기 위해 여닫이 찬장을 여는 태스크와 냉동 피자를 꺼내기 위해 냉장고 문을 여는 태스크는 비슷한 부분이 많으며 두 가지 태스크를 굳이 다른 정책 네트워크로 처음부터 학습하는 것은 상당히 비효율적입니다.

이러한 불필요한 낭비를 줄이는 동시에 좀 더 일반적인 정책을 찾고자 하는 접근 중 하나는 멀티태스크 강화학습(multi-task reinforcement learning)입니다. 멀티태스크 강화학습의 목표는 여러 태스크에 대해 하나의 태스크 조건부 정책(task-conditioned policy) $\pi_\theta(a|s,\ T)$을 학습하는 것으로, 여기서 T는 특정 태스크에 대한 인코딩 값을 의미합니다. 수식의 조건부에서 볼 수 있듯이 태스크 조건부 정책은 태스크에 대한 정보가 명시적으로 네트워크의 입력으로 들어가며, 마치 상태 공간이 태스크 공간까지 확장된 $\tilde{S}=S\times T$의 형태로 볼 수 있습니다. 이때, 태스크의 인코딩은 보통 간단히

태스크 집합에 있는 각각의 태스크를 $0 \sim N$의 정수에 차례로 매핑해주거나 원 핫 인코딩(one-hot encoding) 방식을 사용합니다.

그림 4-29 미래 가정용 로봇 멀티태스크 강화학습 예시

그림 4-29는 그림 4-28과 같은 미래 가정용 로봇 예시이며, 멀티 태스크 강화학습 예시로 바뀐 경우입니다. 일반적인 강화학습과 다르게 서로 다른 두 태스크에 대해 하나의 정책 신경망을 사용하며 대신 태스크 인코딩을 정수로 매핑해주는 것을 알 수 있습니다. 멀티태스크 강화학습이 최대화하고자 하는 목적함수는 다음 식 4.20과 같습니다.

$$\mathbb{E}_{T \sim p(T)}\big[\mathbb{E}_{\pi_\theta(a|s, T)}[\sum R(s, a)]\big] \tag{4.20}$$

목적함수는 두 개의 기댓값이 중첩되어 있으며, 내부의 보상합에 대한 기댓값은 일반적인 강화학습의 목적함수와 같습니다. 하지만 외부의 기댓값에 의해 태스크 분포 $p(T)$로부터의 모든 태스크에 대한 기대 보상합을 최대화하게 됩니다

멀티태스크 강화학습은 태스크가 명확히 주어진 문제입니다. 그렇기 때문에 각각의 태스크에 인덱스를 붙일 수 있고 이를 태스크 조건부 정책에 입력으로 줄 수 있습니다. 그렇다면 메타 강화학습 문제처럼 처음보는 태스크를 다루어 인덱스를 붙일 수 없는 경우엔 어떻게 해야 할까요? 이를 위한 접근이 컨텍스트 기반 정책(contextual policies)입니다. 컨텍스트 기반 정책에서는 식 4.21과 같이 명시적인 태스크 인덱스 T 대신 컨텍스트 c로부터 추론된 잠재 컨텍스트 변수 z가 태스크 조건부 정책에 추가적인 입력으로 주어집니다.

$$\pi_\theta(a|s, z), \ z \sim p(z|c_{:t}) \tag{4.21}$$

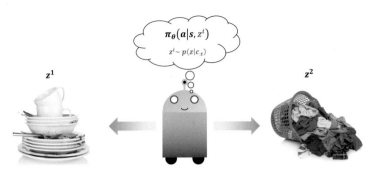

그림 4-30 컨텍스트 기반 정책을 통한 새로운 태스크 모델링 예시

여기서의 z는 상태 s에 대한 추가적인 정보로 쓰이며, 현재의 상태가 어떤 태스크의 상태인지의 정보를 정책 신경망에 전달합니다. 이를 좀 더 넓게 보면 어떤 태스크인지 또한 하나의 상태로 간주할 수 있으며, 앞서 태스크 조건부 정책에서 다룬 바와 같이 기존의 상태공간 S가 잠재 태스크 공간까지 확장되어 확장된 상태공간 $\tilde{S}=S \times Z$이 되는 것으로도 이해할 수 있습니다. 이를 반영한 수식은 식 4.22로 표현 가능합니다.

$$\pi_\theta(a|s,\ z) = \pi_\theta(a|\tilde{s}) \tag{4.22}$$

그림 4-30은 앞서 설명한 컨텍스트 기반 정책을 통한 새로운 태스크를 모델링할 수 있는 것을 직관적으로 보여줍니다.

> 📖 노트 _ 목표 조건부 정책(Goal-conditioned Policies)
>
> 태스크 조건부 정책이나 컨텍스트 기반 정책과 같이, 정책의 입력에 추가적인 입력이 조건부로 주어지는 구조는 정책 네트워크에 더 많은 정보를 주고자 할 때 흔히 사용됩니다. 대표적으로는 목표 조건부 정책이 있습니다. 이는 이름 그대로 태스크의 목표(goal)가 주어지는 정책 구조로, 정확히는 목표 상태가 명시적으로 주어지는 것을 말합니다.
>
> 예를 들어, 미래에 광고 현수막을 달고서 일정 고도를 유지하며 떠있는 드론이 있고, 이 드론의 고도 제어에 강화학습 정책 네트워크가 쓰인다고 해봅시다. 바람이 불어도 일정 고도를 유지하려면, 현재 드론의 고도가 상태로서 네트워크 입력으로 주어졌을 때 모터를 더 빠르게 돌릴지 혹은 더 느리게 돌릴지가 실시간으로 정책 네트워크의 출력으로 나와야 합니다. 하지만 평소엔 200m 상공에 떠있던 드론도 황사가 짙어지는 날엔 현수막의 광고 내용이 잘 안 보일 수 있어 약 100m 정도로 고도를 낮출 필요가 있습니다. 목표 조건부 정책은 100m, 200m, 400m 등의 태스크가 목표하는 상태 G가 정책 네트워크의 입력에 추가적으로 주어지는 것을 말하며, 다음과 같이 쓰여집니다.

$$\pi_\theta(a|s,\ G)$$

이는 사실상 멀티태스크 강화학습 범주로 분류되며 좁은 범위의 태스크 조건부 정책에 해당합니다. 목표 조건부 정책은 이론적으론 어떤 목표 달성(goal-reaching) 문제에도 적용이 가능하지만, 실제론 순수 목표 조건부 정책만으로는 상태공간에서 서로 가까이 있는 목표들에 대해서만 성능을 보장한다는 단점이 있습니다.

📖 노트 _ 컨텍스트 기반 정책과 RL²

4.2절에서 살펴본 순환 정책 메타 강화학습인 RL²는 이번 절과도 관련이 많습니다. RL²는 임의의 태스크에 적합한 행동 a를 도출하기 위해 순환 신경망 정책을 사용하며, 때문에 단일 상태 s를 정책의 입력으로 주는 것이 아닌 일련의 trajectory $c(s_1, a_1, r_1, s_1, a_1, r_1, ...)$를 입력으로 줍니다. 사실 이 trajectory는 이번 절에서 다루는 컨텍스트와 같은 역할을 하는 개념입니다. 차이점은, 컨텍스트 기반 정책에선 컨텍스트로부터 추론된 잠재 컨텍스트 변수 z를 정책의 입력으로 주는 반면, RL²의 경우 컨텍스트를 추론 없이 바로 정책에 입력으로 준다는 것이 다릅니다.

$$\textbf{RL}^2\text{:}\ \pi_\theta(a|c_t)$$

$$\textbf{컨텍스트 기반 정책}\text{:}\ \pi_\theta(a|s,\ z),\ z \sim p(z|c_t)$$

하지만 RL²도 순환 신경망 구조의 특징에 따라 내부적으로는 결정적 은닉 변수(deterministic hidden variable)를 가지고 있으며 이는 태스크에 대한 정보를 내포하고 있습니다. 즉, 컨텍스트 기반 정책은 추론 과정에 따른 확률적 (stochastic) 컨텍스트 기반 강화학습에 사용된다면, RL²는 결정적(deterministic) 컨텍스트 기반의 강화학습이라고 볼 수 있습니다.

4.4.3 변분적 추론

지금까지 임의의 태스크들에 대한 잠재 컨텍스트 변수 z가 주어졌을 때 그에 맞는 정책을 선택하는 방법을 다루어 봤습니다. 그럼 이 잠재 컨텍스트 변수 z를 잘 추론하려면 어떻게 해야 할까요? 이를 위한 대표적인 방법이 바로 변분적 추론(variational inference)입니다. 변분적 추론은 우리가 어떤 사후 분포(posterior distribution)를 계산하는 것이 어려울 때, 계산 가능한 변분적 분포(variational distribtuion)를 활용하여 사후 분포를 근사하는 방법입니다. 변분적 추론을 하기 위한 다양한 방법이 존재하나, 가장 쉬운 방법 중 하나는 Evidence Lower Bound(ELBO)를 계산하여 이를 최대화하는 것이며, 우리는 ELBO를 최대화하는 방법에 대해 알아볼 것입니다. 구체적으로 이것들이 무슨 의미인지 이해하기 위해 우선 추후 변분적 추론을 설명하기 위한 기초 개념들을 노트를 통해 짚고 넘어가 보겠습니다.

함수의 볼록성(convex) 및 오목성(concave)과 관련된 다양한 현상을 설명하는 대표적인 관계식 중 하나로, 덴마크의 수학자 요한 젠센(Johan Jensen)에 의해 1906년에 증명된 부등식입니다. 젠센 부등식은 다음과 같습니다.

$$f(x)가\ 볼록함수일\ 때, \quad f(E[x]) \leq E[f(x)]$$

$$f(x)가\ 오목함수일\ 때, \quad f(E[x]) \leq E[f(x)]$$

한마디로, 볼록함수에서는 함숫값의 산술평균값이 산술평균값의 함숫값보다 크거나 같고 오목함수에서는 그 반대의 부등식이 성립한다는 내용입니다. 오목성을 띠는 대표함수로는 log 함수가 있습니다.

젠센 부등식은 확률론, 통계학, 금융수학 등 다양한 분야에서 자주 활용되는 성질이며 딥러닝을 공부하면서도 자주 증명에 나오므로 기억해두면 도움이 될 것입니다.

어떤 사건의 발생했다는 주장에 대한 신뢰도를 새로운 데이터에 근거하여 추정해나가는 내용으로서, 공식의 형태는 조건부 확률에 기반하여 다음과 같습니다.

$$P(H|E) = \frac{P(E|H)P(H)}{P(E)}$$

$P(H)$는 사전 확률(prior)로서 어떤 사건이 일어나기 전 그 사건이 발생한다는 주장에 대한 신뢰도 혹은 가설(hypothesis)을 의미합니다. 반면 $P(H|E)$는 사후 확률(posterior)로서 새로운 근거가 관측되었을 때 갱신되는 가설의 확률을 뜻하며, 이 사건이 실제 관측될 확률 $P(E)$를 근거(evidence)라 합니다. $P(E|H)$는 사건에 대한 가설이 주어졌을 때 그 사건이 일어날 확률로서 우도(likelihood)라 합니다.

간단히 말하면, 베이즈 정리는 사전 확률과 사후 확률 사이의 관계를 나타내는 정리입니다.

먼저 그림 4-31과 같이 여러 군집으로 이루어진 데이터 x가 있고, 이 데이터를 가장 잘 표현하는 모델을 찾는다고 가정해 봅시다. 이렇게 복잡한 데이터는 정규분포(Gaussian distribution)와 같은 하나의 분포로는 표현하기 어렵습니다.

$$p(x) = \sum_{z} p(x|z)p(z)$$

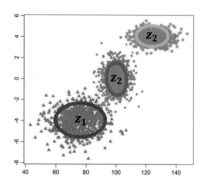

그림 4-31 여러 군집 분포 예시(출처: Berkeley CS285)

하지만 잠재 변수(latent variable) z에 대한 x의 조건부 분포 $p(x|z)$와 3개의 카테고리를 가지는 z의 사전 분포(prior distribution) $p(z)$를 사용하여, 복잡한 x의 분포 $p(x)$는 간단한 두 분포 $p(x|z)$와 $p(z)$의 곱을 모든 z에 대해 더해준 것으로 쉽게 표현이 가능해집니다. 이를 좀 더 일반화하려면 z는 이산 변수 대신 연속 변수가 되어 다음 식 4.23같이 적분형으로 모델링이 됩니다.

$$\pi_\theta(a|s,\ z),\ z \sim p(z|c_{:t}) \tag{4.23}$$

여기서 찾고자 하는 것은 x를 가장 잘 나타내는 분포이므로, 위 $p(x)$에 대해 최대우도추정(Maximum Likelihood Estimation)을 적용하면 식 4.24 및 식 4.25로 표현될 수 있습니다.

$$\theta \leftarrow \underset{\theta}{\mathrm{argmax}}\log p(x) \tag{4.24}$$

$$\theta \leftarrow \underset{\theta}{\mathrm{argmax}}\log\left(\int p_\theta(x|z)p(z)dz\right) \tag{4.25}$$

하지만 이러한 적분형에선 사실상 계산이 불가능합니다. 따라서 z를 샘플링할 임의의 분포 $q(z)$와 이 분포에 대한 기댓값을 사용하여 다음과 같이 샘플링을 통한 계산이 가능한 형태로 식 4.26과 같이 대신할 수 있습니다.

$$\log p(x) = \log\left(\int p_\theta(x|z)p(z)dz\right)$$

$$= \log\left(\int p_\theta(x|z)p(z)\frac{q(z)}{q(z)}dz\right) \qquad (4.26)$$

$$= \log \mathbb{E}_{z \sim q(z)}\left[\frac{p_\theta(x|z)p(z)}{q(z)}\right]$$

로그함수는 오목함수(concave function)이므로, 오목함수의 기댓값에 대한 부등식인 젠센 부등식 (Jensen's inequality)을 적용하면 다음 식 4.27과 같이 $\log p(x)$의 하한을 구할 수 있게 됩니다.

$$\log p(x) = \log \mathbb{E}_{z \sim q(z)}\left[\frac{p_\theta(x|z)p(z)}{q(z)}\right] \geq \mathbb{E}_{z \sim q(z)}\left[\log\frac{p_\theta(x|z)p(z)}{q(z)}\right] \qquad (4.27)$$

이 하한은 로그의 성질에 따라 풀어 쓸 수 있고, KL-divergence의 정의에 활용하여 다시 묶어 정리 하면 다음과 식 4.28과 같이 두 개의 항으로 표현할 수 있습니다.

$$\mathbb{E}_{z \sim q(z)}\left[\log\frac{p_\theta(x|z)p(z)}{q(z)}\right]$$

$$= \mathbb{E}_{z \sim q(z)}[\log p_\theta(x|z)] - (\mathbb{E}_{z \sim q(z)}[\log q(z)] - \mathbb{E}_{z \sim q(z)}[\log p(z)]) \qquad (4.28)$$

$$= \mathbb{E}_{z \sim q(z)}[\log p_\theta(x|z)] - D_{KL}(q(z)\|p(z))$$

따라서 $\log p(x)$의 하한은 다음 식 4.29와 같습니다.

$$\log p(x) \geq \mathbb{E}_{z \sim q(z)}[\log p_\theta(x|z)] - D_{KL}(q(z)\|p(z)) \qquad (4.29)$$

$p(x)$는 베이즈 정리에서 evidence라고 불리기도 합니다. 따라서 위 부등식의 우변을 ELBO(Evidence Lower Bound)라고 부릅니다. 이 하한이 너무 느슨하지 않다는 조건하에 ELBO 항이 하한 값이며, ELBO를 최대화하는 것이 곧 우도를 최대화하는 것임을 의미합니다.

그렇다면 샘플링을 위한 임의의 분포 $q(z)$는 어떤 것으로 정해야 좋을까요? 앞서 변분적 추론은 우 리가 어떤 사후 분포(posterior distribution)를 계산하는 것이 어려울 때, 계산 가능한 변분적 분 포(variational distribtuion)를 활용하여 사후 분포를 근사하는 방법이라고 했습니다. 즉, $q(z)$는 posterior $q(z|x)$를 근사할 때 가장 좋습니다. 두 분포의 유사한 정도를 의미하는 KL-divergence를

사용하여 $q(z)$가 posterior를 근사한다는 것이 어떤 의미인지를 살펴봅시다. 먼저 KL-diveregence의 정의와 조건부 확률 및 결합 확률의 정의에 따라, 두 분포의 KL-divergence는 식 4.30과 같이 쓸 수 있습니다.

$$
\begin{aligned}
D_{KL}(q(z)\|q(z|x)) &= \mathbb{E}_{z \sim q(z)}\left[\log\frac{q(z)}{p(z|x)}\right] \\
&= \mathbb{E}_{z \sim q(z)}\left[\log\frac{q(z)p(x)}{p(x,\,z)}\right] \\
&= \mathbb{E}_{z \sim q(z)}\left[\log\frac{q(z)p(x)}{p(x|z)p(z)}\right]
\end{aligned}
\tag{4.30}
$$

이를 다시 로그의 정의에 따라 분리해주면 다음 식 4.31과 같습니다.

$$
\begin{aligned}
&D_{KL}(q(z)\|q(z|x)) \\
&= \mathbb{E}_{z \sim q(z)}\log p(x) - [\mathbb{E}_{z \sim q(z)}[\log p_\theta(x|z)] - (\mathbb{E}_{z \sim q(z)}[\log q(z)] - \mathbb{E}_{z \sim q(z)}[\log p(z)])] \\
&= \log p(x) - ELBO
\end{aligned}
\tag{4.31}
$$

식 4.31에서 우변의 첫번째 항은 $p(x)$가 $q(z)$에 독립이기 때문에 기댓값을 제거해준 것이며, 두번째 항은 재미있게도 위에서 다룬 ELBO가 됩니다. ELBO의 정의가 $\log p(x)$의 하한 값이므로, 결과적으로 $D_{KL}(q(z)\|q(z|x))$는 $\log p(x)$와 하한 값의 차이가 됩니다. 즉, 이 식을 $\log p(x)$에 대해 다시 정리하면 식 4.32가 됩니다.

$$
\log p(x) = D_{KL}(q(z)\|q(z|x)) + ELBO
\tag{4.32}
$$

x의 분포를 잘 표현하기 위해서, 즉 우도를 최대화하기 위해 ELBO를 최대화한다고 앞서 설명했습니다. 하한의 최대화가 더욱 효과적으로 우도를 최대화하려면, 이 차이가 최소화되어야 할 것입니다. KL-Divergence는 두 분포가 유사할수록 값이 작아지는 방법이므로, $q(z)$는 posterior를 근사하도록 정하는 것이 최선의 선택이 됩니다. 결과적으로 우도의 목적함수는 posterior를 근사하는 임의의 분포를 사용하여 아래 식 4.33과 같이 쓸 수 있습니다.

$$q(z) = q_\phi(z|x) \sim p(z|x)$$

$$\theta \leftarrow \underset{\theta}{\mathrm{argmax}} \ \log p(x)$$

$$= \underset{\theta}{\mathrm{argmax}} \ ELBO \qquad\qquad (4.33)$$

$$= \underset{\theta,\phi}{\mathrm{argmax}} [\mathbb{E}_{z \sim q(z)}[\log p_\theta(x|z)] - D_{KL}(q_\phi(z|x) \| p(z))]$$

이와 같이 posterior $p(z|x)$를 분포 $q_\phi(z|x)$로 근사하는 것을 변분적 근사(variational approximation)라고 하고 이렇게 posterior의 근사분포로 잠재 변수(latent variable)를 추론하는 것을 변분적 추론이라고 합니다.

변분적 추론을 사용하는 대표적인 모델로는 VAE(variational autoencoder)가 있습니다. 그림 4–32는 MNIST 데이터셋에 VAE를 적용한 결과로, 디코더가 만드는 이미지의 우도를 최대화하도록 잠재 공간이 학습되는 구조입니다. 그림 4–32는 학습된 2차원의 잠재 공간을 그래프로 표현하고 이를 샘플링하여 디코더로 복원한 것으로, 각 표정을 의미하는 공간이 잘 함축되어 있는 것을 확인할 수 있습니다.

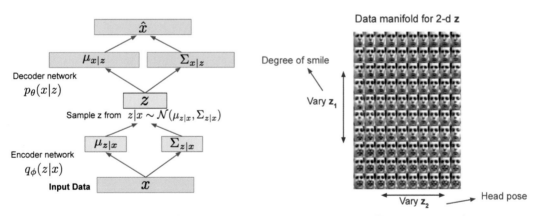

그림 4–32 VAE(Variational Autoencoder) 구조와 Frey Face 데이터셋에 대한 잠재공간 분포(출처: Stanford CS231)

중요한 것은, 학습 데이터가 없는 부분의 잠재공간의 경우 표정 사이의 변화 관계를 함축하고 있다는 점입니다. 이러한 변분적 추론의 특징은 처음보는 마르코프 결정 과정도 적절한 잠재 변수로 표현 가능하다는 직관에 따라 메타 강화학습에 활용할 수 있습니다.

이 외에도 최근 많은 비지도학습, 강화학습 연구에서 데이터나 마르코프 결정 과정에 대한 좋은 표상을 함축한 잠재 공간을 학습하기 위해 변분적 추론을 사용하고 있습니다.

꽤 어려운 개념들을 많이 다루었음에도 여기까지 온 독자 여러분께 무한한 감사를 드립니다. 이제 드디어 마지막 메타 강화학습 알고리즘인 PEARL을 다룰 수 있게 되었습니다. 4.4.4절에서는 PEARL의 이론적 개념을 살펴보고 4.4.5절에서는 코드를 통해 직관적으로 학습 과정을 살펴보겠습니다.

4.4.4 PEARL(Probabilistic Embeddings for Actor critic RL)

앞에서 컨텍스트 기반 강화학습의 개요를 알아봤습니다. 이번 절에서는 컨텍스트 기반 강화학습의 대표적인 알고리즘인 PEARL(Probabilistic Embeddings for Actor critic RL)에 대해 알아보겠습니다. PEARL은 Kate Rakelly et al.에 의해 유명한 인공지능 분야 학회인 ICML 2019에서 발표되었습니다. 앞서 우리가 살펴봤던 RL^2, MAML 등 기존의 알고리즘은 온폴리시(on-policy) 강화학습 알고리즘을 사용하므로 샘플 비효율적(sample inefficient)이며, 새로운 태스크를 학습할 시 새로운 태스크의 불확실성을 구조적으로 추론할 수 있는 매커니즘이 부족했습니다.

위의 기존 메타 강화학습 알고리즘들의 문제점을 보완하게 위해 PEARL에서는 Off-policy가 가능한 메타 강화학습 알고리즘을 제안하며, 태스크 추론을 위해 강화학습(i.e. control)과 태스크 추론(inference)을 분리한 매커니즘을 제안합니다. 구체적으로 PEARL은 잠재 태스크 변수에 대한 온라인 확률적 필터링(online probabilistic filtering)을 수행하여 적은 데이터만으로도 새로운 태스크를 해결할 수 있는 방법을 제안합니다. 이러한 확률적 접근 방법은 구조적이고 효율적인 탐색(exploration)을 위한 사후 샘플링(posterior sampling)을 가능하게 합니다.

문제 설명

일반적인 메타 강화학습과 마찬가지로 PEARL에서의 목표는 이전의 경험, 지식을 잘 활용하여 새로운 태스크에 대해 빠르게 학습하는 것입니다. 특히, 여기서 샘플 효율성(sample efficiency)은 매우 중요한 문제이며, 메타 트레인(meta train)에서의 샘플 효율성과 메타 테스트(meta test) 샘플 효율성 두 가지가 모두 중요합니다.

메타 트레이닝의 샘플 효율성을 높이기 위해서 PEARL에서는 기존의 온폴리시 알고리즘인 RL^2, MAML 등과 다르게 오프폴리시 강화학습 알고리즘을 활용할 수 있습니다. 또한 메타 테스트의 샘플 효율성을 높이기 위해선 새로운 태스크에 대해 에이전트가 이 태스크에 대한 불확실성을 빠르게 추론할 수 있어야 합니다. 이를 위해 PEARL에서는 확률적 잠재 표현(probabilistic latent representation)을 학습합니다. 구체적으로 어떤 방법을 사용하는지 차근차근 뒤에서 살펴보도록 하겠습니다.

PEARL 역시 강화학습 문제를 다루고 있으므로 각 태스크는 마르코프 결정 과정으로 표현할 수 있습니다. 즉, 각 태스크는 $M=\{S, A, \mathbb{P}, r\}$으로 표현하며, 상태 집합(state set, S), 행동 집합(action set, A), 변환 확률(transition probability, dynamics, $\mathbb{P}$), 보상 함수(reward function, r)로 이루어져 있습니다. 우리는 메타 강화학습을 다루고 있으므로 여기서 변환 확률, 즉 Dynamics와 보상 함수는 알려지지 않았다고 가정하며, 에이전트가 환경에서 직접 행동해봄으로써 샘플링될 수 있다고 가정하겠습니다. 그렇다면 태스크는 다음 식 4.34와 같이 표현할 수 있습니다.

$$T=\{p(s_0),\ p(s_{t+1}|s_t,\ a_t),\ r(s_t,\ a_t)\} \tag{4.34}$$

구체적으로 태스크는 초기 상태 분포 $p(s_0)$, 변환 확률 분포 $p(s_{t+1}|s_t,\ a_t)$, 보상 함수 $r(s_t,\ a_t)$로 구성할 수 있습니다. 예를 들어 서로 다른 Dynamics를 포함하는 로봇들을 학습시키거나 서로 다른 위치에서 서로 다른 목표 지점으로 내비게이션을 하는 환경을 생각해볼 수 있겠습니다.

$$c_n^T=(s_n,\ a_n,\ r_n,\ s_n') \tag{4.35}$$

우리는 추가적으로 컨텍스트(context, c_n^T)라는 개념을 정의할 것입니다. 태스크 분포 $p(T)$에서 태스크가 샘플링되고 에이전트는 N개의 컨텍스트라고 하는 과거의 데이터들을 통해 메타 트레이닝을 수행합니다. 하나의 컨텍스트를 식 4.35와 같이 $c_n^T=(s_n,\ a_n,\ r_n,\ s_n')$로 정의할 수 있으며, 수집 및 샘플링한 N개의 컨텍스트는 $c_{1:N}^T$으로 표현하겠습니다. 메타 테스트 시에는 에이전트는 반드시 태스크 분포 $p(T)$에서 샘플링된 새로운 태스크에 빠르게 적응할 수 있어야 합니다.

확률적 잠재 컨텍스트

우리는 어떠한 방법으로 확률적 잠재 컨텍스트 변수(probabilistic latent context variable) z를 적절히 잘 추론할 수 있어야 합니다. 그렇다면 어떻게 z가 잘 추론되었다고 판단할 수 있을까요? 앞서 우리가 살펴봤던 생성 모델 중 하나인 VAE(Variational Auto-Encoder)를 떠올려봅시다. VAE에서는 잠

재 공간이 각 데이터별 정보를 잘 함축하고 있고 디코더가 이 데이터를 잘 복원(reconstruction)한다면 z가 잘 추론되었다고 판단할 수 있을 것입니다. 우리는 강화학습 문제를 다루고 있기 때문에 잠재 공간이 마르코프 결정 과정을 잘 복원할 수 있다면 z가 잘 추론되었다고 판단할 수 있을 것입니다. 하지만 문제에 따라 데이터를 복원을 잘하는 것이 목적이 아닌 다양한 변형이 가능합니다. 여기서는 에이전트가 보상을 최대화하는 것을 목적으로 하여 z가 잘 추론되었다고 판단할 수도 있습니다. 즉, 컨텍스트 변수 z를 조건부로 가지는 에이전트 $\pi_\theta(a|s,\ z)$를 최적화함으로써 z가 잘 추론되었는지 판단해볼 수 있습니다. 이 아이디어가 구체적으로 어떻게 제안되는지 확률적 잠재 컨텍스트의 추론 과정을 살펴보겠습니다.

$$\mathbb{E}_T\big[\mathbb{E}_{z \sim q\phi(z|c^T)}\big[R(T,\ z) + \beta D_{\mathrm{KL}}\big(q_\phi(z|c^T)\|p(z)\big)\big]\big] \tag{4.36}$$

우리는 정확한 확률적 잠재 컨텍스트 변수를 추론하기 위해서는 컨텍스트 $c_n^T = (s_n,\ a_n,\ r_n,\ s_n^{'})$가 주어졌을 때(편의를 위해 c로 통일합니다.), posterior $p(z|c)$를 추론할 수 있어야 합니다. 하지만 이를 바로 계산하는 것은 어렵기 때문에 이를 근사할 수 있고 인코더 역할을 하는 추론 네트워크(inference network) $q_\phi(z|c)$를 도입할 수 있습니다. 생성 모델 VAE의 변분적 추론(variational inference) 개념을 도입하여 추론 목적 함수는 식 4.36과 같이 쓸 수 있습니다. 이 목적함수를 유도하는 과정은 VAE와 거의 똑같으며 PEARL의 원 논문에서도 따로 언급하지 않았으므로 생략하겠습니다. 유도 과정이 궁금하신 독자 여러분들께서는 $\log p(c) = \log\big(\int p_\theta(c|z)p(z)dz\big)$로부터 변분적 추론의 똑같은 원리로 유도해보시기 바랍니다.

식 4.36을 조금 자세히 살펴봅시다. 우선 가장 바깥쪽 기댓값 항을 보면 모든 태스크에 대해 기댓값을 취하는 것을 알 수 있고, 안쪽 기댓값 항을 보면 각 태스크별로 추론 네트워크 $q_\phi(z|c^T)$에서 z를 샘플링하여 안쪽 항들의 값을 계산하는 것을 알 수 있습니다. 안쪽 항에는 크게 복원 항(reconstruction term) $R(T,\ z)$와 정규화 항(regularization term, information bottleneck) $\beta D_{\mathrm{KL}}\big(q_\phi(z|c^T)\|p(z)\big)$이 있습니다.

첫 번째 복원 항 $R(T,\ z)$는 목적에 따라 다양하게 변형할 수 있습니다. 모델 기반(model-based), 모델 프리(model-free)에 따라 마르코프 결정 과정을 복원할 수도 있지만, 앞서 언급한 것처럼 우리는 샘플링한 컨텍스트 변수 z를 조건부로 가지는 에이전트 $\pi_\theta(a|s,\ z)$를 최적화함으로써 z를 잘 추론했는지 판단할 것이므로, $R(T,\ z)$은 기존의 우리가 알고 있던 강화학습 알고리즘에 따른 보상을 최대화하는 일반적인 목적함수가 됩니다.

두 번째 정규화 항 $\beta D_{KL}\big(q_\phi(z|c^T)\|p(z)\big)$는 z와 c의 상호 정보량(mutual information)을 제한하는 정보 병목 현상(information bottleneck)에 대한 변분적 근사(variational approximation)로 해석할 수 있습니다. 여기서 $p(z)$는 unit Gaussian으로 가정합니다. 조금 더 쉽게 말해서 이 정보 병목 현상은 에이전트가 컨텍스트 변수 z를 조건부로 이용하여 학습할 때, 이 태스크에 대해 필요한 컨텍스트 정보만을 포함하도록 제약하여 과적합(overfitting)을 방지하는 것입니다.

그렇다면 이 추론 네트워크를 어떻게 디자인할 수 있을까요? 추론 네트워크는 태스크와 관련 없는 종속성을 모델링하지 않고 태스크 관련 정보에 대한 최소한의 정보들을 잡아낼 수 있을 만큼 충분한 표현력이 있어야 합니다. 여기서 중요한 전제조건은 우리가 어떤 태스크를 임베딩할 때, 이는 permutation invariant해야 한다는 것입니다. 즉, 우리가 어떤 마르코프 결정 과정의 정보를 알기 위해 무엇인가를 추론하거나 가치함수를 학습하는 등을 수행할 때, 우리는 순서를 고려하지 않고 단지 $\{s_i,\ a_i,\ r_i,\ s_i'\}$ 형태의 데이터들이 있으면 충분합니다.

$$q_\phi(z|c_{1:\,N}) \propto \prod_{n=1}^{N} \Psi_\phi(z|c_n) \tag{4.37}$$

따라서 우리는 식 4.37과 같이 $q_\phi(z|c)$를 permutation invariant한 표현을 사용하여 모델링할 수 있습니다. 여기서 $\Psi_\phi(z|c_n)$는 정규분포(Gaussian distribution)에서 나오는 값으로 모델링할 수 있으며, $\Psi_\phi(z|c_n)=\mathcal{N}(f_\phi^\mu(c_n),\ f_\phi^\sigma(c_n))$로 표현할 수 있으며, 이 값들을 1부터 N까지 다 곱한 값으로 $q_\phi(z|c_{1:\,N})$을 모델링할 수 있습니다. 함수 f_ϕ는 ϕ로 파라미터화된 신경망이며 정규분포의 평균 μ와 표준편차 σ를 출력하여 결과적으로 $q_\phi(z|c)$을 추론하게 됩니다. 그림 4-33을 통해 설명한 프로세스를 직관적으로 한눈에 알아볼 수 있습니다.

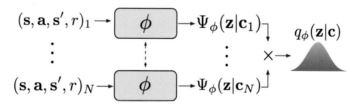

그림 4-33 추론 네트워크(inference network) 아키텍처(출처: Stanford CS330)

이렇게 확률적 잠재 컨텍스트를 모델링하는 것은 posterior 샘플링을 가능하게 합니다. Posterior 샘플링이 가능하다는 것의 많은 장점 중 하나는 강화학습의 주요 챌린지 중 하나인 탐험(exploration)

을 효율적으로 할 수 있다는 것입니다. PEARL에서는 태스크 분포를 잠재적으로 학습하는 컨텍스트 z하에서 직접 posterior를 추론하고 이를 활용하여 강화학습을 진행하므로, 새로운 태스크가 나왔을 때 빠르게 탐험할 수 있습니다. 특히, 메타 트레인을 통해 어느 정도 충분히 태스크 정보를 학습했을 시, 메타 테스트에서 접하는 새로운 태스크에 대해 posterior 샘플링을 통해 빠르게 태스크 정보를 추론하고 이를 학습할 수 있습니다.

Off-policy 메타 강화학습(Off-policy Meta-reinforcement Learning)

지금까지 우리는 PEARL에서 꽤 쉽지 않은 확률적 잠재 컨텍스트(probabilistic latent context)에 대한 내용을 다루어 봤습니다. 그렇다면 실제로 이를 활용하여 메타 강화학습 알고리즘을 도출할 수 있어야 합니다. 앞서 잠깐 설명한 것처럼 PEARL은 기존의 On-policy 알고리즘인 RL^2, MAML 등과 다르게 Off-policy 강화학습 알고리즘을 사용할 수 있다는 것이 큰 장점이라고 소개했습니다. 그렇다면 어떻게 확률적 잠재 컨텍스트 개념을 활용하여 Off-policy 강화학습 알고리즘을 도출해낼 수 있을까요?

오프폴리시 메타 강화학습 알고리즘을 설계하는 것은 그렇게 쉬운 일은 아닙니다. 일반적인 메타 강화학습 문제에서는 보통 학습 시 사용하는 데이터의 구조가 메타 트레인 분포와 메타 테스트 분포가 일치한다고 가정하기 때문입니다. 즉, 기존 연구들에서는 이 원리하에, 메타 테스트에서 새로운 태스크에 적응(adaptation)을 위해 사용되는 데이터는 기본적으로 On-policy이므로 메타 트레인에서도 샘플 효율이 낮은 On-policy 데이터를 사용해야 했습니다. 게다가 메타 강화학습에서는 정책이 어떤 '분포(distribution)'를 추론해야 했기 때문에 확률적 탐험을 할 수 있어야 했고, 따라서 On-policy 알고리즘을 사용할 수밖에 없었습니다. 이를 Off-policy 강화학습을 통해 직접 방문한 상태 분포를 최적화할 수 있는 방법은 없습니다. 반면 On-policy 강화학습 알고리즘들은 정책에 의한 행동으로 직접 분포를 학습함으로써 메타 강화학습 알고리즘에 주로 사용되어왔던 것입니다. 즉, 메타 강화학습에서 Off-policy 강화학습 알고리즘을 사용하는 것은 매우 어렵습니다. 하지만 샘플 효율성을 높이기 위해 메타 강화학습에서 Off-policy 강화학습을 사용할 수 있도록 만드는 것은 매우 중요한 이슈입니다. PEARL에서는 이를 어떻게 해결했을까요?

위 문제를 해결하여 Off-policy 메타 강화학습 알고리즘을 만들기 위한 위한 가정은 앞서 논의했던 확률적 잠재 컨텍스트 변수를 학습하는, 즉 인코더 $q_\phi(z|c)$를 학습하기 위한 데이터와 정책을 학습하는 데이터가 일치할 필요가 없다는 것입니다. 정책은 컨텍스트 변수 z를 상태의 일부로 취급하

고 Off-policy 강화학습 알고리즘을 통해 학습할 수 있고, 탐험 프로세스의 확률적 요소는 인코더 $q_\phi(z|c)$의 불확실성으로 인해 제공될 수 있습니다.

PEARL의 액터 네트워크와 크리틱 네트워크는 항상 버퍼 $\mathcal{B}$에서 샘플링된 Off-policy 데이터로 학습합니다. 여기서 인코더 $q_\phi(z|c)$ 학습을 위해 컨텍스트 배치를 샘플링하기 위한 새로운 샘플러 S_c를 정의합니다. 만약 샘플러 S_c가 전체 버퍼 $\mathcal{B}$와 동일하게 샘플링하면 On-policy 데이터와 큰 분포 차이를 보일 것입니다. 하지만 컨텍스트 배치는 완전히 On-policy일 필요는 없으며, 비교적 최근 수집된 데이터의 버퍼에서 샘플링하여 인코더 $q_\phi(z|c)$를 학습하는 중간 전략을 취한다면 Off-policy의 장점을 가져가면서 효율적으로 정책 성능을 유지할 수 있습니다.

구체적으로 PEARL을 어떻게 구현할 수 있을지 살펴봅시다. PEARL에서는 Off-policy 강화학습 알고리즘으로 SAC을 선택했습니다. SAC은 강화학습 알고리즘 중에서도 좋은 샘플 효율성을 보이며 Off-policy 학습임에도 불구하고 비교적 안정적으로 학습이 잘된다고 알려져 있습니다. 또한 최대 엔트로피 강화학습 계열의 알고리즘으로서, 알고리즘에 내포된 확률적 모델링 요소들은 PEARL의 인코더 학습 시 사용되는 확률적 잠재 컨텍스트와 잘 통합될 수 있습니다. PEARL에서는 추론 네트워크 $q_\phi(z|c)$는 기존에 우리가 알고 있던 VAE 학습 방식과 유사하게 reparameterization trick 등을 사용하여 학습하며, 그리고 이에 대한 컨텍스트 z를 활용한 SAC의 액터 네트워크 $\pi_\theta(a|s, z)$, 크리틱 네트워크 $Q_\theta(s, a, z)$를 함께 학습합니다. 여기서 저자들은 추론 네트워크 $q_\phi(z|c)$를 학습할 때 Q 함수를 복원하는 형태로 인코더를 학습하는 것이 액터의 return을 최대화하거나 상태와 보상을 reconstruction하는 것보다 더 좋은 성능을 내는 것을 경험적으로 발견하여 전자로 알고리즘은 구성됩니다.

$$\mathcal{L}_{critic} = \mathbb{E}_{\substack{(s,a,r,s') \sim B \\ z \sim q_\varphi(z|c)}} \left[Q_\theta(s,\ a,\ z) - (r + \bar{V}(s',\ \bar{z})) \right]^2 \tag{4.38}$$

$$\mathcal{L}_{actor} = \mathbb{E}_{\substack{s \sim B,\, a \sim \pi_\theta \\ z \sim q_\varphi(z|c)}} \left[D_{KL} \left(\pi_\theta(a|s,\ \bar{z}) \Big\| \frac{\exp(Q_\theta(s,\ a,\ \bar{z}))}{z_\theta(s)} \right) \right] \tag{4.39}$$

크리틱 네트워크와 액터 네트워크의 수식은 각각 식 4.38, 4.39와 같습니다. 3장에서 살펴봤던 SAC의 기본 수식과 크게 다르지 않으며 한 가지 다른 점은 인코더에서 샘플링한 컨텍스트 z가 컨디셔닝되어 있다는 것입니다. 구체적으로 의사 코드를 이용하여 PEARL의 알고리즘을 다시 정리해봅시다.

PEARL의 meta-training 의사코드

```
function PEARL_train(distribution over tasks p(T),
                     learning rates a₁, a₂, a₃)
  Initialize replay buffers Bⁱ for each training task.
  while not done do
    Sample batch of tasks Tᵢ ~ p(T).
    for each Tᵢ do
      Initialize context cⁱ={ }.
      for k in {1, ... K} do
        Sample z from q_φ(z|cⁱ).
        Gather data from π_φ(a|s, z) and add to Bⁱ.
        Update cⁱ={(sⱼ, aⱼ, s'ⱼ, rⱼ)}ⱼ₌₁...ₙ ~ Bⁱ
    for step in training steps do
      for each Tᵢ do
        Sample context cⁱ from S_c(Bⁱ) and RL batch bⁱ ~ Bⁱ
        Sample z from q_φ(z|cⁱ).
        Evaluate L'ᵢactor, L'ᵢcritic and L'ᵢKL:
```

$$\mathcal{L}^i_{actor} = \mathcal{L}_{actor}(b^i, \mathbf{z})$$

$$\mathcal{L}^i_{critic} = \mathcal{L}_{critic}(b^i, \mathbf{z})$$

$$\mathcal{L}^i_{KL} = \beta D_{KL}(q(\mathbf{z}|\mathbf{c}^i) \| r(\mathbf{z}))$$

Compute adapted parameters with gradient descent:

$$\phi \leftarrow \phi - \alpha_1 \nabla_\phi \sum_i (\mathcal{L}^i_{critic} + \mathcal{L}^i_{KL})$$

$$\theta_\pi \leftarrow \theta_\pi - \alpha_2 \nabla_\theta \sum_i \mathcal{L}^i_{actor}$$

$$\theta_Q \leftarrow \theta_Q - \alpha_3 \nabla_\theta \sum_i \mathcal{L}^i_{critic}$$

위는 PEARL의 메타 트레인 의사 코드입니다. 먼저 태스크 분포 $p(T)$를 정의하고 태스크 배치 $\{T_i\}_{i=1,\dots,T}$를 샘플링합니다. 그리고 인코더, 액터, 크리틱 세 네트워크의 하이퍼파라미터 학습률 α_1, α_2, α_3을 각각 초기화합니다. 구체적인 설명은 다음과 같습니다.

1. 각 태스크에 대한 리플레이 버퍼 B^i를 초기화합니다.

2. 전체 메타 트레이닝이 수렴할 때까지 반복하는 반복문

3. 각 태스크에 대한 반복문

4. i번째 태스크의 데이터를 담을 컨텍스트 c^i를 초기화합니다.

5. 데이터를 롤아웃하고 컨텍스트를 업데이트하기 위한 반복문

6. 인코더 $q_\phi(z|c^i)$에서 컨텍스트 변수 z를 샘플링합니다.

7. 샘플링한 컨텍스트 변수 z를 함께 입력으로 주어 액터 네트워크 $\pi_\theta(a|s, z)$를 통해 데이터를 롤아웃하고 이를 리플레이 버퍼 $\mathcal{B}^i$에 저장합니다.

8. 리플레이 버퍼 $\mathcal{B}^i$에서 데이터 $\{(s_j, \ a_j, \ s_j^{'}, \ r_j)\}_{j=1\ldots N}$를 샘플링하여 컨텍스트 c^i를 업데이트합니다.

9. (롤아웃, 컨텍스트 업데이트) 반복문 종료

10. (태스크) 반복문 종료

11. 위에서 세팅한 데이터를 활용하여 네트워크 학습을 위한 반복문

12. 각 태스크에 대한 반복문

13. 앞서 설명한 새로운 샘플러 S_c를 통해 인코더를 업데이트하기 위한 c^i를 샘플링하고, SAC 에이전트를 업데이트하기 위해 $\mathcal{B}^i$에서 RL batch b^i를 샘플링합니다.

14. 인코더 $q_\phi(z|c^i)$에서 컨텍스트 변수 z를 샘플링합니다.

15. 컨텍스트 z와 RL batch b^i를 이용하여 액터 네트워크 손실함수를 출력합니다.

16. 컨텍스트 z와 RL batch b^i를 이용하여 크리틱 네트워크 손실함수를 출력합니다.

17. 앞서 설명한 변분적 추론으로 얻은 전체 목적함수의 정규화 항 $\beta D_{\mathrm{KL}}\left(q_\phi(z|c^i)\|p(z)\right)$을 계산하여 손실함수를 따로 출력합니다.

18. (태스크) 반복문 종료

19. 크리틱 손실함수와 정규화 손실함수를 활용하여 인코더 파라미터 ϕ를 업데이트합니다.

20. 액터 손실함수를 활용하여 액터 파라미터 θ_π를 업데이트합니다.

21. 크리틱 손실함수를 활용하여 크리틱 파라미터 θ_Q를 업데이트합니다.

22. (네트워크 학습) 반복문 종료

23. (전체) 반복문 종료

PEARL의 meta-testing 의사코드

```
function PEARL_test(distribution over tasks p(𝒯))
  Initialize context c^i={ }.
  Sample batch of tasks 𝒯_i ~ p(𝒯).
  for k in {1, ... K} do
    Sample z from q_φ(z|c^i).
    Roll out policy π_φ(a|s, z) to collect data D_k^𝒯={(s_j, a_j, s'_j, r_j)}_{j:1...N}
    Accumulate context c^𝒯=c^𝒯∪D_k^𝒯
```

다음은 의사코드, PEARL의 메타 테스트 알고리즘입니다. 메타 테스트는 메타 트레인이 완료된 이후 추가 학습 없이 컨텍스트 추론만으로 새로운 태스크 학습이 가능합니다. 새로운 테스트 태스크 $T \sim p(T)$가 주어진 후 해당 의사코드를 자세히 살펴봅시다.

1. 새로운 태스크 T에 대한 컨텍스트 c^T를 초기화합니다.

2. (메타 테스트) 반복문 시작

3. 인코더 $q_\phi(z|c^i)$에서 컨텍스트 변수 z를 샘플링합니다.

4. 샘플링한 컨텍스트 변수 z를 함께 입력으로 주어 액터 네트워크 $\pi_\phi(a|s, z)$를 통해 데이터 $D_k^T = \{(s_j, a_j, s'_j, r_j)\}_{j:1...N}$ 를 롤아웃합니다.

5. 컨텍스트 c^T에 4에서 롤아웃한 데이터 D_k^T를 추가 및 축적합니다.

6. (메타 테스트) 반복문 종료

PEARL의 메타 트레인과 메타 테스트 과정을 자세히 알아봤습니다. 끝으로 PEARL의 전체 학습 프로세스가 정리된 그림 4-34를 보면서 앞서 설명한 내용들을 정리하고 큰 그림을 이해해 보시기 바랍니다.

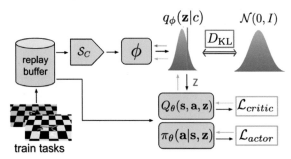

그림 4-34 PEARL의 전체 학습 프로세스(출처: Stanford CS330 변형)

4.4.5 실습: PEARL 구현

앞서 배운 PEARL 구현을 보겠습니다. 메타 강화학습은 각 알고리즘별 전체 코드의 구조가 복잡하므로, 책에서는 PEARL 동작 원리의 핵심만 간략하게 설명합니다.

실행 방법

다른 알고리즘들과 마찬가지로 **src/meta-rl/pearl** 폴더에서 아래 명령어를 실행하면 PEARL 에이전트를 바로 학습할 수 있습니다. 앞서 알고리즘들과 마찬가지로 디폴트 태스크는 HalfCheetahDir입니다.

```
$ python pearl_trainer.py
```

환경 설정

src/meta_rl/pearl/configs/experiment_config.yaml

```
01. # PEARL 실험 환경 설정
02.
03. # "dir" 또는 "vel" 중에 하나 선택 (str)
04. env_name: "dir"
05.
06. # 저장할 실험 이름 (str)
07. save_exp_name: "exp_1"
08.
09. # 저장할 파일 이름 (str or null)
10. save_file_name: null
11.
12. # 불러올 실험 이름 (str or null)
13. load_exp_name: null
14.
15. # 불러올 파일 이름 (str or null)
16. load_file_name: null
17.
18. # 불러올 체크포인트 숫자 (int)
19. load_ckpt_num: 0
20.
```

```
21. # GPU 인덱스 값 (int)
22. gpu_index: 0
23.
24. # 랜덤 시드 값 (int)
25. seed: 0
```

[Line 3~7] 학습을 수행할 실험 전반에 대한 설정변수에 대한 파일입니다. env_name은 환경을 선택하는 설정변수로서 기본값인 "dir"일 경우엔 HalfCheetahDir 환경의 실험을 할 수 있으며, "vel"로 변경할 경우엔 HalfCheetahVel 환경의 실험을 할 수 있습니다. save_exp_name은 실험에 대한 이름으로, src/meta_rl/pearl/results 내부에 학습 결과가 저장될 폴더명을 설정하는 변수입니다.

[Line 9~19] 학습모델을 저장 및 로드할 경우 파일 이름에 관련된 설정변수들입니다. 기존의 모델을 이어서 학습할 수 있습니다.

[Line 21~25] 컴퓨터에 GPU가 있을 경우 사용할 GPU 번호를 gpu_index로 지정할 수 있습니다. 학습한 결과를 재현하고 싶을 땐 seed를 동일하게 맞춰줄 수 있습니다.

pearl_trainer.py

먼저 pearl 알고리즘을 실행하는 `pearl_trainer.py`를 간단히 살펴보겠습니다. 다음은 `pearl_trainer.py` 파일의 전체 코드입니다.

src/meta_rl/pearl/pearl_trainer.py

```
01. import os
02. from typing import Any, Dict, List
03.
04. import numpy as np
05. import torch
06. import yaml
07. from gym.envs.mujoco.half_cheetah import HalfCheetahEnv
08.
09. from meta_rl.envs import ENVS
10. from meta_rl.pearl.algorithm.meta_learner import MetaLearner
11. from meta_rl.pearl.algorithm.sac import SAC
12.
13. if __name__ == "__main__":
14.     # 실험 환경 설정에 대한 하이퍼파라미터들 불러오기
15.     with open(os.path.join("configs", "experiment_config.yaml"), "r") as file:
16.         experiment_config: Dict[str, Any] = yaml.load(file, Loader=yaml.FullLoader)
```

```
17.
18.     # 목표 보상 설정에 대한 하이퍼파라미터들 불러오기
19.     with open(
20.         os.path.join("configs", experiment_config["env_name"] + "_target_config.yaml"),
21.         "r",
22.     ) as file:
23.         env_target_config: Dict[str, Any] = yaml.load(file, Loader=yaml.FullLoader)
24.
25.     # 멀티-태스크 환경과 샘플 태스크들 생성
26.     env: HalfCheetahEnv = ENVS["cheetah-" + experiment_config["env_name"]](
27.         num_tasks=env_target_config["train_tasks"] + env_target_config["test_tasks"],
28.     )
29.     tasks: List[int] = env.get_all_task_idx()
30.
31.     # 랜덤 시드 값 설정
32.     env.reset(seed=experiment_config["seed"])
33.     np.random.seed(experiment_config["seed"])
34.     torch.manual_seed(experiment_config["seed"])
35.
36.     observ_dim: int = env.observation_space.shape[0]
37.     action_dim: int = env.action_space.shape[0]
38.     hidden_dim: int = env_target_config["hidden_dim"]
39.
40.     device: torch.device = (
41.         torch.device("cuda", index=experiment_config["gpu_index"])
42.         if torch.cuda.is_available()
43.         else torch.device("cpu")
44.     )
45.
46.     agent = SAC(
47.         observ_dim=observ_dim,
48.         action_dim=action_dim,
49.         latent_dim=env_target_config["latent_dim"],
50.         hidden_dim=hidden_dim,
51.         encoder_input_dim=observ_dim + action_dim + 1,
52.         encoder_output_dim=env_target_config["latent_dim"] * 2,
53.         device=device,
54.         **env_target_config["sac_params"],
55.     )
```

```
56.
57.    meta_learner = MetaLearner(
58.        env=env,
59.        env_name=experiment_config["env_name"],
60.        agent=agent,
61.        observ_dim=observ_dim,
62.        action_dim=action_dim,
63.        train_tasks=tasks[: env_target_config["train_tasks"]],
64.        test_tasks=tasks[-env_target_config["test_tasks"] :],
65.        save_exp_name=experiment_config["save_exp_name"],
66.        save_file_name=experiment_config["save_file_name"],
67.        load_exp_name=experiment_config["load_exp_name"],
68.        load_file_name=experiment_config["load_file_name"],
69.        load_ckpt_num=experiment_config["load_ckpt_num"],
70.        device=device,
71.        **env_target_config["pearl_params"],
72.    )
73.
74.    # PEARL 학습 시작
75.    meta_learner.meta_train()
```

[Line 1~11] 필요한 라이브러리 및 타 폴더의 클래스를 임포트합니다.

[Line 14~29] 목표 보상 함수에 대한 configuration 세팅과 기타 학습에 필요한 실험 configuration 세팅을 진행합니다. 그리고 멀티 태스크 환경을 생성하고 태스크 샘플링할 수 있도록 설정합니다. PEARL의 실험에서는 latent task space를 잘 학습했는지를 확인하기 위해 held out 태스크를 테스트 태스크로 학습 태스크와 분리해 선언합니다.

[Line 31~44] 무작위 seed를 설정하고 observ_dim(상태 차원), action_dim(행동 차원), hidden_dim(은닉 변수 차원)을 각각 계산한 뒤, cuda GPU를 사용하기 위한 torch 라이브러리 device를 세팅합니다.

[Line 46~72] SAC 에이전트와 메타러너 객체를 각각 필요한 파라미터를 인자로 넘겨주어 생성합니다.

[Line 74~75] 메타러너 객체의 meta_train() 함수를 호출하여 학습을 시작합니다.

메타러너의 meta_train() 함수

src/meta_rl/pearl 폴더의 pearl_trainer.py 코드를 살펴봤으니 해당 파일에서 실행된 메타러너 객체의 meta_train() 함수를 살펴보겠습니다. 해당 함수는 src/meta_rl/pearl/algorithm 폴더의 meta_learner.py 파일에 선언되어 있으며, MetaLearner 클래스 내부 함수로 구현되어 있습니다. 책에서는 분량상 meta_learner.py 파일의 모든 코드를 설명하진 않으며, MetaLearner 클래스의 meta_train() 함수만 간단히 설명하겠습니다.

```python
01. def meta_train(self) -> None:
02.     # 메타-트레이닝
03.     total_start_time: float = time.time()
04.     for iteration in range(self.num_iterations):
05.         start_time: float = time.time()
06.
07.         # 첫번째 반복단계에 한해 모든 메타-트레이닝 태스크에 대한 경로를 수집하여 리플레이 버퍼에 저장
08.         if iteration == 0:
09.             for index in self.train_tasks:
10.                 self.env.reset_task(index)
11.                 self.collect_train_data(
12.                     task_index=index,
13.                     max_samples=self.num_init_samples,
14.                     update_posterior=False,
15.                     add_to_enc_buffer=True,
16.                 )
17.
18.         print(f"\n=============== Iteration {iteration} ===============")
19.         # 임의의 메타 트레이닝 태스크에 대한 새로운 경로를 버퍼에 저장
20.         for i in range(self.num_sample_tasks):
21.             index = np.random.randint(len(self.train_tasks))
22.             self.env.reset_task(index)
23.             self.encoder_replay_buffer.task_buffers[index].clear()
24.
25.             # 샘플된 z ~ prior r(z)에 대한 경로 수집
26.             if self.num_prior_samples > 0:
27.                 print(f"[{i + 1}/{self.num_sample_tasks}] collecting samples with prior")
28.                 self.collect_train_data(
29.                     task_index=index,
30.                     max_samples=self.num_prior_samples,
31.                     update_posterior=False,
32.                     add_to_enc_buffer=True,
33.                 )
34.
```

```python
35.         # 인코더는 prior r(z)로 생성된 경로 데이터만을 사용하여 학습되나,
36.         # RL 정책의 학습에는 z ~ posterior q(z|c)로 생성된 경로도 사용
37.         if self.num_posterior_samples > 0:
38.             print(f"[{i + 1}/{self.num_sample_tasks}] collecting samples with posterior")
39.             self.collect_train_data(
40.                 task_index=index,
41.                 max_samples=self.num_posterior_samples,
42.                 update_posterior=True,
43.                 add_to_enc_buffer=False,
44.             )
45.
46.     # 샘플된 메타-배치 태스크들의 경로 데이터로 네트워크 업데이트
47.     print(f"Start meta-gradient updates of iteration {iteration}")
48.     for i in range(self.num_meta_grads):
49.         indices: np.ndarray = np.random.choice(self.train_tasks, self.meta_batch_size)
50.
51.         # 인코더의 context와 은닉 상태 초기화
52.         self.agent.encoder.clear_z(num_tasks=len(indices))
53.
54.         # Context 배치 샘플
55.         context_batch: torch.Tensor = self.sample_context(indices)
56.
57.         # 경로 배치 샘플
58.         transition_batch: List[torch.Tensor] = self.sample_transition(indices)
59.
60.         # 정책, Q-함수, 인코더 네트워크를 SAC 알고리즘에서 학습
61.         log_values: Dict[str, float] = self.agent.train_model(
62.             meta_batch_size=self.meta_batch_size,
63.             batch_size=self.batch_size,
64.             context_batch=context_batch,
65.             transition_batch=transition_batch,
66.         )
67.
68.         # 인코더의 태스크변수 z의 Backpropagation 차단
69.         self.agent.encoder.task_z.detach()
70.
71.     # 메타-테스트 태스크에서 학습성능 평가
72.     self.meta_test(iteration, total_start_time, start_time, log_values)
73.
```

```
74.        if self.is_early_stopping:
75.            print(
76.                f"\n=================================================\n"
77.                f"The last {self.num_stop_conditions} meta-testing results are {self.dq}.\n"
78.                f"And early stopping condition is {self.is_early_stopping}.\n"
79.                f"Therefore, meta-training is terminated.",
80.            )
81.            break
```

[Line 1~16] 오프폴리시 메타강화학습에서는 샘플된 meta-batch 태스크들에 대한 현재 정책의 롤아웃 없이 버퍼의 데이터만을 활용하여 학습하기 때문에, 반복문이 시작되는 단계에서 모든 태스크들에 대해 초기 데이터를 롤아웃합니다. 이렇게 모은 데이터들은 인코더 버퍼와 강화학습 버퍼 두 곳 모두에 저장됩니다.

[Line 18~44] 매 반복마다 num_sample_tasks만큼의 태스크를 샘플링합니다. 이후 인코더 학습을 위해 prior을 사용한 롤아웃 데이터를 수집한 후 인코더 버퍼에 저장합니다. 그리고 강화학습 에이전트 학습을 위한 posterior 업데이트를 포함한 롤아웃 데이터를 수집한 후 강화학습 버퍼에 저장합니다.

[Line 46~69] meta-batch size만큼 태스크 인덱스를 샘플링하고 인코더 버퍼와 강화학습 버퍼에서 각각 해당 인덱스의 데이터를 샘플링합니다. 그리고 필요한 파라미터 인자를 전달한 train_model() 함수 호출을 통해 학습을 수행합니다.

[Line 71~81] meta_test() 함수 호출을 통해 메타 테스트를 수행하며 early stopping 조건을 추가하여 is_early_stopping 변수가 True일 때 학습을 종료합니다. early_stopping 조건은 posterior inference를 진행한 후 에이전트의 보상합(return)이 각 환경별 목표하는 stop_goal 변수보다 커지게 되면 학습을 종료하게 됩니다. 해당 코드는 위 코드에는 서술되어 있지 않아 위 설명을 토대로 추가적으로 원 코드의 meta_test 함수를 확인하시기 바랍니다.

SAC 에이전트의 train_model()

앞서 src/meta_rl/pearl/algorithm 폴더의 meta_learner.py 코드에서 살펴봤습니다. 해당 파일에서 실행된 SAC 에이전트 객체의 self.agent.train_model() 함수를 구체적으로 살펴보겠습니다. 해당 함수는 src/meta_rl/pearl/algorithm 폴더의 sac.py 파일에 선언되어 있으며, SAC 클래스 내부 함수로 구현되어 있습니다. 이 역시 책에서는 분량상 sac.py 파일의 모든 코드를 설명하진 않으며, SAC 클래스의 train_model() 함수만 간단히 설명하겠습니다.

```
01. def train_model(
02.         self,
03.         meta_batch_size: int,
04.         batch_size: int,
05.         context_batch: torch.Tensor,
06.         transition_batch: List[torch.Tensor],
07.     ) -> Dict[str, float]:
08.     cur_obs, actions, rewards, next_obs, dones = transition_batch
09.
10.     cur_obs = cur_obs.view(meta_batch_size * batch_size, -1)
11.     actions = actions.view(meta_batch_size * batch_size, -1)
12.     rewards = rewards.view(meta_batch_size * batch_size, -1)
13.     next_obs = next_obs.view(meta_batch_size * batch_size, -1)
14.     dones = dones.view(meta_batch_size * batch_size, -1)
15.
16.     # 주어진 context에 따른 z ~ posterior q(z¦c) 샘플
17.     self.encoder.infer_posterior(context_batch)
18.     task_z = self.encoder.task_z
19.
20.     task_z = [z.repeat(batch_size, 1) for z in task_z]
21.     task_z = torch.cat(task_z, dim=0)
22.
23.     # 인코더의 KL-Divergence 손실 계산
24.     kl_div = self.encoder.compute_kl_div()
25.     encoder_loss = self.kl_lambda * kl_div
26.     self.encoder_optimizer.zero_grad()
27.     encoder_loss.backward(retain_graph=True)
28.
29.     # 타깃 행동 가치 함수 계산
30.     with torch.no_grad():
31.         next_inputs = torch.cat([next_obs, task_z], dim=-1)
32.         next_policy, next_log_policy = self.policy(next_inputs)
33.         min_target_q = torch.min(
34.             self.target_qf1(next_obs, next_policy, task_z),
35.             self.target_qf2(next_obs, next_policy, task_z),
36.         )
37.         target_v = min_target_q - self.alpha * next_log_policy
38.         target_q = rewards + self.gamma * (1 - dones) * target_v
```

```python
39.
40.     # 행동 가치 함수 손실 계산
41.     pred_q1 = self.qf1(cur_obs, actions, task_z)
42.     pred_q2 = self.qf2(cur_obs, actions, task_z)
43.     qf1_loss = F.mse_loss(pred_q1, target_q)
44.     qf2_loss = F.mse_loss(pred_q2, target_q)
45.     qf_loss = qf1_loss + qf2_loss
46.     self.qf_optimizer.zero_grad()
47.     qf_loss.backward()
48.
49.     # 행동 가치 함수와 인코더 업데이트
50.     self.qf_optimizer.step()
51.     self.encoder_optimizer.step()
52.
53.     # 정책 손실 계산
54.     inputs = torch.cat([cur_obs, task_z.detach()], dim=-1)
55.     policy, log_policy = self.policy(inputs)
56.     min_q = torch.min(
57.         self.qf1(cur_obs, policy, task_z.detach()),
58.         self.qf2(cur_obs, policy, task_z.detach()),
59.     )
60.     policy_loss = (self.alpha * log_policy - min_q).mean()
61.     self.policy_optimizer.zero_grad()
62.     policy_loss.backward()
63.     self.policy_optimizer.step()
64.
65.     # Temperature 파라미터 알파 업데이트
66.     alpha_loss = -(self.log_alpha * (log_policy + self.target_entropy).detach()).mean()
67.     self.alpha_optimizer.zero_grad()
68.     alpha_loss.backward()
69.     self.alpha_optimizer.step()
70.     self.alpha = self.log_alpha.exp()
71.
72.     # 타깃 함수에 대한 메인 함수 소프트 업데이트
73.     self.soft_target_update(self.qf1, self.target_qf1)
74.     self.soft_target_update(self.qf2, self.target_qf2)
75.     return dict(
76.         policy_loss=policy_loss.item(),
77.         qf1_loss=qf1_loss.item(),
```

```
78.        qf2_loss=qf2_loss.item(),
79.        encoder_loss=encoder_loss.item(),
80.        alpha_loss=alpha_loss.item(),
81.        alpha=self.alpha.item(),
82.        z_mean=self.encoder.z_mean.detach().cpu().numpy().mean().item(),
83.        z_var=self.encoder.z_var.detach().cpu().numpy().mean().item(),
84.    )
```

[Line 8~14] 샘플링한 데이터 transition_batch를 cur_obs(상태), actions(행동), rewards(보상), next_obs(다음 상태), dones(에피소드 종료 여부)로 나눕니다.

[Line 16~21] 컨텍스트 c가 주어졌을 때, 즉 context_batch가 주어졌을 때 이를 통해 컨텍스트 변수 z를 인코더 $q_\phi(z|c^i)$를 통해 posterior 샘플링합니다($z \sim q_\phi(z|c^i)$). 그리고 컨텍스트 배치 task_z도 flatten out 합니다.

[Line 23~27] Variational inference를 사용한 인코더의 학습에서 인코더의 정규화(regularization) 손실함수 $\beta D_{\mathrm{KL}}(q_\phi(z|c^i)\|p(z))$를 컨텍스트 변수 z에 대한 KL-divergence로 정의합니다. 구체적인 계산은 [pearl]-[algorithm] 폴더의 networks.py에 정의되어 있는 MLPEncoder 클래스의 infer_posterior() 함수, product_of_gaussians() 함수, compute_kl_div 함수를 참고하시기 바랍니다. SAC는 두 개의 행동 가치 함수 Q_{ϕ_1}, Q_{ϕ_2}를 학습하고, 또 두 Q 값 중 낮은 값을 사용하는 "clipped double-Q trick"을 사용합니다. 그러므로, 행동 가치 함수의 목푯값 (target) y는 다음과 같이 정의됩니다.

[Line 29~38] 앞서 배웠던 대로 SAC은 두 개의 Q 함수를 학습하고 이 중 낮은 값을 사용하는 clipped double-Q trick 을 적용합니다. 이를 반영하여 Q학습을 위한 target_v와 target_q를 각각 계산합니다.

[Line 40~47] Q 함수의 손실함수를 정의합니다. 두 네트워크의 MSE 손실함수를 더하여 qf_loss를 계산하고 이를 backward() 합니다. 이때, Q 함수의 입력으로 인코더의 출력인 task_z가 들어가며, Q 함수의 backpropagation 시그 널은 variational inference의 reconstruction 역할로서 인코더까지 한 번에 업데이트하게 됩니다.

[Line 49~51] Q 네트워크와 인코더 네트워크를 각각 업데이트합니다.

[Line 53~63] 정책 네트워크의 손실함수를 정의하고 업데이트합니다.

[Line 65~70] temperature 파라미터 alpha에 대한 손실함수를 정의하고 이 역시 업데이트합니다.

[Line 72~84] 타깃 네트워크 파라미터를 Polyak averaging(exponentially weighted averaging)을 통해 업데이트하고 학습정보를 반환합니다.

메타러너의 meta_test() 함수

마지막으로 다시 src/meta_rl/pearl/algorithm/meta_learner.py로 돌아와 해당 파일 내의 MetaLearner 클래스 내부 함수로 구현되어 있는 meta_test 함수를 살펴보겠습니다. 텐서보드 값 지정 등 기타 코드는 분량상 생략했습니다.

```python
01. def meta_test(
02.         self,
03.         iteration: int,
04.         total_start_time: float,
05.         start_time: float,
06.         log_values: Dict[str, float],
07.     ) -> None:
08.     # 메타-테스트
09.     test_results = {}
10.     return_before_infer = 0
11.     return_after_infer = 0
12.     run_cost_before_infer = np.zeros(self.max_step)
13.     run_cost_after_infer = np.zeros(self.max_step)
14.
15.     for index in self.test_tasks:
16.         self.env.reset_task(index)
17.         trajs: List[List[Dict[str, np.ndarray]]] = self.collect_test_data(
18.             max_samples=self.max_step * 2,
19.             update_posterior=True,
20.         )
21.
22.         return_before_infer += np.sum(trajs[0][0]["rewards"])
23.         return_after_infer += np.sum(trajs[1][0]["rewards"])
24.         if self.env_name == "vel":
25.             for i in range(self.max_step):
26.                 run_cost_before_infer[i] += trajs[0][0]["infos"][i]
27.                 run_cost_after_infer[i] += trajs[1][0]["infos"][i]
```

[Line 8~13] 테스트 결과 및 posterior inference를 하기 전, 한 후의 보상합 및 HalfCheetaVel의 테스트 태스크의 step별 목표 속도와의 오차 값에 대한 변수들을 선언합니다. 여기서 test_results 딕셔너리는 아래 4개 테스트 결과에 관련된 변수를 포함하여 전반적인 학습과정의 로그를 모두 담는 역할을 합니다.

[Line 15~23] 태스크 변수 선언 때 정해진 모든 테스트 태스크에 대하여 validation을 수행합니다. PEᴧRL에서는 MAML과 달리 추가로 에이전트 학습을 진행하지 않고 posterior 업데이트 후 바로 보상합을 구합니다.

[Line 24~27] HalfCheetahVel 태스크의 경우 좀 더 자세한 분석을 위해 에피소드당 각 step에서 타깃 속도와의 차이가 어떻게 되는지를 기록합니다. traj의 "infos"에는 4.1.3절에서 다룬 값인 progress에서 goal_vel을 뺀 값인 run_cost가 들어가 있습니다.

학습 과정 확인

학습 중 src/meta_rl/pearl/results/exp1/{CURRENT_TIME} 폴더로 들어가서 다음 텐서보드 커맨드를 입력하면 학습 과정을 확인할 수 있습니다.

```
$ tensorboard —logdir=.
```

그림 4-35는 HalfCheetahDir 환경에서의 PEARL 에이전트의 posterior inference 후의 보상합과 posterior inference 전의 보상합을 보여줍니다. Inference를 통한 adaptation 시(왼쪽) 이전(오른쪽) 보다 return 값이 큰 것에서 알고리즘이 환경에 잘 적응하도록 학습이 된 것을 확인할 수 있습니다.

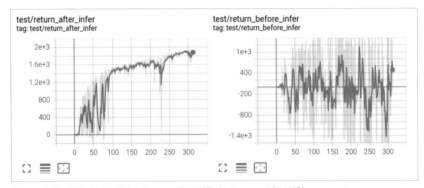

그림 4-35 HalfCheetahDir 메타 테스트 결과: inference 후 보상합과 inference 전 보상합

또한, 그림 4-36을 통해 SAC의 alpha 값 및 기타 여러 네트워크들의 손실 함수 값의 변화들을 살펴볼 수 있습니다. 그리고 정규분포에 근사하는 컨텍스트 변수의 평균과 분산의 변화도 확인할 수 있습니다.

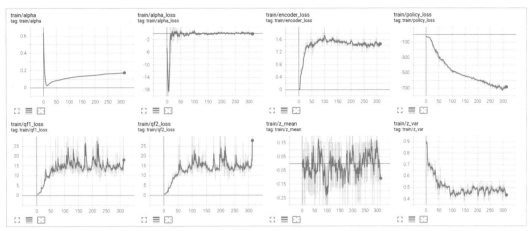

그림 4-36 HalfCheetahDir 메타 학습 과정: 기타 손실 함수 변화 및 컨텍스트 변수 평균 및 분산 변화

그림 4-37~그림 4-38은 HalfCheetahVel 환경에 대한 결과입니다. 학습이 진행됨에 따라 목표속도와의 오차가 줄어드는 것을 확인할 수 있습니다. 이를 좀 더 자세히 살펴본 그래프가 그림 4-39입니다. Inference를 하기 전 prior만으로는 큰 오차가 났지만, inference를 한 뒤에는 오차가 매우 줄어들어 거의 목푯값에 가까운 속도를 내는 것을 확인할 수 있습니다.

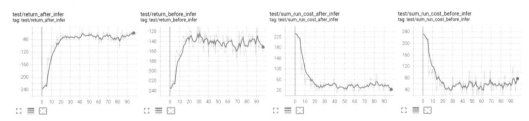

그림 4-37 HalfCheetahVel 메타 테스트 결과: inference 후 보상합과 inference 전 보상합(왼쪽 두 개 그래프), inference 후 run_cost 평균과 inference 전 run_cost 평균(오른쪽 두 개 그래프)

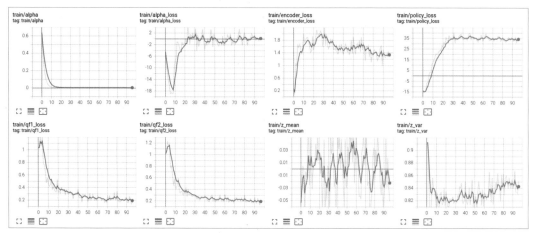

그림 4-38 HalfCheetahVel 메타 학습 과정: 기타 손실 함수 변화 및 컨텍스트 변수 평균 및 분산 변화

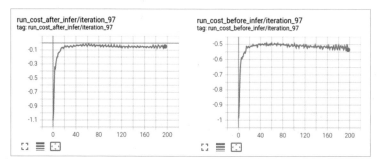

그림 4-39 HalfCheetahVel 메타 테스트 결과: 모든 테스트 태스크들에 대한 97번째 이터레이션에서의 시간 step에 따른 목표속도에 대한 run_cost의 평균

이렇게 메타 강화학습의 마지막 알고리즘인 PEARL의 코드까지 모두 살펴봤습니다. 독자 여러분, 정말 수고 많으셨습니다. 처음 메타러닝을 공부하시고 강화학습, 파이토치, 기타 어려운 수학 개념들에 익숙하지 않으신 분들에게는 쉽지 않은 여정이었을 것 같습니다. 이 책과 더불어 원 논문, 기타 인터넷의 여러 좋은 자료를 통해 메타러닝 알고리즘들을 들여다보면 훨씬 수월하게 이해하실 수 있을 것입니다. 마지막 5장에서는 메타러닝이 나아가야 할 방향과 메타러닝의 활용에 대해 다루겠습니다.

05장

오픈 챌린지와
메타러닝 애플리케이션

긴 여정을 지나 마지막 5장까지 오신 독자 여러분 축하합니다! 이 책을 1장부터 순서대로 읽고 5장까지 오셨다면, 이제 메타러닝에 대한 기본적인 이해를 갖추고, 최신 메타러닝 동향들을 이해할 준비가 되셨다고 해도 무방합니다. 비록 책의 모든 내용을 이해하지 못했더라도, 이 5장의 내용을 읽으면서 메타러닝에 대한 좀 더 넓은 시야를 가질 수 있을 것입니다.

이번 장에서는 지금까지 배운 메타러닝 알고리즘들의 한계점들과, 이 한계점들을 해결하려는 메타러닝 연구자들의 다양한 최신 연구들의 동향을 살펴볼 것입니다. 또한, 우리가 살펴본 메타러닝에서의 단순한 벤치마크 데이터셋(e.g. Omniglot)의 이미지 분류 문제와 시뮬레이터 환경(MuJoCo) 강화학습 문제 이외에 어떤 다양한 문제에 메타러닝이 쓰이고 있는지 살펴볼 것입니다.

5.1 오픈 챌린지(Open Chanllenges)

메타러닝은 학습을 학습한다는(learn-to-learn) 목표를 가지고 있지만, 그 목표를 쉽게 달성하기에는 수많은 어려움이 존재합니다. 이 책에서 우리는 메타러닝 알고리즘들에 대해 Omniglot이라는 데이터셋이나 MuJoCo Half-Cheetah 환경을 이용하여 구현을 했습니다. 그러나, 실제 우리가 이러한 알고리즘을 실세계 문제에 사용할 때에는 이런 연구용 벤치마크 데이터셋이나 시뮬레이터 환경이 존재하지 않거나, 이를 메타러닝이 가능하도록 태스크 분포를 구축하는 것 자체가 어려울 수 있습니다. 예를 들어 우리가 메타러닝을 사용하려는 실제 데이터에는 아래와 같은 많은 문제가 산재할 수 있습니다.

1. 태스크 분포 내의 태스크들이 너무 상이하거나, 태스크들이 유사할지라도 메타 트레이닝 태스크 수가 적으면 메타 과적합(meta-overfitting) 현상에 빠질 수 있습니다.

2. 새로운 데이터를 학습하면서 기존에 학습한 것을 잊는 치명적 망각(catastrophic forgetting) 현상이 일어날 수 있습니다.

3. 다양한 태스크에서 메타러닝 알고리즘들을 정확히 평가할 데이터셋이나 벤치마크가 부족합니다.

위와 같은 세 가지 문제 이외에도 메타러닝 분야에서 해결해야 할 문제는 무수히 많습니다. 이 책에서는 위 세 가지 문제에 대해 하나씩 다뤄보겠습니다.

5.1.1 메타 과적합

이 책에서 다루는 메타러닝의 목표는 새로운 태스크가 들어와도 빠르게 학습할 수 있는 메타러닝 모델을 만드는 것입니다. 즉 메타러닝 모델을 메타 트레인(meta-train) 데이터셋으로 메타러닝을 진행한 뒤, 새로운 태스크로 구성된 메타 테스트(meta-test) 데이터셋이 들어왔을 때 좋은 성능을 내기를 기대합니다. 하지만 종종 메타러닝 모델은 종종 메타 과적합(meta-overfitting) 문제가 발생합니다. 메타 과적합이란 일반적으로 메타러닝을 수행하는 메타 트레인셋에 과하게 학습되어 새로운 메타 테스트셋에 대하여 성능이 낮아지는 현상입니다.

그렇다면 메타 과적합은 언제 발생할까요? 메타 과적합은 크게 1) 태스크 분포가 협소하여 여러 태스크가 유사하더라도 메타 트레인 데이터가 매우 적을 경우, 2) 메타 트레인 분포와 메타 테스트 분포가 매우 상이할 경우, 두 가지 경우에 대해 많이 발생합니다.

첫 번째 1)의 경우를 생각해봅시다. 이 책에서 사용한 Omniglot 데이터셋을 생각해보면 결국 모두 하나의 글자에 대한 이미지만으로 구성된 데이터셋이므로, 태스크 분포가 매우 협소하며, 샘플링되는 태스크 간의 연관성이 매우 높다고 할 수 있습니다. 우리가 이 책에서 살펴본 메타러닝에 많이 쓰이는 또 다른 벤치마크 데이터셋인 mini-ImageNet(Vinyals et al., 2017)이라는 데이터셋의 경우에도 Omniglot보다는 조금 더 일반적인 태스크이긴 하지만 이 역시 태스크들이 확연하게 다르다고 보기 어렵습니다. 이 경우, 만약 우리가 메타러닝 모델을 학습할 때, 메타 트레인 데이터셋이 현저히 적을 때, 비록 메타 테스트 데이터셋이 이와 유사한 새로운 태스크일지라도 메타 과적합이 일어나게 됩니다.

메타 트레인 데이터셋이 적은 경우 일어나는 메타 과적합은 우리가 알고 있는 일반적인 머신러닝의 원리와 크게 다르지 않습니다. 즉, 모델의 수용력(capacity)은 충분히 크지만 학습 데이터가 적을 경우 모델은 과적합되는 일반적인 머신러닝 원리와 마찬가지로 메타러닝 모델은 메타 트레인 데이터셋이 충분히 많지 않은 경우 메타 과적합되며, 메타 테스트 데이터셋에 대해 좋은 성능을 얻기 어려워집니다. 예를 들어 그림 5-1의 간단한 그림을 봅시다. 메타 트레인 태스크가 현저히 적을 경우, 왼쪽 Optimal과 같이 메타 테스트 태스크 입력에 대해 오차가 크지 않도록 메타러너 함수가 잘 학습되기를 기대하지만, 대다수의 경우에는 오른쪽과 같이 메타 과적합이 일어나게 됩니다. 따라서 실제로 새로운 태스크인 메타 테스트 태스크가 메타 트레인 태스크 분포 특성과 유사한 특성을 가지고 있더라도 오차가 매우 커져서 성능이 낮아지게 됩니다.

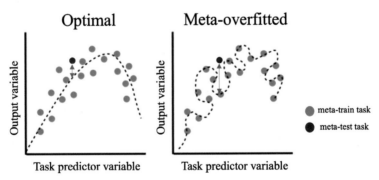

그림 5-1 메타 과적합(meta-overfitting)(출처: educative.io 변형)

두 번째 2) 메타 트레인 분포와 메타 테스트 분포가 매우 상이할 경우를 생각해봅시다. Guo et al.은 〈A Broader Study of Cross-Domain Few-Shot Learning〉(ECCV 2020) 논문에서 Broader Study of Cross-Domain Few-Shot Learning(BSCD-FSL)이라는 새로운 벤치마크 데이터셋을 제안했습니다. 그림 5-2에서 볼 수 있듯이 이 벤치마크 데이터셋은 우리가 알고 있는 Omniglot, ImageNet 등을 넘어 인공위성 이미지, 피부과 이미지, 엑스레이 등 다양한 이미지들을 포함합니다.

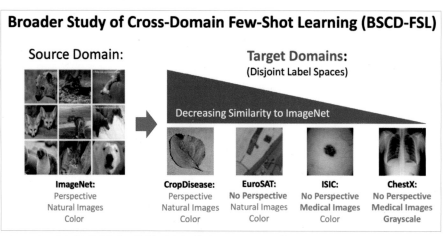

그림 5-2 BSCD-FSL 데이터셋에 존재하는 다양한 이미지들(출처: Guo et al., 2020)

저자들은 이 새롭게 제안한 벤치마크 데이터셋에서 우리가 책에서 배운 Matching 네트워크, MAML, Prototypical 네트워크 등의 메타러닝 알고리즘들의 성능을 측정한 결과, 이들의 성능이 단순히 사전 학습된 모델(pre-trained model)의 특징 추출기(feature extractor)를 사용해서 전이 학습을 했을 때의 성능과 비슷하거나 떨어진다는 것을 밝혔습니다. 즉, 이 경우 우리는 기존의 메타러닝 모델들에 대해 메타 트레인 분포와 메타 테스트 분포가 매우 상이하여, 충분히 많은 메타 트레인 데이터셋이 주어지더라도 메타 과적합이 일어났다고 해석할 수 있습니다.

앞서 우리는 메타 과적합이 일어나는 1) 태스크 분포가 협소하여 여러 태스크가 유사하더라도 메타 트레인 데이터가 매우 적을 경우, 2) 메타 트레인 분포와 메타 테스트 분포가 매우 상이할 경우, 이 두 가지 경우에 대해 알아봤습니다. 메타 과적합으로 인해 메타러닝 알고리즘이 새로운 태스크를 잘 풀기 위한 학습 방법을 학습한다는 메타러닝 본연의 목적을 달성하기 어렵고, 오히려 메타 트레인 데이터셋을 외워버리는 단순한 학습을 하게 됩니다. 한 가지 짚고 넘어가야 할 메타 과적합을 해결하기 위한 중요한 원리 중 하나는 이렇게 알고리즘이 학습 데이터를 외우지 않게 하려면 태스크들 간의 상호 배타성(mutual exclusivity)이 중요하다는 것입니다.

상호배타성이라는 개념을 앞서 배웠던 mini−ImageNet 태스크 분포 예시로 살펴봅시다. 우리가 메타러닝 알고리즘들을 실제로 구현할 때, Omniglot으로 메타러닝 실험을 하기 위해 태스크 배치를 만들 때, 이미지들을 고른 후 그 이미지들의 라벨들을 항상 무작위로 섞었습니다. 마찬가지로 5−way 1−shot mini−ImageNet 예시(그림 5−3)에서도 데이터들의 라벨 순서가 무작위로 섞여 있는 것을 확인할 수 있습니다. 예를 들어 태스크 T_1의 D_{train}와 태스크 T_3의 D_{train}을 볼 때 새와 버섯이 각각 바뀌어 있는 것을 볼 수 있습니다. 이 경우 우리는 '태스크들이 서로 상호 배타성을 가진다'라고 표현합니다. 메타러닝 모델은 라벨 순서를 추론하기 위해 x_{test}만으로는 클래스 매핑이 어려우며, 훈련 데이터 D_{train}을 반드시 사용해야 합니다.

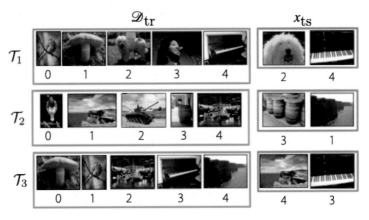

그림 5−3 상호배타성이 존재하는 태스크 예제(출처: Stanford CS330)

상호배타성의 중요성을 알아보기 위해 반대 예제를 보겠습니다. 라벨들을 섞지 않고, 그림 5−4처럼 태스크의 라벨 순서가 일정하게 주어진다면 어떻게 될까요? 예를 들어, 모든 태스크에서 새는 항상 0의 라벨만을 가지게 되고, 개는 항상 2의 라벨만을 가지게 되는 것을 볼 수 있습니다.

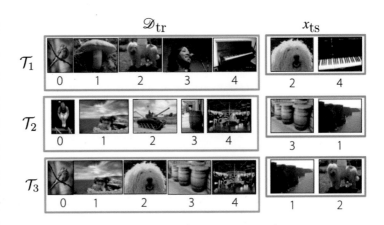

그림 5−4 상호배타성이 위반된 태스크 예제(출처: Stanford CS330)

이렇게 태스크 분포가 라벨을 섞지 않은 상호배타성이 결여된 경우에서 학습하는 메타러닝 모델은 좋은 학습 방법을 학습하는 것이 아니라 단순히 일반적인 이미지 분류 머신러닝을 한 것과 비슷한 상태가 됩니다. 즉, 단순히 주어진 입력을 클래스에 매핑만 하는 학습을 하게 되며, 결국 학습 모델은 언제나 일관된 순서에 대해 무엇을 해야 하는지 알아버리기 때문에 D_{train}을 점점 무시하게 됩니다. 이렇게 상호배타성이 결여된 상태에서 학습을 하게 되면 새로운 태스크에 적응할 때 '메타 과적합' 또는 '태스크 과적합' 상태를 유발하여 성능 저하가 일어납니다.

이와 같이, 태스크 분포를 세팅할 때 태스크들 간의 상호배타성은 메타러닝에 필수적인 요소입니다. 그러나, 이렇게 이미지 분류와 같은 경우 비교적 직관적으로 태스크들의 상호배타성을 알 수 있어 라벨을 섞으면 그만이지만, 다른 복잡한 도메인의 태스크 분포인 경우, 상호배타성이 잘 갖추어졌는지 확신하기 어려울 수 있습니다.

메타 정규화

최근 많은 연구에서 메타 과적합을 해결하는 다양한 방법들이 제안되었습니다. 태스크를 정의하는 사람이 상호배타성을 확인하는 것이 어려울 수 있기 때문에, 〈Meta-Learning without Memorization(Yin et al., 2019)〉 논문에서는 이러한 메타 과적합 현상을 메타 정규화(meta regularization)를 통해 자동으로 해소하는 방법을 소개합니다.

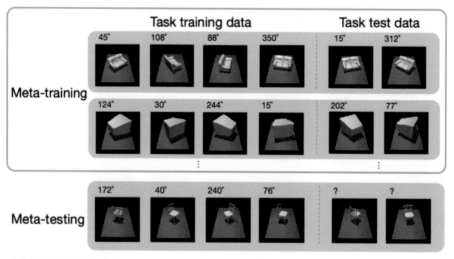

그림 5-5 객체의 방향을 예측하는 태스크 분포 예시

메타 과적합을 조금 더 이해하기 위해 메타러닝에서 일어나는 암기(memorization) 문제를 살펴봅시다. 그림 5-5는 객체의 방향을 예측하는 문제를 보여줍니다. 예를 들어 학습모델이 메타 트레인 데이터셋에서 각 객체의 방향을 학습하고 예측할 수 있습니다. 하지만 단순한 기존의 메타러닝 모델을 사용하게 되면 학습 모델은 태스크의 훈련 데이터의 의미적 정보를 무시하게 되고 단순한 입력 출력 매핑만을 암기하게 되어 메타 과적합 현상이 일어나게 됩니다. 이것이 왜 문제가 될까요? 문제는 새로운 메타 테스트 데이터셋이 주어졌을 때 일어납니다. 즉, 메타러닝 모델이 단순히 기존 객체의 입력 출력 암기를 했기 때문에 새로운 객체와 새로운 방향 정보가 등장했을 때 메타 과적합으로 인한 성능이 낮아지게 됩니다.

$$\mathcal{L}(\theta,\, D_{\mathrm{meta-train}}) + \beta D_{KL}\big(q(\theta,\, \theta_\mu,\, \theta_\sigma)\|p(\theta)\big) \tag{5.1}$$

본 논문 〈Meta-Learning without Memorization〉(Yin et al., 2019)에서는 메타 정규화를 제안했습니다. 메타 정규화는 정보이론을 응용해, 메타러닝 모델이 무엇이 학습 데이터에서 배워야 하는 것이고, 무엇이 평가 데이터의 입력에서 추론되어야 하는 것인지 결정합니다. 식 5.1을 보면 앞의 식은 우리가 아는 일반적인 메타러닝 모델의 손실함수입니다. 그리고 뒤의 KL-divergence 식이 메타 정규화 항입니다. 이 정규화 항은 메타러닝 모델이 메타 트레인 데이터셋에 메타 과적합 되지 않도록 정규화하는 역할을 합니다. 조금 더 자세한 내용은 원 논문을 참고하시기 바랍니다.

5.1.2 치명적 망각과 지속 학습

이번에는 메타러닝에서의 치명적 망각 문제와 지속 학습에 대해 알아보겠습니다. 실세계에서 데이터는 항상 변화합니다. 예를 들어, 보안 카메라로 사람 탐지를 한다면, 보안 카메라의 데이터는 날씨에 따라, 또는 카메라의 노후도에 따라 달라질 수 있습니다. 이 때문에, 만약 여름 데이터에만 학습한 모델이 겨울이 되어 눈에 뒤덮인 모습을 본다면, 우리가 원하지 않았던 예측을 하게 될 수 있습니다.

이렇게 바뀐 데이터에도 모델이 일정한 성능을 유지하길 원한다면, 모델을 단순히 고정된 과거의 데이터에만 학습시키지 않고, 새로운 데이터들으로도 계속해서 학습해야 합니다. 단순히 모델을 한 번 학습하고 배포하는 것이 아니라, 그림 5-6과 같이 지속적으로 데이터를 모아서 다시 학습하고 다시 배포하는 것을 지속 학습(continual learning) 또는 평생 학습(lifelong learning)이라고 합니다.

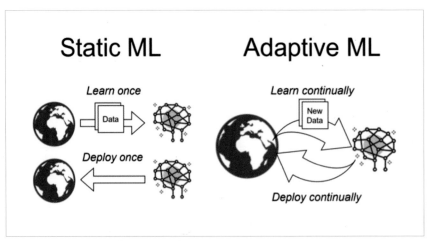

그림 5-6 정적 학습과 지속적 학습의 차이(출처: Leuven.ai)

지속적 학습을 하는 가장 쉬운 방법은 학습할 때 새로운 데이터만 학습하는 것입니다. 그러나 이 경우 모델이 현재 학습하면서 과거에 배운 것을 잊는 치명적 망각(catastrophic forgetting) 현상이 일어날 수 있게 됩니다. 위의 보안 카메라 예제를 계속하면, 겨울 데이터로만 3개월 학습한 모델은 이제 여름이 오면 반팔을 입은 사람들을 보고 헷갈려 할 수 있고, 다시 여름 데이터로만 3개월 학습하고 새롭게 배포한 모델은 다시 두꺼운 외투를 입은 사람들을 헷갈려 할 수 있습니다. 이를 막는 가장 쉬운 방법은 모든 데이터를 저장하고 학습하는 것이지만, 이는 데이터가 무한히 들어오는 지속적 학습 환경에 적합하지 않습니다.

이 치명적 망각 문제는 비단 메타러닝에 국한된 것이 아니라 지속적 학습을 하는 모든 머신러닝에서 나올 수 있는 문제입니다. 기존 머신러닝에서는 단순히 새로운 데이터만 추가되었다면, 메타러닝에서는 데이터뿐만 아니라 새로운 태스크가 추가되며 메타러닝은 더 다양한 태스크에 대한 학습을 수행하기 때문에, 이러한 망각 현상이 발생하기 더 쉽습니다.

이러한 문제를 해결하기 위해 〈Gradient Episodic Memory for Continual Learning〉(Lopez-Paz, Ranzato, 2017) 논문에서는 태스크마다 약간의 데이터를 저장해서, 학습 시에 과거 데이터로 태스크 성능을 측정해 과거 태스크들의 성능이 줄어들지 않을 때만 학습하는 방식을 보여주었습니다. 또한 〈Meta-Learning Representations for Continual Learning〉(Javed, White, 2019) 논문에서는 학습하는 신경망을 둘로 나누어 앞부분은 메타 트레인의 외부 루프(outer loop)에서 학습시키고 뒷부분은 내부 루프(inner loop)와 메타 테스트 때 학습시키는 방법을 제안했습니다. 마지막으로 〈Learning to Continually Learn〉(Beaulieu et al., 2020) 논문에서는 기존 내부 루프에 neuromodulatory 네트워크를 추가해서, 이 추가된 신경망이 우리의 기존 신경망이 무엇을 학습하는지 필터할 수 있게 하여 선택적 학습 모듈을 구현했습니다.

이러한 치명적 망각 문제를 해결하기 위한 지속 학습의 여러 연구들은 구체적인 논문을 통해 자세한 내용을 확인하시기 바랍니다. 지속 학습 이슈는 메타러닝에서 매우 중요한 이슈이며 이 외 다양한 연구들이 수행되고 있습니다. 관심 있는 독자분들께서는 언급된 연구 이외에도 다양한 연구들을 꼭 한 번 찾아보시길 바랍니다.

5.1.3 부족한 벤치마크

머신러닝은 데이터에 기반한 학문입니다. 따라서 하위 분야인 메타러닝 역시 데이터가 매우 중요합니다. 벤치마크로 쓸 수 있는 정제된 데이터셋이 많다면, 메타러닝 알고리즘들을 정확히 평가해서 어떠한 알고리즘의 장단점을 명확히 분석하고, 어떠한 문제점이 남아있는지 정확히 알 수 있습니다.

그러나, 이 책에서 설명한 대부분의 알고리즘들을 제시한 논문들을 보면, 메타 지도학습의 경우 Omniglot과 mini-ImageNet 정도의 데이터셋만 사용했고, 메타 강화학습의 경우 직접 제작한 환경이나 기존 강화학습 환경들을 변형하여 사용했습니다. 이 때문에 메타러닝 알고리즘들 간의 정확한 비교와 평가가 어렵고, 또 이 데이터셋이나 환경에서의 성능이 실제 성능과 어느 정도 연관성이 있는지 알기도 어렵습니다.

이러한 한계점을 보완하고자, 최근에는 다양한 메타러닝 벤치마크들이 나타났습니다. Meta-Dataset(Triantafillou et al., 2019)은 10개의 이미지 데이터셋으로 구성된 메타러닝 데이터셋으로, 그림 5-7에서 알 수 있듯이 컬러 이미지, 일러스트, 글자, 텍스처 등 다양한 이미지들을 포함합니다.

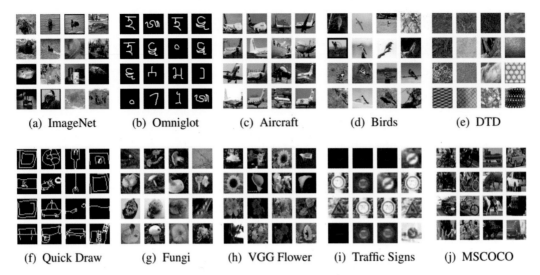

그림 5-7 Meta-Dataset을 구성하는 10개의 데이터셋 (출처: Triantafillou et al., 2019)

한편, 강화학습에서는 로봇 팔으로 가능한 다양한 태스크들을 이용해서 그림 5-8과 같이 Metaworld 라는 메타 강화학습 벤치마크가 제안되었습니다. 메타강화학습이 주로 응용되는 도메인이 로봇 쪽인 만큼, 메타러닝 알고리즘들을 평가하기에 좀 더 알맞은 벤치마크라는 장점이 있습니다.

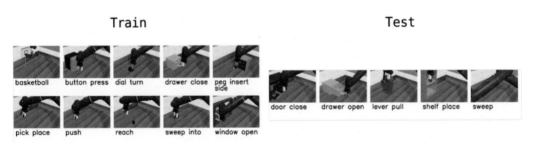

그림 5-8 Metaworld의 Meta-Learning 10 구성(출처: meta-world.github.io)

이 외에도 〈Visual Task Adaptation Benchmark〉(Zhai et al., 2019), 〈Taskonomy Dataset〉(Zamir et al., 2018) 등 많은 메타러닝에 특화된 데이터셋들이 등장하면서, 메타러닝 알고리즘의 성능을 점점 세밀하게 평가하는 것이 가능해지고 있습니다. 관심 있는 독자분들께서는 해당 논문들도 읽어보시길 적극 추천드립니다.

5.1.4 부족한 레이블된 데이터와 메타 비지도 학습

특정 도메인에서는 많은 양의 데이터를 모으기 위해서는 그 데이터들의 라벨을 얻는 것이 어렵거나 불가능할 수 있습니다. 머신러닝에서는 일반적으로 라벨이 없는 경우, 적당한 태스크를 정의해서 그 태스크를 통해 비지도학습을 수행하는 연구가 많이 진행되고 있습니다. 메타러닝 역시 메타 비지도 학습이라는 분야가 존재하며, 메타 비지도 학습 역시 마찬가지로, 적당한 태스크를 정의하고 학습하는 여러 가지 방법들이 연구되고 있습니다.

컴퓨터 비전에서의 메타 비지도 학습

〈Unsupervised Learning via Meta-Learning〉(Hsu, Levine, Finn, 2019) 논문에서는 군집화(clustering) 기법으로 스스로 라벨을 생성해 분류 문제에 대한 태스크를 정의합니다.

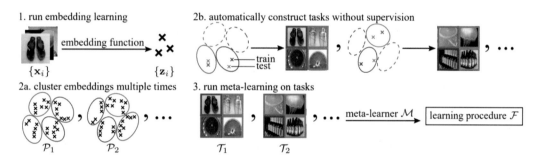

그림 5-9 Unsupervised Learning via Meta-Learning의 아이디어(출처: Hsu, Levine, Finn, 2019)

그림 5-9에서 알 수 있듯이, 군집화 알고리즘들로 이미지들을 분류해서 이를 이미지 분류 태스크를 정의하는 데 사용하면, 라벨이 없는 데이터셋으로도 메타러닝 데이터셋을 구성할 수 있음을 보여줍니다.

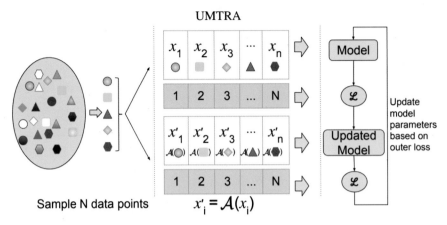

그림 5-10 UMTRA 알고리즘 (출처: Khodadadeh et al., 2018)

⟨Unsupervised Meta-Learning for Few-Shot Image Classification⟩(Khodadadeh et al., 2018) 논문에서는 데이터 증강(data augmentation)을 이용한 메타러닝 방법을 소개합니다. 그림 5-10에서 볼 수 있듯이, 레이블이 없는 데이터셋에서 데이터들을 샘플링한 후, 기존 이미지를 학습에 쓰고, 데이터 증강 이미지를 변형해 검증(validation)에 쓰는 방법을 사용합니다. 즉, 데이터 증강 기법만으로도 이미지의 특성이 보존됨을 이용한 비지도학습 아이디어라고 할 수 있습니다.

비지도 메타 강화학습

강화학습에서도 이러한 메타 비지도 학습이 가능합니다. 강화학습의 경우, 보상 함수가 일종의 라벨 역할을 한다고 해석할 수 있으며, 이를 통해 태스크가 결정되기 때문에, 그림 5-11과 같이 보상 함수가 없을 때 어떻게 적절한 보상 함수를 만들어 낼 수 있는지가 메타 비지도 강화학습의 관건이라 할 수 있습니다.

그림 5-11 메타 비지도 강화학습(출처: https://bair.berkeley.edu/blog/2020/05/01/umrl/)

⟨Unsupervised Curricula for Visual Meta-Reinforcement Learning⟩(Jabri et al., 2019) 논문에서는 기댓값 최대화 알고리즘을 이용해 과거 경험들에서 해당 환경에 적절한 행동들을 파악하고, 이 행동들로 보상 함수를 정의해 학습하는 것을 반복하는 방식을 제안합니다. 또한 ⟨NoRML: No-reward Meta Learning⟩(Yang et al., 2019)라는 논문에서는 MAML의 어드밴티지 함수(advantage function)를 보상을 이용해 계산하는 대신 메타러닝 도중에 배우는 것을 제안합니다.

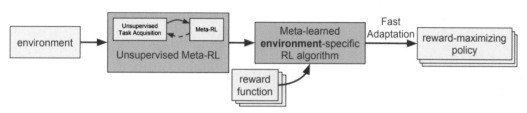

그림 5-12 비지도 메타 강화학습 개념 (출처: Gupta et al., 2020)

⟨Unsupervised Meta-Learning for Reinforcement Learning⟩(Gupta et al., 2020) 논문에서는 그림 5-12와 같이 주어진 환경에서 태스크 보상을 최대화하는 새로운 정책을 빠르게 획득하는 환경별 학습 알고리즘을 생성하는 방법을 제안했습니다. 실제 메타 강화학습은 사람이 직접 보상 함수를 통해 태스크 분포를 설계해야 했지만 본 연구에서는 메타 트레인 태스크의 수동 설계가 필요하지 않은 메타 강화학습 알고리즘을 고안하여 태스크 설계 프로세스를 자동화했습니다. 구체적으로 상호 정보량(mutual information)을 기반으로 한 태스크 생성이 최적의 메타러닝 모델을 학습시키는 데 사용될 수 있다는 통찰력을 기반으로 한 비지도 메타 강화학습 알고리즘이라 할 수 있습니다.

메타 비지도 학습은 메타러닝에서 매우 중요한 분야 중 하나입니다. 다양한 메타 비지도 학습 방법론들이 끊임없이 개발되고 있으며, 관심 있는 독자분들께서는 여러 메타 비지도 학습을 찾아보시기를 적극 권유해 드립니다.

위에 설명한 대로 메타러닝에는 아직 해결해야 할 문제들이 많이 남아있습니다. 그러나, 이것이 메타러닝이 유용하지 않음을 의미하는 것은 아닙니다. 메타러닝의 약점을 보완하는 연구들이 많은 것처럼, 메타러닝을 컴퓨터 비전, 강화학습, 자연어처리, 의료 분야 등 다양한 분야에 응용하려는 연구 또한 활발히 진행되고 있습니다.

5.2.1 컴퓨터 비전

이 책에서는 가장 보편적인 이미지 분류만을 다뤘지만, 다양한 이미지와 영상 처리 분야에서도 메타러닝 연구는 활발하게 진행되고 있습니다.

⟨Meta–Learning Probabilistic Inference for Prediction⟩(Gordon et al., 2018) 논문에서는 메타러닝을 통해 하나의 이미지에서 같은 오브젝트의 다른 구도의 이미지를 예측하는 VERSA이라는 메타러닝 모델을 제안합니다. 그림 5–13을 보면, 같은 신경망 아키텍처를 사용한 C–VAE 모델도 정답과 비슷한 각도들의 이미지를 출력하지만, VERSA가 훨씬 디테일한 이미지를 출력함을 볼 수 있습니다.

그림 5–13 C–VAE보다 선명한 예측을 출력하는 VERSA(Gordon et al., 2019)

⟨Few–Shot Human Motion Prediction via Meta–Learning⟩(Gui et al., 2018)라는 논문에서는 PAML이라는 새로운 메타러닝 알고리즘을 제안합니다. 여기서 그림 5–14와 같이 메타러닝으로 짧은 시간 동안 사람의 모션을 얼마나 정확하게 예측할 수 있는지를 통해 성능을 평가합니다.

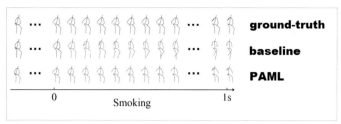

그림 5-14 PAML의 행동 예측 성능 (출처: Gui et al. ECCV 2018)

초해상화 문제에서도 메타러닝이 단순한 전이학습 기반 미세조정(fine-tuning)보다 나은 결과를 낼수 있다는 실험을 한 연구도 있습니다. 〈Fast Adaptation to Super-Resolution Networks via Meta-Learning〉(Park et al., 2020) 논문에서는 IDN-ML을 제안했으며, 그림 5-15에서 저자들이 제안하는 IDN-ML은 기존 IDN 알고리즘이나 입력 이미지에 미세조정한 것보다 더 또렷한 이미지를 재현하는 것을 보여줍니다.

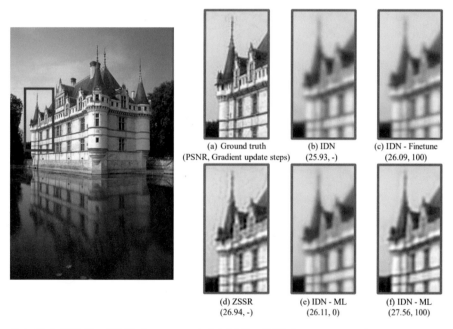

그림 5-15 초해상화 알고리즘들의 비교. IDN-ML이 메타러닝 알고리즘(출처: Park et al. 2020)

5.2.2 강화학습

강화학습 역시 다양한 방향으로 메타러닝이 다양하게 사용되는 분야로, 단순히 시뮬레이터 환경을 넘어서 실제 로봇 등에도 적용하려는 연구가 계속되고 있습니다.

〈Learning to Adapt in Dynamic, Real-World Environments Through Meta-Reinforcement Learning〉(Nagabandi et al., 2018) 논문에서는 메타 강화학습으로 에이전트가 빠르게 환경의 변화에 적응할 수 있다는 것을 보여줍니다. 4개의 시뮬레이터 환경에 더불어, 그림 5-16에서처럼 실제 로봇에서도 메타러닝을 적용해 달라진 지형이나 경사에도 적응할 수 있고, 심지어 다리 하나가 떨어져도 걸을 수 있다는 것을 보여줍니다.

그림 5-16 갑작스럽게 다리를 잃은 로봇(출처: Nagabandi et al., 2018)

〈Meta-learning curiosity algorithms〉(Alet et al., 2020) 논문에서는 그림 5-17과 같이 메타러닝으로 에이전트의 탐색을 돕는 호기심 메커니즘(curiosity mechanism)을 발견할 수 있다는 것을 확인합니다. 그리드 환경이나 MuJoCo 환경에서, 메타러닝 모델이 찾는 이러한 호기심 메커니즘들은 존재하는 ICM이나 RND 알고리즘들과 비슷한 형태를 띠면서도 더 나은 성능을 보여줍니다.

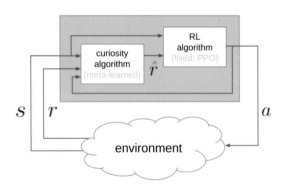

그림 5-17 메타러닝이 배우는 호기심 메커니즘을 포함한 강화학습 다이어그램

5.2.3 자연어 처리

최근 자연어 처리에서도 메타러닝이 여러 방면으로 사용되었습니다. 〈Personalizing Dialogue Agents Via Meta-Learning〉(Lin et al., 2019) 논문에서는 각 언어를 사용할 때 중요하게 작용하는 페르소나 문제를 다룹니다. 기존에는 페르소나 기반 개인화된 대화 모델링을 잘하려면 페르소나 설명(persona description) 데이터가 추가로 필요했습니다. 본 논문에서는 MAML(Finn et al., 2017)을 사용하여 페르소나 설명을 사용하지 않고도 개인화된 대화 학습으로 확장하는 PAML(Persona-Agostic Meta-Learning)을 제안합니다.

또 메타러닝이 유용하게 쓰일 수 있는 곳은 해당 도메인 자료가 많지 않은 언어들입니다. 〈Meta-Learning for Low-Resource Neural Machine Translation〉(Gu et al., 2018) 논문에서는 역시 MAML을 사용하여 데이터가 많지 않은 언어들의 기계번역 성능을 향상시킬 수 있다는 것을 보여주었습니다. 마찬가지로 〈Meta Learning for End-to End Low-Resource Speech Recognition〉(Hsu et al., 2019) 논문에서는 MAML을 사용하여 자동 음성인식 성능 또한 향상시킬 수 있다는 것을 보여주었습니다.

특히 자연어 처리 분야는 수많은 데이터와 큰 컴퓨터 리소스를 통해 트랜스포머 기반의 대규모 빅 모델(big model)이 크게 발전했고 인상적인 결과를 보여주었습니다. 비록 이 책에서 다루는 구체적인 메타러닝 알고리즘들과는 약간 다른 분야로 해석될 여지도 있지만, 자연어 처리 분야의 대규모 빅 모델들이 메타러닝과 유사한 목적을 달성하고 있기 때문에 여기서 최신 기술 일부를 소개하겠습니다. 1장에서 GPT-3 예시를 보긴 했지만 최근에는 훨씬 많은 파라미터 수를 가진 빅 모델들이 등장했습니다. 예를 들어 GLaM, LaMDA, Gopher 및 Megatron-Turing NLG와 같은 최신 언어 모델들은 모델의 크기를 계속해서 확장하여 지속적으로 뛰어난 성능을 보여주며 우리를 놀라게 했습니다. 추가적으로 한 가지 예시인 구글 AI에서 만든 PaLM(Pathways Language Model, Chowdhery et al., 2022)은 무려 5400억 개의 파라미터를 가지는 엄청난 크기의 모델입니다.

그림 5-18은 PaLM의 사람의 농담을 이해하는 태스크 예시를 보여줍니다. 농담에는 구글이 TPU 팀을 위해 고래를 고용했고 고래는 서로 다른 pod 간에 통신하는 방법을 보여주었다는 내용이 담겨있습니다. 그러자 PaLM은 이 농담을 완벽하게 이해하고 해석합니다. 모델 답변에서 알 수 있듯이 PaLM은 TPU는 구글이 딥러닝에 사용하는 칩이며, TPU pod은 전용 고속 네트워크 인터페이스로 연결되는 TPU 기기 모음임과 동시에 pod이라는 단어는 고래들의 사회적 그룹으로 사용되는 용어임도 알고

있습니다. 즉, PaLM은 농담에서 고래가 두 그룹의 고래 사이에서 통신할 수 있지만 농담을 한 사람이 고래가 두 그룹의 TPU 간에 통신을 할 수 있다는 척을 한다는 농담을 완벽하게 해석합니다.

Explaining a joke

Prompt

```
Explain this joke:

Joke: Did you see that Google just hired an eloquent whale for
their TPU team? It showed them how to communicate between two
different pods!
```

Model Response

```
Prediction: TPUs are a type of computer chip that Google uses
for deep learning. A "pod" is a group of TPUs. A "pod" is also a
group of whales. The joke is that the whale is able to
communicate between two groups of whales, but the speaker is
pretending that the whale is able to communicate between two
groups of TPUs.
```

그림 5-18 PaLM 모델의 농담 설명 태스크 예시(출처: Google AI Blog)

또한 텍스트로부터 이미지를 생성해내는 Parti(Pathways Autoregressive Text-to-Image Model, Yu et al., 2022)도 구글 리서치에 의해 소개된 바 있습니다.

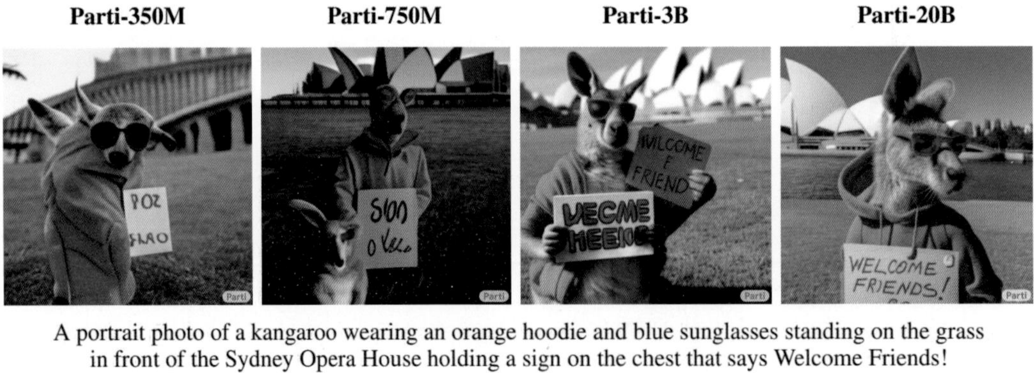
Parti-350M
Parti-750M
Parti-3B
Parti-20B
WELCOME FRIENDS!
A portrait photo of a kangaroo wearing an orange hoodie and blue sunglasses standing on the grass in front of the Sydney Opera House holding a sign on the chest that says Welcome Friends!

그림 5-19 모델 크기에 따른 Parti의 생성 이미지 비교

그림 5-19는 Parti의 모델의 크기, 즉 파라미터 수에 따라 생성한 이미지 품질을 알 수 있습니다. 주어진 텍스트 프롬프트는 한국어로 해석하면 '오렌지색 후드 티와 파란색 선글라스를 착용한 캥거루가 시드니 오페라 하우스 앞 잔디밭에서 Welcome Friends라는 사인을 들고 있는 초상화.'입니다. 모델의 크기가 커질수록 더욱 그럴듯한 이미지가 만들어지는 것을 알 수 있습니다.

위와 같이 자연어 또는 자연어-이미지 조합의 빅모델 이외에도 최근에는 대규모 언어 모델링에 영감을 받아 일반 에이전트(generalist agent)를 만들기 위한 시도도 진행되고 있습니다. 구글 딥마인드에서 개발한 일반 에이전트 모델 Gato는 비록 하나의 모델이지만 아타리 게임, 캡션 이미지, 채팅, 실제 로봇 팔로 블록 쌓기 등의 꽤 상이한 여러 멀티 태스크를 수행합니다.

그림 5-20 멀티모달, 멀티 태스크를 수행하는 Gato

5.2.4 의료

데이터가 부족한 의료 분야에서도 메타러닝을 사용하고자 하는 연구가 꽤 많이 진행되고 있습니다. 〈Training Medical Image Analysis Systems like Radiologists〉(Maicas et al., 2018) 논문에서는 메타러닝을 MRI 유방 검진에 활용하는 것을 제안합니다. 저자들은 방사선 전문의가 배우는 것처럼 모델을 메타러닝으로 학습하는 것을 제안하고, 이렇게 메타러닝 모델을 학습하면 DenseNet 베이스라인보다 우월한 성능을 낸다는 것을 보여 주었습니다.

〈Difficulty-aware Meta-learning for Rare Disease Diagnosis〉(Li et al., 2019) 논문에서는 메타러닝이 희귀질환 진단에도 사용될 수 있음을 보여줍니다. 이들은 어려운 태스크들에 더 큰 가중치를 두어 무게를 실어주는 방식으로 메타러닝을 진행해 DenseNet 같은 단순 머신러닝 모델들보다 좋은 성능을 낼 수 있음을 보여줍니다.

〈Overcoming Data Limitation in Medical Visual Question Answering〉(Nguyen et al., 2019) 논문에서는 메타러닝을 시각정보기반 질의응답(VQA: Visual Question Answering)에 적용합니다. 부족한 의료 데이터를 해소하기 위해 CDAE이라는 특징 추출 기법과 MAML을 사용하여 기존 VQA 모델보다 나은 성능을 내고, 추가 연구로 MAML이 모델의 성능을 향상시킨 것을 확인합니다. 그림 5-21은 해당 연구에서 사용한 데이터셋의 개요를 보여줍니다.

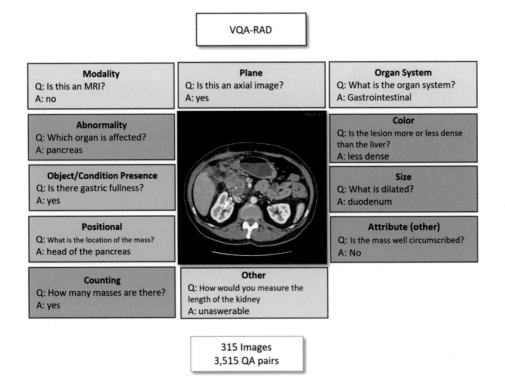

그림 5-21 VQA에 사용된 데이터셋(출처: https://www.nature.com/articles/sdata2018251/figures/1)

5.2.5 마치며

이번 장에서 메타러닝이 아직 넘어야 할 산들이 많다는 것을 봤습니다. 하지만 그와 동시에 다양한 분야에서 메타러닝이 어려운 난제들을 풀 수 있다는 가능성 역시 봤습니다. 비록 다양한 연구분야에서 메타러닝 기술이 항상 잘되거나 상용화할 수는 없겠지만, 메타러닝의 강력한 강점들을 잘 활용할 수 있는 분야에서 점점 많이 적용되는 것을 곧 볼 수 있을 것입니다. 여기까지 메타러닝에 대해 공부하고 달려오신 독자 여러분께 진심으로 감사의 말씀을 전합니다. 비록 방대한 메타러닝의 모든 내용을 이 책에 다 담지는 못했지만, 그리고 세부 설명이 미흡한 부분도 있겠지만 이 책이 독자 여러분께 더 어렵고 다양한 메타러닝 기술들을 공부할 수 있는 초석이 될 수 있기를 바랍니다.